牧野英二［編］

東アジアの
カント哲学

日韓中台における影響作用史

法政大学出版局

緒　言

　本書は，漢字文化圏におけるカント哲学の翻訳・受容の影響作用史にかんする研究論文集であり，日本，韓国，中国・香港・台湾の哲学者，カント研究者による国際的な共同研究の成果である。

　本書の主要課題は，次の四点に整理可能である。第一に，幕末から2013年にいたる約150年間の日本におけるカント哲学の翻訳史・研究史を中心に考察する。第二に，清朝末期から2013年にいたる中国大陸と第二次世界大戦後の台湾におけるカント哲学の翻訳史・研究史を解明する。第三に，20世紀の朝鮮王朝末期以降2013年までの朝鮮半島，特に韓国におけるカント哲学の翻訳史・研究史を明らかにする。第四に，これらの考察によって，上記の諸国・地域におけるカント哲学研究の特徴・意義・制限，今後の課題を解明するとともに，相互の影響作用史の実態および比較研究を試みている。

　本書は，上記の主旨から執筆された論文集の性格上，日本，韓国，中国・香港・台湾のカント哲学を中心にした西洋哲学の受容史・翻訳史の研究論考であり，同時に，近代以降にカント哲学が漢字文化圏に紹介・受容された歴史的・社会的・政治的文脈を考察の対象にしている。その主要課題は，漢字文化圏で思索した学者，哲学者・思想家・政治家等が自国の伝統思想の維持・継承とともに西洋哲学の受容に精力的に取り組み，その試行錯誤のなかから，西洋の哲学・思想に対抗しうる独自の思索の営みを続け，彼らなりの「哲学」の構築に努めた思索のプロセスとその成果を明らかにすることにある。このことは，日清戦争の交戦国であった日本と中国だけにあてはまることではない。韓国併合や，中国大陸や朝鮮半島を舞台としたカントの母国・ドイツと日本が戦った第一次世界大戦勃発（1914年）から100年を経て，そして「国のかたち」を大きく変えた第二次世界大戦敗戦から70年を迎えて，いま，日本という場で哲学

的・思想的な課題に取り組もうとする者は，これらの過去の歴史に無関心であってはならない。これらの歴史は，本書が明らかにするように，哲学・思想，宗教をはじめ諸学問の相互の影響作用史にも大きな影響を与えてきたからである。カント哲学の影響作用史もまた，その例外ではない。この課題は，従来の研究が明らかにした以上に複雑で広範多岐の領域にわたっている。本書は，従来の個別テーマの特定領域の研究成果を踏まえつつ，同時にそれらの考察方法では立ち入れなかった視野の下で，新たな歴史的事実の検証と直面する哲学的・思想的課題に迫ろうとする試みである。筆者は，「翻訳」の営みがたんに外国語を母語に翻訳することだけでなく，異文化などの「翻訳」による「異質の他者」の理解に資するよう努めた。カント哲学の「翻訳史」は，こうした意味を含んでいることに十分留意していただきたい。

また筆者は，漢字文化圏における哲学の影響作用史の研究を進める上で，留意すべき根本的かつ方法論的課題がある，と考えている。従来の研究は，依然として旧来の図式的理解と方法論的制限に囚われ，その結果，本来の目的の考察を妨げる結果となってきたように思われる。その一つの例が最近公刊された『「東アジアに哲学はない」のか——京都学派と新儒家』（朝倉友海著，岩波書店，2014年6月刊）にも見られる。したがって本書は，上記の書物の斬新な問題提起に対する応答の試みであり，同時にこの書物の問題設定の前提と基本構成に対する批判的克服の営みと位置づけることができる。なぜなら，「東アジアに哲学はない」のかという問いには，まず「哲学」概念の原理的解釈とその反省とともに，この書物の問いが「京都学派と新儒家」という西田哲学およびその学派と中国語圏の新儒家の代表的思想家である牟宗三（1909-95）に限定している基本前提が問われなければならないからである。この書の説明図式とそれを前提にした理解は，分かりやすい半面，歴史的事実と問題の所在が不可視になる危険性を免れない。デリダの発言として著者の引用する「東アジアに哲学はないのか」という設問の理解は，筆者の読解によれば，そのエピソードを紹介した王前の主旨を誤読しているように思われる。王前自身がジャック・デリダによる補足として紹介しているように，デリダが言いたかったことは「〔西洋と中国の〕どちらが上かというランクづけではなく，哲学と思想との間に上下関係がない」という点にあった。言い換えれば，デリダの指摘には「文化覇

権主義的な意味はまったくなく，彼が言う哲学とは，古代ギリシャにルーツを持つある特殊な時期と環境の中で生まれたものを指すということである」（王前『中国が読んだ現代思想——サルトルからデリダ，シュミット，ロールズまで』講談社選書メチエ，2011年，137頁）。

　ただし筆者の主張は，この点にあるわけではない。筆者が第一に指摘したいことは，朝倉説のようにデリダの発言の一部分を断片的に切り取って，「東アジアに哲学はない」のか，いやそうでなく日本には西田哲学および京都学派の哲学があり，中国語圏には新儒家の牟宗三による哲学がある，という回答の仕方が，事柄の本質とその重要性を覆い隠し不可視にさせる畏れがあるということである。この点に関連して朝倉説に対する第二の疑問は，「あまり知られていないことだが，牟宗三は，中国語圏において単独でカントの三批判書を訳したという点で，中国語圏における西洋哲学の学術的研究において卓越した位置を占めている」（前掲書，131頁）と著者が主張している点にある。この文章表現に即するなら，牟宗三がカントの『純粋理性批判』『実践理性批判』『判断力批判』という三批判書の中国語訳をドイツ語原典から独力で成し遂げたと解釈できるが，これは事実だろうか。牟宗三は，三批判書の中国語版の初訳者だったのか。筆者の知る限り，中国語訳『純粋理性批判』は1933年に胡仁源の訳で刊行され，『実践理性批判』も1936年に他の訳者によって翻訳・刊行され，『判断力批判』も1964年に翻訳・刊行されている。また牟宗三は，本当にドイツ語原典から中国語に翻訳したのだろうか。彼の翻訳の多くは英訳からの重訳ではなかったのか。これらの疑問については，本書の第二部の論述が回答を与えてくれるはずである。さらに「東アジアに哲学なし」という問題提起の仕方そのものに対する疑問についても，本書全体の論述によって「東アジアのカント哲学」に限定した議論のなかで，一定の回答が与えられた，と筆者は考えている。後述のように清末以降，中国では明治期の日本の影響下で西洋哲学に対する対抗原理として，独創的な哲学を構築しようとした思想的営みが存在していたからである。本書では，主としてカント哲学の影響作用史の観点から，これらの隠された事実に光を当てることにする。

　第二に，中国語圏では清末から中華民国建国時の混乱のなかで，章炳麟（1869–1935）や王国維（1877–1927）らが日本の哲学者・思想家の影響下で西洋

哲学の受容と中国の伝統思想との対決および継承の営みを通して哲学を学び，中国人の哲学のあり方を模索していた。胡適（1891-1962）は，『先秦名学史』を執筆し，馮友蘭（1895-1990）が中国人として初めて本格的な『中国哲学史』（全2巻，1931, 34年）を執筆した。これらの試みは，上述の試行錯誤の成果の一例であった（アンヌ・チャン『中国思想史』知泉書館，2010年，631頁。原著1997年）。朝鮮半島では，1855年以降，キリスト教の影響下で哲学，論理学，心理学，教育学などが教授されていた。その後，李定稷（1841-1916）が西洋哲学，カント哲学の受容と伝統思想の継承という，漢字文化圏で哲学的に思索する者にとって共通の普遍的課題に取り組んだ。さらに韓国最初の哲学入門書と言われる韓稚振『最新哲学概論』（復活社，1936年）が刊行された。著者はイギリス留学経験者であったが，この書物には，昭和時代の日本の哲学研究の影響が見られ，その頃に韓国で出版された哲学用語はほぼ当時の日本語の哲学用語が使用されている。正確に言えば，日本から中国に移植された用語が中国を経由して朝鮮半島に移入されたのである。京城帝国大学哲学科創設以前の段階で，日本の西洋哲学研究および翻訳語の影響が一定程度あったのである（姜栄安『韓国近代哲学の成立と展開——近代，理性，主体概念を中心に』世界書院，2005年，189頁以下。原著2002年）。韓国の哲学者の多くは，カント哲学が韓国の思想風土になじみやすく，受容されやすいことを指摘している。当然のことながら，朝鮮半島に根づいていた儒教思想との親近性のために，抵抗感が少なかったことなどの理由があったが，当時の政治的影響もあった。また，一方で西洋哲学の積極的な受容があり，他方で日本による宗教弾圧に対する儒教復興の運動があったことも無視することはできない。この文脈のうちでは，中国の康有為や梁啓超の影響も及んでいた（吾妻重二主編・黄俊傑副主編『国際シンポジウム　東アジア世界と儒教』東方書店，2006年，375-385頁）。特に日本に亡命した経験のある梁啓超は，日本の近代化に重要な役割を果たした福澤諭吉らと比較される中国の近代化にきわめて大きな役割を果たした。彼の影響は従来語られていた以上に大きい。その後，韓国ではプラグマティズムや現象学，解釈学，そしてポストモダニズムの影響を受けつつも，今日にいたるまで「韓国独自の哲学」の構築の営みが続いている。詳しくは，第三部の論考を参照いただきたい。いずれにしても，朝倉説は，上述の解釈図式に囚われたために，こう

した歴史的事実に対する適切な考慮が十分に払われていないように思われる。

　第三に、今日問われるべきは、「哲学」概念が根本的に再検討されている点にある。今日、21世紀の「哲学」とはなんであるか。それはどうあるべきかが問われている。チャンも指摘するように、新儒家の思想は、中華人民共和国の成立後、マルクス主義に席巻された中国大陸からイギリス領であった香港、そして国民党政権下の台湾を経て、アメリカへと伝えられてきたからである（チャン、上掲書、632頁）。したがって上述の設問にかんして西洋的な「哲学」概念に依拠して、それに対する対抗原理として西田哲学および京都学派と新儒家の牟宗三の哲学を提示することは適切ではない、と筆者は考える。解放後の韓国でも、伝統思想の継承とともに現代哲学の諸潮流やポストモダニズムの影響下で、人々があらためて「韓国の哲学とはなにか」という問いに直面しているのが実情である。この点については、結論で言及する予定である。

　第四に、「哲学」は狭く西洋哲学に限定して理解すべきでなく、この概念は広義には〈哲学・思想〉の意味で理解すべきである。しかもその場合、デリダも示唆しているように、どのような哲学も特定の「ルーツを持つある特殊な時期と環境の中で生まれたもの」であるから、哲学・思想のテクストの適切な理解のためには、それが執筆された時代と社会的状況の把握、テクストが執筆された歴史的・社会的コンテクストと切り離すことができない、と筆者は考えている。このような見解は、中国哲学の専門家が早くから唱えていた主張でもあった。溝口雄三は、「エンゲルスが、意識と存在、思惟と物質とを「根本問題」としたような意味での狭義の哲学を中国に見出すことは困難であるが、人間の本質、宇宙の組成、自然と人間、人間と社会などを問題とする広義の哲学は、道家、仏家と並んで、儒家にも古代からあった」（溝口雄三『中国思想のエッセンスⅡ』岩波書店、2011年、7頁以下。ただし、初出は『思想』792号、1990年6月号）と指摘している。筆者もまた、この見解に与する。言い換えれば、冒頭で示唆したように、これは異質な他者としての「異文化」の翻訳とその理解の普遍性にかかわる課題である。もちろん、この課題は大変困難な課題であるから、本書ではこの課題に対する直接的解答を与えることはできない。しかし本書では、漢字文化圏における「哲学」の受容に取り組んできた日本、韓国、中国・香港・台湾のカント哲学の研究やカントとの対決を媒介として、独自の哲

学・思想構築の営みを追跡することによって，上述の課題に対する解決の一端を提示しようと試みる。例えば，1923年に中国では，ハンス・ドリーシュ（Hans Adolf Driesch, 1867–1941）の訪中をきっかけにして，「カント・ブーム」が起こった。また張君勱（1887–1968）による伝統思想の継承の努力についても，詳細については，本書第二部第一章を参照いただきたい。日本でも，明治時代のある時期には，西田幾多郎に限らず，日本の哲学者・哲学史研究者は，哲学を学ぶためにはまずカント哲学を学ぶことが肝要である，という考えが一般化していた。さらに韓国では，過去も現在も依然としてカント哲学が最も研究されている。本書では，それらの理由の一端が明らかにされている。

　ところで筆者は，かねてよりカント哲学の研究者のみならず多くの人文・社会・自然科学の研究者が依然として「脱亜入欧」の旧弊に囚われ，東アジアの学問・政治経済・金融等の急激な進展を直視し受け止めることができず，特に漢字文化圏における当該分野の研究の現状や課題・成果に疎いことを憂いてきた。この点では，筆者の見解は，上述の朝倉友海説と認識を共有する。本書刊行の意図は，そうした学問的な偏見を正し，長い交流史のある中国語圏や朝鮮半島の文化や学問的蓄積および研究業績を掘り起こし，その意義を正当に評価することにある。それとともに，日本のカント哲学の翻訳史・受容史の客観的な評価や位置づけも初めて可能になる，と考える点にある。日本の近代化の過程で，日本の哲学史やカント研究史に登場する桑木厳翼と中国人の王国維との影響作用史だけでなく，田岡嶺雲の王国維や章炳麟（太炎）への影響関係にも目を向けることが重要である。さらに朝鮮半島に対する岩波知識人とも呼ばれた哲学者，カント研究者たちの影響もまた見逃すことができない。岩波版『カント著作集』の訳者を務めた安倍能成，宮本和吉，船田亨二らは，京城帝国大学哲学科の教壇に立って，当地の学生たちに最新の「哲学」やカント哲学を講じ，朝鮮半島の文化運動の一翼を担っていたからである。台北帝国大学では，第二次世界大戦後にマルクス主義哲学に転じた西田門下の務台理作や，柳田謙十郎，ヴィンデルバントのカント論（ヴィンデルバント『カント物自体説の諸相に就て』岩波書店，1928年）の訳者で，のちに東京大学教養学部教授を務めた淡野安太郎，戦後発足した日本カント協会の会長（当時は委員長）を務めた高峯一愚などが哲学科の教授や助教授として赴任した。中国大陸では，清末以降，

中華民国の時代に活躍した厳復（1854-1921）が北京大学の初代の学長を務め，中国の近代化・啓蒙活動のために，イギリス留学の経験を活かし，主としてイギリスの哲学者・思想家の翻訳・紹介に尽力した。管見によれば，厳復がカント哲学の翻訳・紹介などに関わった事実は明らかではない。しかし，アダム・スミスの『諸国民の富』をはじめ，18世紀，19世紀の哲学者・思想家の翻訳を多く手掛けた厳復が，カント哲学を知らなかったとは考えられないことである。これらの人物は，みな何らかの意味で，西洋哲学，カント哲学の受容とともに，自身の生きた時代の歴史的土壌と伝統の継承にも無頓着ではありえなかったはずである。

　ちなみに，上述の田岡嶺雲の友人で遺著『東西交渉史の研究』（1932-33年）の著者・藤田豊八は，上海に中国最初の日本語学校・東文学社が羅振玉（1866-1940）により1898年に設立されてまもなく，この学校の教壇に立ち，日本と中国の文化の架け橋となった。藤田は，のちに台北帝国大学の文政学部長を務め，北京大学に招聘されたこともある中国の教育研究に貢献した人物である。さらに長い間イギリスの植民地であった香港について言えば，孫文の母校であった香港大学だけでなく，香港中文大学の存在も忘れてはならない。ほぼ英語教育に限定されていた香港大学とは異なり，香港中文大学では，英語とともに中国語による教育に熱心であり，こうした教育研究の環境が，熊十力（1885-1968），馮友蘭，張君勱や唐君毅，そして熊十力の教えを受けた牟宗三など新儒家の中国伝統思想を継承する土壌を形成してきたからである。

　本論文集は，東アジアの激動の時代にヨーロッパから受容されたカント哲学が，日本，中国（清・中華民国・中華人民共和国）・香港・台湾，朝鮮半島（大韓民国）にどのような哲学的・思想的な影響を与え，相互にどのような影響を及ぼしたのかを解明しようと取り組んでいる。今日，日本では，アカデミー以外の場で活躍している人々が「哲学者」を名乗り，「超訳」による分かりやすい哲学の古典の翻訳も巷に溢れている。この現象もまた，ある種の「社会的要請」であるとも言える。この点については，本書の最終章で立ち入っているので，その箇所を参照いただくことにして，緒言の性格上，一言付け加えれば，どのような「独創的な哲学」であれ，どのような「超訳」であっても，その根ざす土壌や主要な基盤は，多くの先達の悪戦苦闘のドラマのなかから育まれて

きたという事実を忘れてはならない．本書は，あるときは奇跡的とも言える人的交流や出会いにより，あるときは必然的とも思える影響作用史によるカント哲学の受容史と解釈史，翻訳史のドキュメントである．

筆者は，上記の研究課題に取り組む以前には，別の国際的共同研究を実施しており，その後の研究過程を含めて構築したネットワーク――中華人民共和国（北京大学哲学系＋中国人民大学哲学院）・台湾（台湾大学哲学系＋中央研究院中国文哲研究所）・香港（香港中文大学哲学系），韓国（ソウル大学哲学科＋梨花女子大学哲学科＋蔚山大学哲学科＋東義大学哲学科）等に在職する第一級の哲学者，カント研究者との共同研究――を今回の企画でも活用することができた．本論文集の執筆者・訳者は，それらの主要メンバーである．

本論文集の編者を務めた筆者が上記のネットワークを構築する上で，また過去に実施された国際会議や共同研究会の場で編者が発表する過程で，中国・香港・台湾，韓国，日本で，中国語・韓国語・日本語によるカント哲学の翻訳史・受容史の研究論文集を刊行する企画のアイデアが立ち上がった．その中心人物は，本書の中国語版編者・台湾の李明輝教授（中央研究院中国文哲研究所研究員・国立台湾大学招聘教授）と日本語版編者の筆者である．特に国立台湾大学主催の「カントの遺産」をテーマとする国際学術会議（ドイツ，イギリス，中国・香港・台湾，日本からの参加者）に招待され研究発表した折，中国人民大学の李秋零教授や李明輝教授とも交流する機会を得て，その後，筆者が東アジアにおけるカント哲学の翻訳史・受容史の国際的な共同研究を実施したことが，今回の企画立案のきっかけとなった．

筆者の最終的な狙いは，上述のように漢字文化圏の近代化，特に近代以降西洋から移入された学問や科学技術の再検討と再評価にある．今日，あらゆる分野でグローバル化が進行するなかで，反グローバル化現象や，東アジア地域における覇権主義が台頭し，科学技術の進歩・発展が地政学的な観点からも不可視となってきた．こうした状況下で長い間漢字文化圏に属し，漢字文化に依拠してきた日本の近代化の真相をより的確に解明し，今後の学問の存在意義を明確にするためには，あらためて従来の学問のあり方が問い直されなければならない．ちなみに，3・11と学問・科学技術の役割および限界の問題にはここでは立ち入らないが，これらはすべて不可分の関係にあり，3・11以後，その必

要性を高めた。こうした日本社会の混迷状態や国際社会の複雑化のなかで，明治以降の日本における学問の進歩・発展のあり方を問い直すことは，同時にヨーロッパ列強により植民地化されてきた中国や，日本の植民地だった台湾，韓国の学問を問いなおす作業をも要求している。特に明治以降の日本のカント研究は，当時の漢字文化圏における哲学を含む諸学問の政治的・社会的文脈のなかで，すでに示唆したような国境を超えた濃密な相互の影響関係があった。

　ここでは，中国におけるカント哲学の受容史と日本語の哲学用語の受容史との深い関連に注意を促しておきたい。余又蓀は，「1934 年に「日文之康徳哲学訳著」（『国聞週報』11 巻 4 期）と「西周之生涯与思想」（『同』11 巻 7 期）を発表し，〔…〕一年後に，余が西周の訳語を考証，整理し，「日訳学術名詞沿革」という論文を執筆した」（沈国威『近代日中語彙交流史――新漢語の生成と受容（改訂新版）』笠間書店，2008 年，60 頁）。この論考には，西周の造語として知られる「哲学」に加えて「心理学　倫理学　美学　言語学　社会学　認識論　絶対　先天　後天　主観　客観　形而上学　世界観　人生観　経済学　人格　範疇　功利主義　聯想　主義　表象　感官　進化論　論理学　権利」（同頁）など，今日でも日本で使用されている主要な学術用語の多くが収録されている。これらの「訳語の借用」の背景には，康有為や梁啓超などによる西洋文化を受容するための捷径として日本の訳語を積極的に活用すべきであるという認識があった。これらの具体的な事実もまた，本論文集の考察によって明らかにされるであろう。

　本論考による暫定的な結論として，カント哲学の受容・翻訳・研究の歴史をみる限り，中国大陸や朝鮮半島の近代化は，日本の西洋哲学の受容の方法や様式を一つのモデルにしていることが明らかになった。その具体的な展開は，本書所収の諸論考をご参照いただきたい。

　最後に，本書で使用する重要な言葉の用語法について二点説明しておきたい。第一は「哲学・思想」という言葉であり，第二は「漢字文化圏」という言葉である。「哲学・思想」については，本書では少なくとも「カント哲学」にかんする限り，「カント哲学」と「カント思想」とを原理的に区別していない。むしろ，そのように区別することは不可能である，と筆者は考えている。人文・社会・自然の諸科学が重層化し融合化しつつある今日の学問的状況では，この

原理的区別は困難だからである。実際，カント哲学の受容史・研究史は，このことを明らかにしつつある。第二に，「漢字文化圏」という言葉の用法について，若干の留意点を付記しておきたい。筆者は，この言葉によって「同文同種」的な「文化的同一性を東アジアに見いだそうとするものではない」。また，そうした「文化圏としての共通性や同一性を強調する方向へ収斂」（齋藤希史『漢字世界の地平——私たちにとって文字とは何か』新潮選書，2014年5月，11頁）するつもりもない。齋藤説が主張するように，本書は，「漢字文化圏」を「閉じた文化圏としてではなく，遠心と求心のダイナミズムをもつ圏域として」（12頁）理解したうえで，西洋哲学，特にカント哲学の受容史と翻訳史，そして相互作用史を多面的・多角的に論じようとする試みである。したがって本書は，カント哲学に限らず，哲学・思想全般，宗教，文学，歴史，政治に関心を抱くかたがたには，ご一読いただきたいと願っている。

目　次

緒　言　　　　　　　　　　　　　　　　　　　　　　　　　　3
序　論　　　　　　　　　　　　　　　　　　　　　　　　　　17

第一部　日本における翻訳・受容史

第一章　幕末から第二次世界大戦敗戦まで　　　　　　　　　31
第二章　第二次世界大戦敗戦後から21世紀まで　　　　　　　60

第二部　中国・香港・台湾における翻訳・受容史

第一章　中国におけるカント研究──1949年まで
　　　　　　　　　　　　　　　　　　　李明輝／廖欽彬訳　115
第二章　中国大陸のカント研究──1949年以降　李秋零／張政遠訳　151
第三章　戦後台湾のカント研究　　　　　　李明輝／廖欽彬訳　167

第三部　韓国における翻訳・受容史

第一章　韓国におけるカント哲学研究の由縁と展開
　　　　　　　　　　　　　　　　　　　白琮鉉／李美淑訳　189
第二章　韓国におけるカントと東洋哲学の比較研究
　　　　　　　　　　　　　　　　　　　韓慈卿／李美淑訳　206

結　論　カント哲学の影響作用史の現状と課題　　　　　　　223

あとがき　　　　　　　　　　　　　　　　　　　　　　　　257
編者および執筆者・訳者紹介　　　　　　　　　　　　　　　261

凡　例

1．本書は，日本語以外に中国語，韓国語によって執筆された論文を収録している。日本語訳の際には，訳者の意向をできるかぎり尊重した。ただし，日本語として読みにくい不自然な訳文・訳語については，適宜，訳者に問い合わせて修正し，最終的に編者の判断と責任の下で加筆・修正した場合がある。

2．カントからの引用は，慣例に従ってアカデミー版『カント全集』により本文および注のなかで，ローマ数字で巻数を，またアラビア数字で頁数を表す。なお，『純粋理性批判』についてのみ本文および注のなかでは，第一版をＡ，第二版をＢとして表記し，併せてローマ数字で巻数を，アラビア数字で頁数を表す。

3．カントの書名・論文名については，原則として岩波版『カント全集』（坂部恵・有福孝岳・牧野英二編，岩波書店，全22巻＋別巻，1999–2006年）の書名・論文名の表記に従った。ただし，当該文献の刊行時の翻訳書名および研究論文に引用された翻訳書名は，本書の性格上，その翻訳史・受容史的な意義に鑑みて，日本およびそれ以外の諸国・地域でも，その訳書名に従い，敢えて統一しないまま掲載する。

4．本文および注における引用文の〔　〕カッコの文章は，日本語版編者の筆者による欧文および和文の補足である。また引用文中の〔…〕は，中略を表す。さらに本文および注における（…）は，原文に挿入された（　）カッコをそのままの形で表記している。

５．筆者が引用した書名・論文名および引用文のなかで使用されている漢字の旧字表記は，読者の便宜を図り，一部分を新字に変更した。また原文が縦書き・漢数字の表記の場合，さらに原文の句読点についても，横書き表記の本書では，アラビア数字や横書き用の句読点に変更している。したがって引用文では，この点でも原文の表記とは一致しない場合がある。

６．本書の本文には，古い文献が多数引用されている。そのなかには筆者または編者・校訂者によるルビが仮名で漢字の上部または後部に付されている。本来なら，それらのカタカナやひらがなをすべて再現して表記すべきであるが，そうなると文章が余りにも煩瑣になり，読者にとって読みにくくなるおそれがある。その場合には，編者の判断でルビを適宜省略した。

７．本書では，例えば『明六社雑誌』と『明六雑誌』，『哲学会雑誌』と『哲学雑誌』のように，継続的に刊行された雑誌や学術誌の名前が不統一である場合，引用した文章や参照した内容が最初に掲載された際の雑誌名や学術誌名を使用した。それは，本書の性格上，歴史的事実を正確に記述することを意図したからである。したがって本来同一表記であるべき複数の雑誌や学術誌の名が不統一のまま併存する結果となった。

８．本書には，多数の中国人・韓国人等の人名が頻出し，加えてその正確な読み仮名が詳らかではない人物も少なくない。したがって本書では，人名索引を作成しないことにした。ただし，読者の便宜を図り，西洋人の漢字表記には，欧文表記およびカタカナによるヨミガナを併記した。

序　論

1　本書の狙い

　まず，編者の立場から本書の狙いについて，その主要論点を説明しておきたい。

　第一に，本論文集では，上記の学問的課題の共有と共同研究の実績を踏まえ，とりわけ人文科学の厳しい研究状況の下で，人文・社会・自然の諸科学の基礎をなすべき哲学のあり方について，特に西洋哲学の要石の一つであるカント哲学の漢字文化圏における翻訳・受容の影響作用史の研究に限定して，韓国，中国・台湾の第一級のカント研究者に寄稿いただくことになった。なお，今回の共同研究の対象からは，かつて漢字文化圏に属したベトナムと，北朝鮮を除外したが，後者については，結論で筆者が補足的な説明を加えた。

　中国・香港・台湾では，戦後のある時期から現象学やハイデガー研究など現代哲学の特定領域については，すでに日本との継続的な研究交流が定着しつつある。特にハイデガー哲学を中心にした中国における現象学や解釈学の研究は，ヨーロッパの哲学者による中国の伝統思想に対する解釈にも影響を与えてきた（張祥龍「現象学の構成観と中国古代思想」『現代思想』2001年12月臨時増刊号，230-242頁）。近年の中国語圏における西洋哲学の研究には，目覚ましいものがある。また，本論集の訳者の一人でもある張政遠によれば，中国語圏における日本の哲学研究は，「(1) マルクス主義の影響下の研究，(2) 日本の宗教哲学の研究，(3) 日本哲学と現象学の研究」の三つの主思潮がある（J. W. ハイジック編『日本哲学の国際性［海外における受容と展望］』世界思想社，2006年，242頁）。さらに日中関係では，マルクス主義の立場に立つ人々の間で定期的な研究交流

が続き，その研究成果が刊行されてきた。例えば，鈴木正・卞崇道編『近代日本の哲学者』（北樹出版，1990年），吉田傑俊・卞崇道・尾関周二編『「共生」思想の探求——アジアの視点から』（青木書店，2002年），関連する中国人による近代以降の日本の哲学者や思想家に対する研究も，着実に刊行されている（例えば，卞崇道『日本近代思想のアジア的意義』農文協，1998年）。台湾や香港では，主として宗教哲学および比較宗教学の研究交流が盛んになった（例えば，吾妻重二主編・黄俊傑副主編『国際シンポジウム　東アジア世界と儒教』東方書店，2006年）。だが，カント哲学研究については，これまでこうした観点からの比較研究や研究交流，影響作用史研究がまったく存在しない状況にあった。実際，中国や韓国の現代思想にかんする紹介は，日本語文献でも読むことができる（王前著，上掲書，上掲『現代思想』など）。ところが，カント哲学については，事情はまったく異なる。日本および中国，韓国の近代化に一定の役割を果たし，学問的影響力を発揮してきたはずのカント哲学の受容史の研究は，これまで顧みられることなく蔑ろにされてきた。したがって，筆者たちによる6年間にわたる共同研究の成果がなければ，中国・香港・台湾，韓国，日本のカント研究者相互間の交流さえ，いまだに実現しなかったであろう。それどころか，明治期には知的交流やカントを含む哲学研究の交流もあったが，その後カント研究にかんしては途絶えがちになり，漢字文化圏におけるカント哲学研究および翻訳の歴史や課題，相互の影響作用史は，依然として歴史の記憶から忘却された状態が続いていたであろう。

　本書は，日本国内のみならず，グローバルにも忘却され，注目されることのなかった漢字文化圏におけるカント哲学文献の翻訳や研究の歴史と課題，相互の埋もれた翻訳・受容・研究の影響作用史に取り組んだ初めての研究論文集である。しかも本論文集には，中国語論文3編，韓国語論文2編，日本語論文2編の合計7編（そして日本語版の結論）の論文が収録されており，それは中国・香港・台湾，韓国，日本におけるカント哲学の研究状況の報告と，直面する課題の認識，そして問題提起の記録集でもある。

　筆者は，本論文集の刊行によって，次のような学問研究上の意義が明らかになると期待している。第一に，国際的な共同研究の成果であるカント哲学の漢字文化圏における認識の共有が可能になる。これまで日本では知られていなか

った中国・香港・台湾，韓国におけるカント哲学の翻訳・受容・研究の歴史や研究課題の実像が解明される。実際，日本では中江兆民が『一年有半』（1900年）のなかで，「わが日本古より今に至るまで哲学なし」，と看破した。他方，彼はカントをドイツの誇りである，とも表現した。また韓国人哲学者は，「現代の韓国では哲学といえばすべて西洋哲学を意味し，韓国の伝統哲学は近代ですべて幕を下ろした」（金教斌著『人物で見る韓国哲学の系譜――新羅仏教から李朝実学まで』日本評論社，2008年，5頁。原著2003年）のではないか，という巷の問いかけに応答しようと試みた。韓国人哲学者によれば，カント哲学は，韓国人と韓国の伝統思想とも馴染みやすい性格があった。明治期の日本では「今日まで哲学なし」，また日本の支配から解放された1945年以後の韓国でも，「韓国に哲学はあるか」という同じ問いかけが続けられてきた。さらに清朝末期から中華民国の成立以後，中華人民共和国の成立と文化大革命を経て改革解放以降の中国大陸の思想的状況は，はるかに複雑で深刻であった。この激動の時代を生き抜いた梁漱溟（1893-1988）は，最後の儒家で最初の新儒家とも称され，中国革命のただなかで一時は毛沢東と激しく対立しながらも，西洋哲学・思想との関係から中国独自の哲学・思想の構築に努め，カント哲学に対しても独自の批判的立場を貫いた。漢字文化圏のなかで哲学的思索に取り組んだ哲学者は，国境を超えてこの共通の課題に直面していた。彼らは，その課題解決のために，手がかりとしてカント哲学を学んだのである。この伝統は，上述のように，熊十力，馮友蘭，張君勱や唐君毅，そして牟宗三などの新儒家の中国思想家に継承されてきた。特に牟宗三の思想には，多くの研究者が指摘するように，カント哲学の独特の受容と批判的克服の努力の成果が窺われる。本論文集では，これらの論点に留意して，各国独自のカント哲学や儒教・仏教との関係にも言及している。

　第二に，本書は，カント研究者のみならず，カント哲学の専門家以外の哲学・思想の研究者や多くの読者にも新たな知見を提供することができる。近代化の過程における漢字文化圏の歴史と文化の進展と深くかかわる哲学・思想の関連諸学問の発展に新たな刺激となり，それらの活性化を促し，哲学・思想分野のさらなる研究分野の開拓や新たな研究方法の活性化にも資することが期待される。日本に限らず，漢字文化圏のカント研究者の多くは，同時に他の哲

の専門家でもあり，独自の思想的地盤に根差しながら，それぞれ固有の仕方でカント哲学文献の翻訳および研究活動を継続してきた。現在では，その多くが英語やドイツ語などによって著作活動を継続しているので，その一部は，外国語論文によって知ることができる。しかし，彼らの独自な思想的基盤や生活に根差した哲学的営み，カント解釈の試みは，母語によって執筆された論考によって初めて正確に把握されるはずである。本書は，これらの要請に応えようとするものである。

第三に，本論文集に収録された諸論考は，特に日本，中国語圏，韓国における研究上の影響作用史によって他の学問研究や思想的な交流の接点も明らかにしている。例えば，日本に亡命した経験のある中国人思想家・政治家の梁啓超（1873-1929）が日本および韓国のカント研究に果たした役割や，香港および台湾で活躍した新儒家の中国人哲学者・牟宗三がカント哲学の研究を批判的媒介にして，日本の西田幾多郎のような独創的な哲学的思索を行ない，香港や台湾における新儒家の伝統を再構築しただけでなく，韓国のカント研究者にも影響を与えた。この事実は，きわめて興味深い影響作用史の一側面を明らかにしている。さらに明治期に活躍したカント学者・桑木厳翼や蟹江義丸らの諸著作が王国維によって中国語訳されることによって，中国大陸，特に台湾のカント研究者に一定の影響を与えた事実も，本論文集の考察から明らかにされている。本論文集に収録された諸論考は，この点にも十分配慮して執筆されている。

第四に，本論文集では，中国大陸にかんしては，文化大革命の負の遺産だけでなく，その前後の知的伝統や改革開放以後の急激な西洋哲学受容の状況も明らかにしている。また韓国では，日本の支配からの解放以後，急速な哲学思想研究の進展や伝統的な儒教・仏教思想との融合に努めた歴史を明らかにしている。これらの影響作用史は，少なくとも従来の日本語文献では解明されてこなかった。中国・香港・台湾，韓国のカント研究者によるこれらの試みは，150年に及ぶ日本のカント研究の歩みと重ね合わせることで，漢字文化圏のカント哲学の全体像を照らし出すことが可能になる。

第五に，こうした国際的共同研究のなかで，これまでもっぱら欧米のカント研究に目を向け，その受容・紹介に力を注いできた日本のカント研究の「真に国際的な水準」を正確に測定することができるであろう。中国語圏や韓国のカ

ント研究の特徴や固有性と比較し，同時に両者との関連のなかで，日本のカント研究の特徴と意義をいっそう明確にできるはずである。しかも，これらのカント研究のいずれもが，明治以降の日本の歴史的・社会的現実や政治的文脈と不可分の関係にあったことも明らかになる。実際，学問のグローバル化と多文化主義的傾向は，従来のカント哲学研究のみならず，哲学・思想全般の研究が，これらの新たな研究上の視座と方法論をより積極的に導入すべき段階に到達している，と筆者は考えている。

　第六に，日本におけるカント哲学の翻訳史は，同時に中国語圏や韓国の翻訳史の「運命」とも深く関連している。現在でも韓国や台湾等他の漢字文化圏で精力的に翻訳・紹介が進んでいる日本の近現代文学の領域とは異なり，哲学・思想，特にカント哲学の翻訳・紹介の作業は依然として今後の課題である。中華人民共和国では，2010年『カント著作全集』（中国人民大学出版社，全9巻：主たる編者・訳者は李秋零教授）が完結したが，台湾では，『カント著作集』の企画が検討されているようである。他方，韓国では，2014年現在，二種類の『カント全集』（そのうち一方の全集の編者・訳者の一人は，本論文集の執筆者の一人であるソウル大学哲学科・白琮鉉教授）の刊行企画が進行している。この点では，日本のカント研究の歴史は，大変恵まれている。第二次世界大戦以前の段階で『カント著作集』（岩波書店，全18巻）が刊行され，戦後の1960年代以降，『カント全集』（理想社，全18巻）が刊行された。さらに21世紀には筆者が企画し編集委員と訳者を務めた『カント全集』（岩波書店，全22巻＋別巻，1999-2006年）が刊行されるなど，着実にカント哲学の翻訳および研究の基盤を固めてきた。これらの実績は，たんに日本の翻訳文化の一翼を担ってきたという意味以上に，西洋の哲学・思想や学問全般の受容や進歩・発展にも資するところが少なくない，と思われる。さらに日本の翻訳史は，「緒言」で触れたように，「哲学」（philosophy）という最も基礎的な概念をはじめ，他の学問的な用語法でも，中国に逆輸出され，韓国にも移植された歴史がある。カント哲学の主要概念や術語についても，同様の事情にある。日本，韓国，中国・香港・台湾におけるカント哲学の受容に努めた先人の試行錯誤の営みには，まだ学ぶべきことが少なくないはずである。

　最後に，大学における研究教育の面から見ても，本論文集の存在意義は小さ

くない。日本の大学では，現在，人文・社会科学系の学部で中国・香港・台湾や韓国の留学生の受け入れにきわめて積極的である。本論文集が刊行され，漢字文化圏における〈哲学の要石〉ともいうべきカント哲学の国際的な共同研究の成果が明らかになれば，学部生や大学院生，若手の研究者にとっても哲学研究の新たな機会を提供し，人文・社会科学系の学問の国際的な研究交流にさらなる刺激と活力を与えることは疑いないところである。このことは，日本の近代化の過程で，中国の革新的な政治家・哲学者・思想家などに日本人が与えた影響や朝鮮半島での影響，反対に儒教や宗教思想からの反発の動きや新たな運動を生んだ京城帝国大学や台北帝国大学などの旧制帝国大学哲学科の創設の影響にも読者の目を向けさせることになるだろう。

いずれにしても，本論文集は，まったく類書のない書物であり，その刊行によってカント研究者にかぎらず，哲学思想全般の研究者や漢字文化圏の哲学や思想史，東アジアの関連学問の研究者からも，多様な側面から活用可能で有益な参考文献として歓迎されるであろう。

2　本書の構成

本論文集の収録論文は，主題の特殊性を考慮して三部構成とし，最初に第一部では，カント研究のもっとも豊かな蓄積と長い歴史をもつ日本の研究成果を収録した。次に第二部には，中国・香港・台湾におけるカント研究および文献の翻訳の歴史について論じた3編の論文を収録した。第三部には，韓国のカント研究および文献の翻訳の歴史について考察した2編の論文を収録した。これらの論文は，基本的に中国語版および韓国語版でも同一内容の論述である。ちなみに，中国語版および韓国語版の刊行との関連に言及しておくと，本論文集は，日本，韓国，台湾から基本的に同じ7本の論文からなる日本語版，中国語版，韓国語版としてほぼ同時に刊行されるはずであった。ただし，それぞれの国情に応じて，編集方針の相違や論文の収録順，付録の有無などの異同等は，三つの言語による論文集の版の編者相互間で了解されており，日本語版については，既刊の韓国語版および未刊の中国語版の場合と同様に編集権などの版権は，筆者に帰属する。

なお,「緒言」「序論」と「結論」にかんしては,日本語版の編者を務める筆者独自の判断と意向で単独執筆し,本論文集に収録した。これもまた,本書の固有性の一つである。

　第一部「日本における翻訳・受容史」では,第一章「幕末から第二次世界大戦敗戦まで」および第二章「第二次世界大戦敗戦後から21世紀まで」の二章構成からなり,約150年にわたる日本におけるカント哲学の翻訳・受容史と研究史が概観できるよう努めた。

　第二部「中国・香港・台湾における翻訳・受容史」では,第一章「中国におけるカント研究——1949年まで」,第二章「中国大陸のカント研究——1949年以降」,第三章「戦後台湾のカント研究」の三章構成からなり,第二次世界大戦以前・以後の中国大陸および第二次世界大戦後の台湾のカント研究の翻訳・受容史と研究史が概観できる。

　第三部「韓国における翻訳・受容史」では,第一章「韓国におけるカント哲学研究の由縁と展開」と第二章「韓国におけるカントと東洋哲学の比較研究」の2編の論考が収録され,日本の植民地支配からの解放後の韓国におけるカント哲学の受容と展開に加えて,韓国における儒教・仏教の伝統思想とカント哲学との比較哲学的研究が紹介されている。

　なお,日本語版の本論文集では,上述のように筆者による結論「カント哲学の影響作用史の現状と課題」と題する補足の論考を加えた。ここでは,本論文の総括的な位置づけを兼ねて,7編の論考では立ち入れなかった論点に言及し,特に第二部と第三部の考察の補足と批評を試みている。

　また,本論文集の韓国語版は,編者の白琮鉉教授の強い熱意により文献表や主要術語の解説を付して2014年7月に刊行済みである。このことは,韓国でのカント研究の熱意が依然として強く,また一定数のカント研究者が存在するという好ましい現状が背後にある。また中国語版論文集も,2015年夏までに刊行する予定である。当初の刊行計画では,本論文集は,中国語版,韓国語版,日本語版を同時に刊行するという〈ある種の了解〉が出来上がっていた。しかし筆者は,日本語版の編者として日本での書物刊行の難しさを李明輝教授や白琮鉉教授にも説明してきた。他方,日本と中国語圏や韓国の書物刊行の慣例や方法の相違,言い換えれば,異文化理解の難しさが伴うなかで,漢字文化圏に

おける国際的共同研究の信頼関係の維持・発展のために，そして日中韓の政治的な緊張関係が高まっている状況だからこそ，その望ましい相互理解に資するよう速やかに本書を刊行させることが重要であると考えた。カント哲学に限らず，哲学・思想全般，宗教，文学，歴史，政治に関心のある多くの読者には，是非ともご一読いただきたいと強く願う次第である。

3　カント哲学の受容史理解に向けて

　本論文集の本論に立ち入る前に，その理解に資するよう，この序論では「緒言」と本論との媒介的な説明を試みる。ここでは，近代日本の西洋哲学受容史を特徴づけるいくつかの歴史的事実を紹介する。それは明治初期，「文明開化」の時代に日本にカント哲学が紹介されたとき，カントは今日理解される意味での哲学者ではなく，釈迦，孔子，ソクラテスと並ぶ「四聖人」の一人とみられ，日本人画家によって四人の肖像画が作成された。この肖像画の制作依頼者は，当時の哲学者・井上円了であると言われている（日本最初のカントの肖像画とも言われるこの「四聖像」は，1885年（明治18年）に井上円了の委嘱により，画家の渡辺文三郎によって制作された。高峯一愚『カント純粋理性批判入門』論創社，1979年「まえがき」v–vi頁参照）。ちなみに，筆者は，井上家のご好意によりこの肖像画の現物を見る機会を得た。興味深いことに，当時円了は「妖怪学」の権威ともみられていた。また，大正期にいたっても，カントと釈迦との比較研究の書が刊行されている。例えば，亀谷聖馨『仏陀の最高哲学とカントの哲学』（寶文館，1924年／大正13年）では，著者は，結論で「是れ仏陀の即身即仏観とカントの神人合一説の境地相冥合せるものと云うべくして，同時に哲学宗教の大本帰趨たり」（121頁），と述べている。著者は，華厳宗の立場から「聖人」としての仏陀およびカントの共通点と意義を論じているが，カント研究の立場からみれば，このカント解釈には問題がある。これらの事実は，カントの哲学がその自然科学の思想や倫理学，永遠平和論の見解などを含めて宗教思想と関連づけられ，その哲学全体が彼の高潔な人格に対する尊崇の念とともに，「聖人」の思想と見られたことを意味する。「聖人」は，古代中国以来の重要な概念であるが，上記の書物では，この言葉の儒教的意味に仏教的含意が混

じり合っていることが窺われる。この「聖人カント」という解釈は，西洋諸国では見られない日本の受容史固有の現象であり，中国および朝鮮半島におけるカント受容史とも類似した特徴である。

　ここで筆者が強調したいのは，次の点にある。第一に，井上円了に見られるカント受容のあり方は，その後の日本の哲学受容史から消失した。この受容の仕方は，当時の日本の啓蒙思想家の多くには共有されなかった。それはなぜであろうか。第二に，これらの事実は，その後の近代化のあり方と西洋哲学の受容史とを強く規定したように思われる。第三に，従来の日本思想史研究者の多くは，明治初期の哲学者・思想家だけを「啓蒙思想家」と呼び，東洋と西洋との相違点を「野蛮」から「開化」への進歩と捉え，両者の相違をもっぱら量的な相違と把握してきた。しかし筆者は，従来の解釈が一面的であり，「啓蒙」ないし「成熟」の本質を看過したことを指摘したい。第四に，「哲学」（Philosophy）という概念の受容史にかんする問題がある。周知のように「哲学」という言葉は，西周の造語である。彼は，「ヒロソヒー」を「哲学」と称する理由について，後述のように他の訳語との関係から説明した。また，「ヒロソヒーの定義は Philosophy is science of sciences とて，諸学の上たる学なり」（『西周全集』大久保利謙編，宗高書房，第四巻，『百学連環』，146頁）と述べ，哲学が諸学を統べる万学の女王であるという伝統的な哲学観を窺わせている。この理由により，「西周助［西周］が哲学研究の先駆者であった」（麻生義輝『近世日本哲学史』近藤書店，1942年／昭和17年，45頁），という評価が生じた。また，西周が「哲学」という訳語を採用したとき，訳語の選択という課題の背後には，伝統的な儒学思想の自覚的な継承および区別の意識があった（西周が「哲学」を訳語として選択した意図には，周敦頤にみられた「聖希天，賢希聖，士希賢」の影響がみられる。例えば，この事情は以下の文章に窺うことができる。「周茂叔の所謂る士希賢の意なり，後生の習用にて専ら理を講ずる学を指す，理学理論など訳するを直訳とすれども，他に紛ること多き為めに今哲学と訳し東洲の儒学に分つ」『生性発蘊』，1874年）。

　西周は，従来の多くの研究者から，儒教を批判し否定した啓蒙思想家と見られてきた。彼らによれば，西周に典型的にみられるように，明治期の啓蒙思想家は，中江兆民を含め，儒教を否定し西洋の新たな学問・思想をもっぱら移入

することに努めた。その結果，明治の啓蒙思想の展開は，「和魂漢才」から「和魂洋才」へと移行したという解釈が定着した。それによって学問が進歩し，社会も進歩・発展して，人間のあり方も進歩する，と理解されたのである。しかし，西周や中江兆民にかんする限り，この単純な図式的解釈では彼らの思想を的確に捉えることができない。確かにオランダ留学後の西周は，上述の「聖人」崇拝の考え方には明確に反対している。しかし中江兆民もまた，西洋近代の学問，とりわけ哲学の移植の重要性を痛感しつつも，伝統的な儒教思想とその影響を否定することはなかった。他方，福沢諭吉は，『文明論之概略』のなかで「儒学の罪」を指弾して，儒教思想を一方的に文明開化に反するものとして斥けた（福沢諭吉『文明論之概略』岩波文庫，1931年，203頁）。周知のように福沢は，「日本のヴォルテール」と呼ばれ，中江は「東洋のルソー」とも呼ばれた人物である。両者は，ともに明治期の最も優れた啓蒙思想家である。それにもかかわらず，中江と福沢とのあいだに生じたこの相違は，啓蒙思想家の学問観を把握する上で重要であり，この事実は，明治期におけるカント哲学の受容史のあり方とも関係する。例えば，西田幾多郎の最初期の哲学論文「韓図倫理学」はカント倫理学を扱っているが，この論考は，西洋哲学のたんなる移入・紹介の書ではない（1891年／明治24年執筆，『西田幾多郎全集』第13巻，岩波書店，3–20頁）。それは，東西の哲学・思想の対話・対決のなかで，西洋哲学に対する日本の独創的な哲学および対抗原理の提示という重要な意義と役割を有していた。

　他方，丸山眞男の説とは対照的に，福沢や西を含めた啓蒙思想家における西洋近代思想と儒学との積極的な媒介機能を見出す解釈としては，王家驊による見解がある（王家驊『日本の近代化と儒教』農山漁村文化協会，1998年，181頁）。加えて，中江兆民が西周とは異なり，「フィロソフィ」に「哲学」という言葉ではなく，「理学」という訳語を与えた事実を見落としてはならない。しかし中江兆民の「理学」という訳語は姿を消し，「理学」は「（ナチュラル）サイエンス」（natural science）ないし「フィジックス」（physics）の訳語として定着する。この事実は，カント哲学の中心概念でもある「啓蒙」「成熟」の捉え方だけでなく，本論で論じられるように，中国の「哲学」の捉え方との相違とも関わる。中国語の「哲学」と日本語の「哲学」との関係について，一言触れれば，

中国では，日本の明治維新とほぼ時を同じくして，「中学為体，西学為用」（中国の学問は体なり，西洋の学問は用なり）という「政治的スローガン」が掲げられた。また，中国人の知識人がフィロソフィーの研究に着手した際，この語にふさわしい訳語を見出せなかったので，1920年頃，西周の「哲学」という訳語を日本から輸入した。この事情には，当時の日本の「お雇い学者」であったフェノロサやケーベルとも対比しうる，日本語文献の中国語訳に影響を与えた藤田豊八や田岡嶺雲らの存在と役割を忘れてはならない。彼らが一般にあまり知られていないのは，従来の研究が「欧米崇拝」「アジア軽視」の偏見に囚われてきた証である。さらに「哲学」の意味内容もまた，中国と日本ではやや異なる。日本では，この語は主として西洋哲学を意味する。他方，中国では「中国哲学」や「インド哲学」などをも含む（張政遠，上掲論文参照）。

　ここで第一に注意すべきは，上述のように，日本の「哲学」受容の仕方が中国よりも狭かったという点である。この事実は，中国での「哲学」受容のほうが妥当であったことを意味する。第二に，日本では，中江兆民による「フィロソフィ」の訳語，「理学」がscienceないしphysicsの訳語として定着したのに対して，中国では，「理学」が自然科学の呼称とはならなかった。この事実は，大変興味深いことである（宮村治雄『理学者　兆民』（みすず書房，1989年，15頁参照）。筆者と同様に，宮村もまた，中江における「理義」としての自由などの実現のために，伝統思想の「理」の重要性に注目している。第三に，今日の日本では，狭い「哲学」把握に対する反省から中国のような幅広い「哲学」観，言い換えれば，「哲学・思想」をもつ研究者が増加している（例えば，金谷治『易の話──「易経」と中国人の思考』講談社，2003年，15頁。この書で著者は「朱子学のような儒教哲学を「義理の哲学」ともよぶ」（同頁）。ちなみに，本書の中国語訳は以下のものがある。于時化訳『易的占筮与義理』，山東／林順隆訳『漫遊易経世界』，台北）。近年，知のグローバル化現象と多文化主義の影響もあり，また学問の多様化の帰結として，広義の「哲学」は，中国やインドの哲学だけでなく，イスラム圏の哲学も広くカヴァーする概念として拡大している。本書所収の諸論考もまた，こうした観点の下で，論述されている。

　なお，中江兆民が『一年有半』で「哲学者にあらず」と批判した東京帝国大学教授の井上哲次郎に関しては，「カント・武士道・陽明学。この一見つなが

らないように見える「三題噺」は，井上哲次郎という稀代の学者の頭のなかでは連続していた」（小島毅『近代日本の陽明学』講談社，2006年，132頁），という仮説が近年提示された。筆者には，この説の妥当性を検討する余裕はないが，当時の日本，中国，韓国のすべての「哲学研究者」にとって，自分たちが生きてきた歴史的土壌と伝統に根ざした儒教などの複数の思想傾向から無縁に西洋哲学について思索することは不可能であり，さまざまな思潮や論争のなかで「哲学」を学ぶことは不可避であった。井上哲次郎を厳しく批判した中江兆民による西洋哲学の翻訳書は，上述の章炳麟の思想形成に大きな影響を与えたという説もある。小林武説によれば，中江兆民は，ショーペンハウアーの『倫理学の二つの根本原理』（1841年）に収録された「道徳の基礎について」のフランス語訳からの重訳『倫理学参考書　道徳学大原論』（一二三館，前後編，1894年）によって章炳麟に大きな影響を与えた。「兆民はショーペンハウアーの説く彼我の一体感を中国思想の万物一体説として翻訳した。〔…〕兆民は，ショーペンハウアーの思想内容を荘子や陽明学の万物一体説と重ねたのである。章炳麟に大きな知的刺激を与えたことは間違いない」。こうした観点から，「惻隠の情」や「利己の心」などの漢語が「革命のために無償の犠牲的行為を唱えてきた章炳麟の問題意識に触れたことは，察して余りある。中江兆民訳『道徳大原論』（ママ）の果たした役割は大きい」というのである（小林武『章炳麟と明治思潮――もう一つの近代』研文出版，2006年，114-119頁）。なお，章炳麟によるカント批判については，結論で立ち入るつもりである。

　いずれにしても，これらの論争点は，たんに学説上の過去の研究課題にとどまらず，いま・ここで「哲学」はなにを語りうるか，いま，日本で「哲学する」ことがどのような意味や役割を果たしうるかという焦眉の課題に対する手がかりを提供している。本論文集は，日本，韓国，中国・香港・台湾という同じ漢字文化圏の異なる場でカント哲学を媒介として哲学的に思索し，上記の諸課題をいっそう深く問い直そうとする試みである。

第一部

日本における翻訳・受容史

第一章

幕末から第二次世界大戦敗戦まで

牧野 英二

1 はじめに――本章の狙いと考察範囲

　最初に，本章の主要な意図ないし目的を簡単に説明しておきたい。かつて船山信一は，『明治哲學史研究』の冒頭部分で，「日本の近代哲學史の始まりを，西周・津田眞道がオランダに渡った文久二年（1862年）に置く」[1]という見方を提示した。この見解が誤りでないとすれば，日本の近代哲学史は，2012年の段階で150年の歴史を経たことになる。では，「日本のカント哲学研究史の始まり」はいつ頃になるのだろうか。また「日本のカント哲学研究史」は，どのような特徴や意義をもち，その課題を見出し，解決に取り組んできたのだろうか。

　本章では，第一に，日本でカント哲学文献が翻訳され，カント哲学が受容され研究されてきた歴史的経緯を明らかにする。第二に，明治初期から近代化を推進して以来，今日に至るカント哲学の翻訳史，受容史および研究史の特徴を

---

[1]　船山信一『明治哲學史研究』（ミネルヴァ書房，1959年），2頁。また，船山説の典拠ともなった麻生義輝『近世日本哲学史』（近藤書店，1942年）では，この時期に詳しい資料に基づいた実証的研究によって，「かくの如くにして文久二年に西周助によって哲学研究の端緒が拓かれた」（45頁）こと，また「西周助が哲学研究の先駆者の一人であったことは疑いない」（45頁）こと，さらに「津田真一郎のみは，哲学研究の発生に関与した人と見なければなるまい」（46頁），と二人の親密な個人的関係にまで立ち入って論じている。今日では，これらの麻生・船山説が日本の近代（西洋）哲学史由来の通説になっている。

解明する。ただし，第一章では考察範囲を 1862 年から 1945 年に限定し，続く第二章では 1946 年以降，2013 年までのカント哲学の翻訳史・受容史および研究史を考察する。第三に，以上の視点から，日本における西洋哲学研究史のなかで最も長い歴史と実績のあるカント哲学研究の意義と課題を明らかにする。

次に，本章で筆者が採用した考察方法を説明する。筆者は，日本におけるカント研究の傾向およびその社会的・思想的背景に着目することによって，カント受容史の歴史的・社会的意義を明らかにする。あらかじめ結論を先取りして言えば，次の四点に集約可能である。

第一に，日本におけるカント研究の歴史は，当時の日本社会やアカデミーの強い影響下にあり，それとの相互作用と抵抗・軋轢の歴史でもあった。明治期の軍国主義に対する批判的な論調がカントの『永遠平和論』考察のひとつのきっかけになったことや，大正時代の人格主義的なカント解釈，ロシア革命の影響で「カントとマルクス」をめぐる議論を生んだことは，その一例である。他方，第二次世界大戦後の民主化の流れによって，多くの民主的な知識人がマルクス主義哲学の研究に向かい，その影響でカント哲学が重視されなくなった経緯もまた，同様の事情による。要するに，カント哲学および研究文献の翻訳・受容・紹介・研究等は，つねに特定の歴史的・社会的文脈のなかで解釈されてきたのである。

第二に，日本のカント研究の特徴として，まず理論哲学の認識論的解釈から開始されたことが挙げられる。次に大正教養主義の影響もあり，実践哲学，特に自由および人格性への重視に向かい，そしてロシア革命の影響によるマルクス主義との関連からカントと社会主義との関係を考察する研究や翻訳の刊行も試みられた。また第二次世界大戦後，『判断力批判』や『永遠平和論』，歴史哲学の研究が急速に進み，批判期前から最晩年の遺稿研究を含むカント哲学の全体像を把握する研究傾向を強めていった。そこにはヒューム（David Hume）やルソー（Jean-J. Rousseau）との関係やヴォルフ（Christian Wolff）の学派との影響作用史を原典に依拠して研究する動きも盛んになった。近年では，ポストモダニズムによる美学や崇高論の研究に触発された論考が増加し，英米系の哲学の影響もあり政治哲学や正義論との関連からカント哲学を研究する者も少なくな

い[(2)]。ところが、カントの宗教論に対する研究は、他の研究分野に比較して日本のカント研究の長い歴史のなかで、最も手薄な領域として残されてきた。一言で表現すれば、日本におけるカント研究や解釈の動向と特徴は、つねに国際的・国内的な学問情勢、特に政治的状況および欧米の諸科学の進展による影響下にあった。150年に及ぶ日本におけるカント受容史は、以上のように素描することができる。

　第三に、ただし、第一章の考察範囲に限定して言えば、日本におけるカント哲学の研究方法には次の四つの主要な特徴がみられる。第一の特徴は、カント哲学の正確な理解と忠実なテクスト解釈を意図する内在的研究である。第二の特徴は、カント哲学に批判的な哲学の立場からの外在的な研究ないし解釈がある。例えば、「カントからヘーゲルへ」の発展史的研究や、マルクス主義者による「カント哲学は保守的な個人主義の思想である」という批判が挙げられる。第三の特徴は、日本の伝統思想や哲学者・思想家とカント哲学との比較研究である。例えば、仏教や西田幾多郎の哲学との比較研究がある。第四の特徴として、もっぱら欧米のカント哲学研究文献の翻訳・紹介に努める研究者も、依然として少なくない。これら四つの主要な特徴は、明治以来今日に至るまで、カント哲学の研究や翻訳の正確さのレベルの差こそあれ、基本的に大きな変化はないと言ってよい。

　第四に、日本におけるカント哲学の受容史の顕著な特徴として、大正期まで日本の哲学研究は、カント哲学研究が支配的であった点を挙げることができる。しかも日本のカント哲学研究は、新カント学派の影響下での受容・解釈であった。この点に、日本の哲学研究およびカント哲学研究上の制限や課題を残した。加えて、こうしたカント研究の特徴や哲学研究の課題などは、今日に至るまで日本では依然として見られる普遍的現象である。もっとも筆者の認識では、新

---

(2)　カントとポストモダニズムとの関係とカント主義的立場からの著者によるポストモダニズム批判については、牧野英二『カントを読む——ポストモダニズム以降の批判哲学』（岩波書店、2003年）を参照。20世紀の西洋哲学全体に対するカントの影響については、日本語で読める次の文献が参考になる。トム・ロックモア『カントの航跡のなかで——二十世紀の哲学』（法政大学出版局、2008年：Tom Rockmore, *In Kant's Wake. Philosophy in the Twentieth Century*, Blackwell, 2006）。

カント学派の正確な理解と研究がどこまで進んでいたかは疑問が残るが，ここではこの課題には立ち入らないことにする。

さらに補足すれば，明治期のカント哲学や西洋哲学全般の受容・翻訳・紹介が，同時に中国語文化圏，特に清末および中華民国時代の政治家や思想家，学者，留学生などにも，日本語文献によって一定の影響を与えていた事実についても，言及する必要がある。「緒言」や「序論」で触れたように，当時の中国人による西洋思想の受容史にも，日本の哲学，特にカント哲学の翻訳・紹介の成果が，中国人にも大きな影響を与え，彼らの伝統思想との錯綜した関係のなかで，中国の近代化と彼らの思想的アイデンティティの模索の営みにも反映していたのである。

筆者は，上記の認識に基づいて，次にカント文献の具体的な考察に進みたい。上述のように，本章では，主として明治時代および大正時代，昭和前半の第二次世界大戦敗戦までの時期に主要論点を限定する。

2 明治期前半まで（1863-1887 年）のカント受容の状況

まず幕末から明治 20 年代前半までのカント哲学の受容史を回顧してみたい。日本における本格的なカント研究は，明治中期に刊行された清野勉の著作『標註　韓図純理批判解説』（東京：哲学書院，1896 年／明治 29 年 6 月，362 頁）に始まる。したがって，それまでの間は，カント哲学の哲学史的な観点からの翻訳・紹介という特徴づけにとどまる。要するに，明治期前半の時代は，西洋哲学史的観点からのカント哲学の移入・紹介の時期にあたる，と見てよい。また，日本では哲学研究が哲学史研究から開始された点に留意すべきである。そこにはある種の歴史的必然性があった。ある研究者によれば，「哲学史研究の必要は，夙にフェノロサによって説かれ，更にブッセも哲学史研究の要を力説した。その結果，哲学に志す者は先づ以て，哲学史研究に手をそめる習いとなった」[3]からである。

次に最も基本的な歴史的事実の確認から議論を開始しよう。日本人は，いつ

---

(3) 大塚三七雄『明治維新と独逸思想』（旧版 1943 年。新版，長崎出版，1977 年，174 頁）。

頃カントの名前や彼の哲学を知ったのであろうか。実際，日本にカントの名前や彼の哲学が紹介された時期については，現在でもあまり知られていない。現在の文献学的研究によれば，幕末の文久3年（1863年），ドイツの一商人ボエーディングハウス（E. Boedinghaus）が，『実用的観点からの人間学』（Anthropologie in pragmatischer Hinsicht, 1798）を長崎にもたらした，と伝えられている[4]。これが現在確認されている日本におけるカント哲学文献受容の最古の記録である。しかし，その後，この書物がいつ頃翻訳されたのか，また，それが日本でどのように紹介されたのか，さらに，この書物が日本のカント受容史にどのような影響を与えたのかは，詳らかではない。麻生義輝によれば，「幕末から明治の初年にかけて，カントの名は次第に学者の口頭に上り，著書にも顕われてくるのであるが，カントをルッソー，モンテスキュー等と並べて，全然自由主義，民権主義，半唯物論，功利主義の如くに理解している。例えば加藤弘蔵〔弘之〕の初期の著作の如きはそれである。（「立憲政体略」慶応四年〔1868年10月23日明治に改元〕其他）」[5]，と説明されている。しかし，筆者のみるところ，上記のカント理解にかんする資料に即した説明は試みられていない。

　カントおよびカント哲学の受容と紹介は，明治時代に入り急速に進んだ。ただし，明治初年以降しばらくの間は，イギリスやフランスの哲学が盛んに移入され，ドイツ哲学の受容や紹介は遅れをとった。例えば，明治8年（1875年）6月に刊行された『明六社雑誌』（第38号）所収の西周の論文「人世三宝説一」では，カント，フィヒテ，シェリング，ヘーゲルなどのドイツ古典哲学の思想が紹介されている。その冒頭部分で西は「欧州哲学上〈フィロソフィー〉，道徳〈モラール〉の論は古昔より種々の変化を歴て今日に至り，終始同一轍に帰することなし。中にも曩時の説〔王山〈クイニグスベルグ〉の哲学派韓図〈カント〉

---

(4)　大塚，上掲書，149頁。この書では，カントの『人間学』が長崎に伝えられた経緯や日本の学者がドイツ人の所有者から譲り受けた事実が記述されている。また，下記の文献も参照。小牧治『国家の近代化と哲学──ドイツ・日本におけるカント哲学の意義と限界』御茶の水書房，1978年，293頁以下。
(5)　麻生義輝『近世日本哲学史』（近藤書店，1942年）の記述（68頁）によれば，西周や親友の津田真道のカント理解は，上記のようなレベルであった。なお，加藤弘蔵〔弘之〕の文献については，詳細は不明である。

の超妙純然霊智の説〈トランセンデンタルライネンフェルニュンフト〉」がなお盛んである，と紹介している[6]。この論文で西は，カントの超越論哲学に始まる観念論哲学よりも，オーギュスト・コント（Auguste Comte）の「実理学」（ポジチヒズム positivisme）やベンサム（Jeremy Bentham）の「利学」（ウチリタリアニズム utilitarianism）のほうが新しい時代の哲学として相応しい，と見なしている。ちなみに，「人世の三宝説」とは，「健康」「知識」「富有」であり，それらが「人間第一最大の眼目」である「此一般福祉に達するの方略」である，と西は主張している。他方，『明六社雑誌』（第40号，明治8年8月）所収の「人世三宝説　三」では，文化の進展に伴い人間の社交的結びつきの領域も拡大することに言及して，「韓図(カント)のいわゆる無窮和平［エトルナルピース］ト四海共和［ヲールドリーレパブリック］とは姑(しば)らく哲家の夢想に付し」と論評して，カントの永遠平和論に関心を示している[7]。西のカント理解がどこまで正確であるかは定かではないが，彼が『永遠平和論』に興味を示していた点は，この時期の他の研究者には見られない注意すべき事柄である。ちなみに，中国の近代化に貢献した梁啓超が，日本に亡命後，『明六社雑誌』に掲載された明治期の啓蒙思想家や井上哲次郎等から一定の影響を受けたことは，カント哲学の影響史という観点から見ても看過すべきではない。

　その9年後，竹越与三郎講述『独逸哲学英華』（報告堂，1884年，明治17年，133頁）でも，カントの批判哲学からフィヒテ，シェリング，ヘーゲルに至る観念論哲学の紹介が行なわれ，「イマヌエル・カント子」にかんする論述がこの書物の半分弱の分量にわたっている[8]。ちなみに，三枝博音は，この書を「日本に始めてドイツ観念論を移入したものとして高く評価さるべきである」[9]，と評している。このカント重視の傾向は，アカデミーを中心に徐々に強まっていく。

---

(6)　『明六雑誌』下，岩波文庫，249頁。上記の引用文は，『明六社雑誌』（第38号，明治8年6月刊行）所収の「人世三宝説一」による。なお，本誌は，『明六社雑誌』と『明六雑誌』の二通りの表記が使われていたので，本書では初出の表記に従った。
(7)　『明六雑誌』下，岩波文庫，300頁。
(8)　竹越与三郎講述・由井正之進筆記『独逸哲学英華』（報告堂，1884年／明治17年），1–57頁。
(9)　『三枝博音著作集』第三巻「近代日本哲学史」（中央公論社，1972年），180頁。

また，哲学館（後の東洋大学）の創設者となった井上円了は，創設二年前の1885年（明治18年）に，日本で最初のカントの肖像と推測される「四聖像」を画家の渡辺文三郎に委嘱して制作した。それは，インドの釈迦，中国の孔子，西洋古代のソクラテス，そしてカントの四人の人物像である[10]。哲学研究者の井上円了が，カントを釈迦や孔子などと並べて「聖人」の一人として理解していた事実は，日本におけるカント受容史のたんなるエピソード以上の意味をもっていたように思われる。これについては後述する。ただし，この時期までにカント哲学が日本における西洋哲学の主潮流になっていたかどうかは，疑わしい。

　ところで井上哲次郎は，「明治哲学界の回顧」のなかで，明治思想の潮流を三つの段階に区分して，次のように主張している。第一期は，明治初年から23年まで，第二期は，明治23年から日露戦争の終わり（明治38年）まで，そして第三期はそれ以後明治45年までである。「しかも第三期の思想の潮流は大正年間迄（即ち世界大戦迄）及んでいる」[11]，と述べている。また第一期の主要な思想潮流は，「大体アウフクレールングスツァイト〔Aufklärungszeit〕で，英，米，佛の思想が優勢を占めて居った」，と回顧している。他方，第二期には，「それ迄の英，米哲学を本位にして居ったのとは非常に形勢が変わって来た，殊に大学および其の他講壇の側に於いて然るのである。それで，明治23年は諸種の方面から見て，哲学史上一時期を劃していると思われる」[12]，と語っている。本章の論述もまた，井上哲次郎のこの主張にほぼ沿った時代区分を試みている。ただし，後述のように，井上説は，自身が留学から帰国した年を中心にして彼の個人的体験や教育勅語重視の見解をやや強引に一般化した感が否めない。そこで以下の論述では，後述の理由から，筆者は，明治時代のカン

---

(10) 　高峯一愚『カント純粋理性批判入門』の口絵および「まえがき」（論創社，1979年，v-vi頁）参照。なお，筆者は，元台北帝国大学助教授・高峯一愚氏の仲介で，井上家に保存されている「四聖像」の掛け軸の現物を目にしたことがある。ちなみに，龜谷聖馨『仏陀の最高哲学とカントの哲学』（東京：東京寶文館，1924年，124頁）でも，著者の龜谷は，「仏陀の最高哲学即ち華厳哲学とカント哲学の合致接触点」（108–114頁）を唱え，仏陀や，孔子，ソクラテスとともにカントを大いに称えている（序，7頁）。なお，この点については「序論」でも言及しているので，併せて参照されたい。
(11) 　井上哲次郎「明治哲学界の回顧」（岩波講座『哲学』，1932年），6-7頁。
(12) 　井上哲次郎，上掲論文，8頁。

ト受容史および研究史を1887年（明治20年）以前と以後とに二区分する。要点のみを言えば，明治前半の指導的な役割を果たした自由民権運動および国体論の典拠は，イギリス思想家ではベンサム，ミル（John S. Mill），スペンサー（Herbert Spencer）であり，フランス思想家ではルソー，モンテスキューであった。福沢諭吉はイギリス思想を中心に西洋思想の移入に努め，中江兆民はフランス思想を主として紹介し受容することに努めた。この段階では，僅かの例外を別にすれば，およそカント哲学の正確な理解や歴史的・社会的影響力は，不十分なものであった。

最後に，日本における哲学研究の進展にとって無視できない出来事として，1884年（明治17年）には東京帝国大学に「哲学会」が創設され，1887年（明治20年）に『哲学会雑誌』が創刊された（5年後に『哲学雑誌』に改名）。この学会誌は，後述のように日本のカント研究の発展に多大な貢献を果たすことになる。

3　明治後半（1888-1912年）のカント研究の主要動向

明治20年代になると日本のカント研究は，哲学史によるカントの翻訳・紹介のレベルから，「カント研究」の領域に進み始める。その理由の一つとして，外国人講師の交代という外部事情がある。もちろん，その背景には，日本政府によるドイツの憲法・政治体制の摂取や文化重視政策への転換があったことを忘れてはならない。当初，1879年（明治11年）にアメリカからフェノロサ（Ernest F. Fenollosa）が哲学の教師として招聘され，次いでイギリスからクーパー（Charles J. Cooper）が招聘された。麻生義輝によれば，「外人哲学教授クーパー（Cooper）が，英訳のテキストを使用して，カントの第一批判〔『純粋理性批判』 *Kritik der reinen Vernunft*, 1781/87〕を講読したことなどは，我が邦に於けるカント哲学研究の真の萌芽であった」[13]。ところが，彼らが離職すると，ドイツ人の哲学教授が相次いで来日し，ドイツ哲学の講義を行なうようになった。まず，その影響力を指摘することができる。1887年（明治20年）にブッセ

---

(13)　麻生義輝『近世日本哲学史』，68-69頁。

(Ludwig Busse, 1862-1907) が東京帝国大学哲学科の講師として来日した。ブッセは，ベルリン大学教授となったロッツェ（Rudolph H. Lotze, 1817-81）の影響下で批判的実在論を標榜する哲学者であった。彼は，わずか5年間の滞在の間，講義のテクストにカントの『純粋理性批判』を使用し，主としてドイツ古典哲学を講義した。ちなみに，ブッセは，ドイツ帰国後，カントの故郷，ケーニヒスベルク大学の教壇に立っている。ところで，彼の後任者には，明治26年にケーベル（Raphael von Koeber, 1848-1923）が着任した。彼は，ロシア生まれのドイツの哲学者で，モスクワ音楽院で作曲家のチャイコフスキーからピアノを学び，ドイツのイェーナ大学やハイデルベルク大学で哲学と文学を学んだ教養豊かな人物であった。彼は，東京帝国大学では，古典哲学，ドイツ哲学，ドイツ文学などを講義し，東京音楽学校では音楽も教えた。彼の西洋古典の豊かな教養と高潔な人格は，当時の日本の学生や知識人に大きな影響を与えた[14]。

さらにこの時期の重要な出来事として，明治23年，帝国大学第一回の卒業生でドイツ留学から帰国した井上哲次郎が哲学科主任教授に着任したことが挙げられる。彼は，明治政府の国家観とドイツ観念論哲学とを積極的に関係づけ，保守主義的な立場からカント哲学などの西洋哲学と東洋哲学との統合を意図した。ちなみに，この時期の東京帝国大学哲学科の学生には，大西祝，西田幾多郎，朝永三十郎，桑木厳翼，紀平正美，波多野精一らがいた。彼らは，みなドイツ観念論の影響下で哲学を学び，思索し，紹介しつつ，自身の哲学形成に努めた。

漢字文化圏のカント哲学の影響作用史という観点から言えば，桑木厳翼の早い時期の著作『哲学概論』（明治33年／1900年，東京専門学校出版部）は，日本

---

[14] ケーベルの経歴や人物，そして主要業績は，彼の没後に『思想』（岩波書店，1923年，大正12年8月1日，775-1008頁）「ケーベル先生追悼号」で詳しく紹介されている。ちなみに，この特集号には，西田幾多郎，桑木厳翼，波多野精一，深田康算，紀平正美，西晋一郎，得能文，安倍能成，伊藤吉之助，姉崎正治，和辻哲郎，高橋里美，そしてケーベルの最終年の講義を聴講した出隆など，明治・大正・昭和にかけて日本の哲学界で活躍した哲学者が20名以上寄稿している。ここにもケーベルの影響力の大きさが窺われる。今日では，彼の愛弟子で起居を共にした久保勉の訳編による次の文献で，それらを知ることができる。久保勉訳編『ケーベル随筆集』（岩波文庫，改版1957年）「解説」を参照。

に留学経験のある中国の哲学者・思想家の王国維によって中国語訳された。ちなみに，この書物は，イギリス哲学よりもドイツ哲学を重視し，カントやショーペンハウアーに力点を置いている。王国維による訳業は，例えば，桑木の書物では，『荀子の論理説』（1901年），元良勇次郎『心理学』（1890年，金港堂）や元良勇次郎・小野英之助共著『倫理学』（1893年，冨山房），井上哲次郎『日本陽明学派の哲学』（明治23年／1900年，冨山房）など，当時活躍した哲学研究者・カント研究者の著作がある。王国維による桑木厳翼や蟹江義丸『孔子研究』（1904年，金港堂）らの諸著作の中国語訳は，その後のカント研究史および翻訳史だけでなく，関連諸学の研究に少なからぬ影響を与えた[15]。日本国内では，欧米からのお雇い学者からの影響を脱しようとする傾向が徐々に出てくるが，中国では，進歩的な政治家や学者たちは日本に亡命し，清の滅亡後は日本留学を果たす中国人が増大し，日本の影響下で当時の欧米の哲学や思想を日本語の習得とともに身につけていった。他方で，日清戦争の敗北後，中国国内では，1898年2月に羅振玉により中国最初の日本語学校の東文学社が創設された。そこでは，多くの日本語翻訳者の育成と大量の日本書籍の翻訳が行なわれた。のちに台北帝国大学教授を務めた藤田豊八やその友人の田岡嶺雲は，そのお雇い学者であった。そして王国維は，そこでの学生の一人であり，彼は田岡嶺雲の文献からカントやショーペンハウアーの哲学を学んだのであった。なお，姉崎正治の影響を受けたと言われる章炳麟のカント批判については，小林武『章炳麟と明治思潮――もう一つの近代』（研文出版，2006年）が参考になる。ちなみに，カントの批判哲学の最も重要な概念である「自律」（Autonomie）は，姉崎の訳語であり，章炳麟はこの概念の重要性に着目していた[16]。また，王国維による桑木厳翼の著作の翻訳業績と中国語圏における日本の関連文献の影響については，第二部第一章の論考を参照されたい。

---

[15] 楊冰「王国維の哲学思想の出発点「正名説」における桑木厳翼の『哲学概論』（1900）の影響――王国維の『哲学弁惑』（1903）を中心に」『大阪府立大学人文学会 人文学論集』第32集（2014年3月），122-123頁。
[16] 小林武『章炳麟と明治思潮――もう一つの近代』（研文出版，2006年），207頁。姉崎は，『印度宗教史考』（明治31年）で，キリスト教の「他律道徳」カントの「自律的道徳」という表現を用いており，章炳麟がこの書物をよく読んでいた事実を指摘している（同）。

ところで、この時期の哲学関係の主要文献としては、三宅雄二郎『哲学涓滴』（文海堂、明治22年）および清沢満之『西洋哲学史講義』（明治22-26年）が挙げられる。三宅雄二郎〔雪嶺〕は、『哲学涓滴』のなかでカント、フィヒテ、シェリング、ヘーゲルの名前を列挙して、カント哲学を「批判法の哲学」と呼んでいる。またこの書物の第一篇「超絶的」がカントに振り分けられ、第一章「カント」、第二章「純粋道理批判」、第三章「実践道理批判」、第四章「断定批判」として、三批判書の内容が解説されている。この記述は、三宅自身の哲学観の論述ではなく、主としてシュヴェーグラー（Friedrich Karl Schwegler）『西洋哲学史』（Geschichte der Philosophie im Umriss, 1848）およびクーノ・フィッシャー（Kuno Fischer）の『近世哲学史』（Geschichte der neueren Philosophie, 10. Bde. 1852-93）の文献に依拠している。

また個別の「カント研究論文」が執筆されるのも、この時期からである。中島力造「カント氏批評哲学」（明治24-25年）、波多野精一「カントの三段論法に就いての意見」（明治30年）、「カント倫理学説大要」（明治31年）、蟹江義丸「韓図の道徳純理学の基礎梗槩〔概論〕」（明治30年）、「カントの哲学」（明治31年）などがある。特に中島力造「カント氏批評哲学」は、この時期の研究論文の優れた代表作と言ってよい。「カント氏批評哲学」は、『純粋理性批判』の分析論までの解説であり、未完成の論文であるが、『哲学会雑誌』に4回に分けて連載された。第四回目の論考では、中島がアメリカのイエール（Yale）大学留学中に提出した学位論文'Kant's Doctrine of the "Thing-in-Itself"'（1889）の研究成果が、「Kantの物自体」論として言及されている。中島は、東京帝国大学で倫理学を担当し、理想主義的倫理学の立場を主張して、従来の功利主義的・唯物論的倫理学を批判した。

この時代には、まだ「カント研究論文」は少数であり、波多野精一「ヒュームがカントに及ぼせる影響」（明治33年）、元良勇次郎「心理学と認識論との関係特にカントの空間論を評す」（明治40年）、宮本和吉「カント批評前哲学の発達」（明治42年）などを加えても、総数は10編程度であろう。ちなみに、波多野論文は、ヒュームがカントに及ぼした影響を消極的・否定的に解釈している点に特徴がある。また、元良勇次郎は、論文のタイトルが示唆するように、カントの空間の理論について、心理学的な側面から空間意識の生成とプロセス

の考察を試みている。これらは，今日のカント研究の立場から見れば，不十分な内容ではあるが，当時のカント解釈の内実と水準を示すものとして，興味深い論考である。

また日本における本格的なカント研究書の最初の成果は，上述したように清野勉の著作『標註　韓図純理批判解説』（上巻，東京：哲学書院，1896年／明治29年6月）が挙げられる。まず，簡単に本書の主要な特徴から見てみたい。はじめに，この書物が明治時代に出版された唯一の『純粋理性批判』研究の単行書であるという事実に留意すべきである。また著者の清野勉によるカントに対する高い評価に注目したい。清野によれば，「韓図の傑作純理批判に至りては，近世哲学の中心機軸として哲学史上極めて大なると同時に今日の活哲学としてまた極めて大なり」（自序18頁以下），と賞賛している。さらに清野は，この書の執筆にあたりベンノ・エルトマン（Benno Erdmann）版のドイツ語原文だけでなく，二種の英訳書（マイケル・ジョン Michael John とマクス・ミュラー Max Müller による翻訳）を参照した（自序2-3頁）。清野は，カントの訳語の選択に苦労し，その過程でマクス・ミュラーの誤訳も指摘する（自序4-5頁）など，非凡な才能を発揮している。本書は，『純粋理性批判』の第二版に主として依拠して，両序文の解説と解釈から開始され，カントの論述に忠実に議論を展開しつつ，第14章「唯心主義に於ける韓図の立脚地盤」・第63節「純理心意学第四違論弁駁及び唯心説弁駁文」までの構成からなる。清野は，本書を「上巻」と位置づけ，二冊構成からなる前半部分として考えており，この書物は，原則の分析論までを扱い，それ以降の弁証論などの考察は後半部分で論じる構想であった。だが，彼は，明治29年に脳の病に陥り，再起不能となって，その後一切の著作活動を停止せざるを得なくなった。そのために清野勉の著作『標註　韓図（カント）純理批判解説』は，未完成に終わった。それでも，この書物が，日本における最初のカント『純粋理性批判』の研究書として，主体的な解釈を企図した意義は大きい。ちなみに清野の著作が刊行された年に，カントの母国ドイツでは『カント研究』誌（*Kant-Studien*, 1896ff.）が刊行され，欧米や日本に多大な影響を与えることとなった。さらにこの時期の理論哲学にかんする「カント研究」に準ずる業績として，大西祝による東京専門学校（現在の早稲田大学）の講義録（1891-98年／明治24-31年）のひとつ『西洋哲学史』を挙げる

ことができる（『大西博士全集』全七巻，警醒社書店，明治36-37年）。この書では，古代ギリシアの哲学者プラトン，アリストテレス，近代ではデカルトやライプニッツなどの紹介に比べて，カントだけに倍以上の120頁に及ぶ説明を加えている。日本のカントとも呼ばれる大西祝は，多くの評者の指摘するように，カント批判哲学の体現者でもあった[17]。

次にカントの実践哲学，特に倫理思想に関連する研究成果に目を転じてみたい。まずこの分野での業績としては，『倫理学書解説，第8分冊』として刊行された蟹江義丸『カント氏倫理学』（東京：育成会，1901年／明治34年）が挙げられる。この書物は，カント倫理学の解説書であり，『人倫の形而上学の基礎づけ』（*Grundlegung zur Metaphysik der Sitten*, 1785），『実践理性批判』（*Kritik der praktischen Vernunft*, 1788），『人倫の形而上学』（*Metaphysik der Sitten*, 1797）の「徳論の形而上学的基礎（*Metaphysische Anfangsgründe der Tugendlehre*）」について，各一章が割り振られている。それに加えて蟹江義丸によるカント倫理学に対する批判的な論述が展開されている。その主要な論点は，カントの形式主義，リゴリスムス，個人主義，アプリオリスムスなどに対する批判である。蟹江説によれば，「カントは性癖と欲望を否定し，不道徳の淵源であるとしたから道徳の内容は消滅してしまった。それで止むを得ず之を形式から演繹した」，とカントのフォルマリスムスを批判している。また「もし義務の為に義務を為すのでなければ真正の善でないとしたら，そうした行為を為し得る人は世間に一人も居ない」，とカントのリゴリスムスを批判している。これらのカント批判は，カントの生前から提起されたものであるが，蟹江説には，カントの倫理思想の把握と批判にまだ十分ではなく，彼の時代的な制約が見られる。

ところで，カント哲学に対する積極的評価は，フランス哲学の翻訳・紹介に努め，東洋のルソーとも呼ばれた中江兆民の著作にも見られる。中江は『一年有半』（1900年／明治43年）のなかで，「わが日本古より今に至るまで哲学なし」と断定し，従来の日本思想がすべて哲学の名に値せず，江戸時代の本居宣長や平田篤胤の国学，伊藤仁斎の古義学，荻生徂徠の古文辞学，さらに仏教徒や儒学者たちの思想もすべて哲学の名に値しない，と主張する。また当時のア

---

[17] 小坂国継『明治哲学の研究――西周と大西祝』（岩波書店，2013年），155, 163頁参照。

カデミーで活躍していた著名な加藤弘之（初代帝国大学総理）や井上哲次郎ら東京帝国大学哲学科の教授陣の名前を挙げて、「哲学者と称するに足らず」と日本の哲学界を厳しく批判した。他方、「カントやデカルトや実に独仏の誇りなり」[18]と述べている。要するに、中江は、ヨーロッパではフランスやドイツにはデカルトやカントのような国を代表する哲学者が存在するが、日本には哲学者と言うべき独創的な人物はいまだ存在しない、と慨嘆している。中江兆民のこの評価は、自由民権運動を推進した中江が、カントの啓蒙思想、特に道徳的自由の理論への共鳴を表明したものとして興味深い論述である。では、日本には優れた「独創的なカント哲学者」は存在しなかったのであろうか。また、上述の中江の批判は、この問いの前提にかかわる批判をも意味したのであろうか。

4　大正時代（1912-1926 年）のカント研究の隆盛化

　大正時代のカント研究は、明治期に比べると飛躍的な進展を遂げた。その理由は、第一に、カントの主要著作の翻訳刊行にあり、第二に、新カント学派の研究や翻訳の刊行の蓄積、そして第三に、カント生誕 200 年（1924 年／大正 13 年）を記念した特集と日本最初の『カント著作集』の刊行開始という出来事にあった。さらに社会的・思想的背景として、大正教養主義の影響も見逃すことはできないであろう。カントの自由思想が日本の当時の社会に影響を与え、同時にその反映でもあった、と解釈することができる。

　まず、日本で最初に刊行されたカントの著作の翻訳書は、1914 年（大正 3 年）に桑木厳翼・天野貞祐の共訳による『プロレゴーメナ』（*Prolegomena zu einer jeden künftigen Metaphysik, die als Wissenschaft wird auftreten können*, 1783）である。この書の訳書名は『哲学序説』（東亜堂）であった。1918 年（大正 7 年）には、波多野精一・宮本和吉訳『実践理性批判』（岩波書店）が刊行された。また、1919 年（大正 8 年）に安倍能成・藤原正共訳『道徳哲学原論』（『人倫の形而上学の基礎づけ』）が岩波書店から相次いで刊行された。これらは、すべて後に岩

---

[18]　中江兆民『一年有半』岩波文庫、31 頁。

波版『カント著作集』が出版された折，それに編入されている。

　次に大正時代の代表的なカント研究書を紹介する。それは，桑木厳翼『カントと現代の哲学』（岩波書店，1917年，467頁）である。本書は，著者が東京帝国大学で行なった公開講演の内容を改訂増補し新たに編集し直して，著者独自のカント解釈の立場から現代哲学の真髄に迫ろうとした著作である。その主要な構成は，「第一篇　カントと現代の哲学――第一章　カントと其時代。第二章　カント思想の発展。第三章　理性批判の問題。第四章　批判的方法。第五章　数学的知識。第六章　科学的知識（一）－範疇。第七章　科学的知識（二）－自我と自然。第八章　知識の限界。第九章　道徳的法則。第十章　文化の問題。第十一章　自然目的観。第十二章　カント哲学の意義。また第二篇　研究及び補遺――第一章　カントの観たる日本。第二章　カントの歴史哲学に就て。第三章　ヴィルヘルム・ヴィンデルバント。第四章　ライプニッツの充足理由の原論に就て。第五章　意志本意説に就て。第六章　現今の哲学問題。第七章　独逸哲学の批評に就て。」以上の著作構成である。

　これらの主要なタイトルからも，著者桑木のカント観および哲学観が明白である。簡単に言えば，西洋哲学はカントに流れ込み，現代哲学，特に新カント学派の哲学はカントから流れ出ている，という主張に集約できる。桑木は，カント哲学を「此の如く物自体の学は価値現象としての文化の哲学である」と結論する。要するに本書は，新カント学派の文化哲学の影響のもとでカントの物自体を積極的に評価している。しかも彼はヴィンデルバントおよびリッケルトらの西南学派による文化科学の基礎づけの影響下でカント哲学を解釈した。この点でも，本書は日本におけるカント研究の典型的な特徴を表している，と言ってよい。

　大正時代のカント研究の大きな特徴としては，カントとマルクスおよびマルクス主義との関係を扱った論文や著作および翻訳の刊行にある，と言ってよい。1917年（大正6年）にロシア革命が勃発し，日本のカント研究にもその思想的影響を及ぼした。シュルツェ・ゲーヴァニッツ『マルクスかカントか』（Schulze Gävernitz, *Marx oder Kant?*, 1909. 大鐙閣，佐野学訳，1920年），A. デボーリン『カントに於ける弁証法』（Abram M. Deborin, *Die Dialektik bei Kant*, 1926. 弘文堂，宮川実訳，1926年），土田杏村「カント哲学と唯物史観」（『中央公論』1924

年 12 月）が刊行されている。また昭和時代に入ってもオスカー・ブルーム『マルクス化とカント化』（Oskar Blum, Max Adlers Neugestaltung des Marxismus, in: *Carl Grünberg's Archiv für die Geschichte des Sozialismus und der Arbeiterbewegung*. 8 Jahrgang. 1919, S. 177-247. 同人社，波多野鼎訳，1927 年），マックス・アドラー『カントとマルクス主義』（Max Adler, *Kant und Marxismus*, 1925. 春秋社，井原糺訳，1931 年），カール・フォアレンダー『カントとマルクス』（Karl Vorländer, *Kant und Marx*, 2 Aufl. 1926. 岩波書店，井原糺訳，上，1937 年：下，1938 年）などが刊行されている。桑木厳翼「カント哲学と共産主義の理論」（『丁酉倫理会講演集』第 275 輯，大日本図書株式会社，1925 年）や湯沢睦雄『マルクス乎カント乎』（湯沢睦雄刊，1933 年）などの論考でも，当時の社会的状況の要請もあり，カント哲学や新カント学派の哲学は，マルクスやマルクス主義との連携や対決を求められたのである。ちなみに，西田幾多郎は，昭和 11 年（1936 年）に，マルクスの『資本論』を書店に注文している（『西田幾多郎全集』第 17 巻，『日記』，545-547 頁）。

　当時の時代状況と関連して，カントの平和論『永遠平和のために』（*Zum ewigen Frieden*, 1795）に対する研究にも言及すべきであろう。この場合，興味深いことは，カントの永遠平和論に対する評価が対照的であった点にある。一方では，朝永三十郎『カントの平和論』（東京：改造社，1922 年）のように，著者のリベラルで温厚な性格がよく現れた好意的なカント評価が現れた。この書物は，第二次大戦後も再刊されており（東京：人文書林，1950 年），今日でも日本における「カントの永遠平和論研究」の出発点の位置を占めている。他方，カントの平和論に対して否定的・消極的な評価を下したのが，鹿子木員信「カントの『永遠の平和』を論ず」（『哲学雑誌』353 号，1916 年，大正 5 年 7 月号）である。鹿子木は，カントの予備条項や確定条項などを否定的に評価して「かくして永遠の平和は，永遠に不可能でなければならぬ」（48-49 頁），「カントの此の『永遠の平和』の一書は実に確立証明無き空虚なる理想——空想の上に築かれたる所謂空中の楼閣に等しきを思はざるを得ない」（69 頁）とカントの平和思想を厳しく批判した。鹿子木によれば，カントは永遠平和が義務であるゆえんを少しも確立できなかっただけでなく，永遠の戦いを否定することができなかった。鹿子木説にはカントの基本的な理解に問題があるが，このカント批

判は，昭和時代に日本の軍国主義の積極的な思想家の一人となった鹿子木自身による永遠平和論に対する否定的評価の早い時期の表明でもあった。もっとも，鹿子木説には，カントの平和思想を検討する場合，『判断力批判』（Kritik der Urteilskraft, 1790）に留意すべきである，と主張した点では，妥当な見解が見られる。これらの鹿子木説とは様々な点で対照的な平和論の解釈を提唱したのが朝永三十郎『カントの平和論』である。朝永は，第一次世界大戦後の国際情勢と日本の国内情勢の両側面からの政治的影響を念頭に置きながら，この書物を刊行した。この点に読者は十分留意する必要がある。また，朝永のカント解釈の基本的視点は，『永遠平和のために』を『実践理性批判』および『人倫の形而上学・法論』と関係づけて解釈することが重要である，という点にある（9-10頁）。さらにこの書では，第一に「平和主義そのものの倫理的基礎づけ」，第二に「永遠平和はいかなる制約の下に可能か」，第三に「永遠平和は果たしてまたいかにして歴史の進行中に実現され得るか」の三段階の理解の仕方に区分され，本書では，第一段階が最も基本的な問いであるとみなされている[19]。

朝永説のようにカントの平和論を上記の諸著作と関連づけて積極的に解釈することは，筆者から見て，妥当な見解であり，今日ではカント解釈の常識に属するが，当時としては先駆的な意義をもっていた，と言ってよい[20]。以上のようなカントの永遠平和論をめぐる対照的な評価は，当時の日本社会の風潮を明確に表現していた。大正から昭和初期の時代のカント解釈とその背景には，平和論を含む日本のカント研究に対する評価の変遷史と軍国主義的動向が反映していた，と見ることができる。ちなみに，中江兆民は『三酔人経綸問答』（1887年／明治20年5月，東京集成社，138頁）のなかで，「サン＝ピエールが一たび

---

(19) 朝永三十郎『カントの平和論』（東京：改造社，1922年），236頁。
(20) 亀谷聖馨『仏陀の最高哲学とカントの哲学』（東京：東京寶文館，1924年，124頁）は，鹿子木説と朝永説との中間的なカント平和論評価に属する。亀谷は，『永遠の平和』（東京：名教大学設立所，1918年）を公刊しており，その付録として英語訳からの重訳で『永遠平和のために』の日本語訳を試みている。ちなみに，この翻訳が『永遠平和のために』初訳であろう。その後，ドイツ語からの翻訳は，大正時代に3種類，第二次世界大戦敗戦後に8種類，合計11種類刊行されており，1980年以降だけでも5種類ある。この事実は，大正期と冷戦前後の時期にカントの平和論に特に関心がもたれた一つの現れである。

世界平和の説をとなえていらい，ジャン＝ジャックがこれをたたえ，カントになるとますますこの説を展開して，それで哲学にふさわしい純理的性格を持つことができたわけです」[21]，とカントの永遠平和論の意義を称えている。これは，日本でもっとも早くカント平和論の意義を高く評価した文献である，と推測される。中江兆民のこのカント評価は，彼が在野の思想家であったために，朝永三十郎らのアカデミーのカント研究者に影響を与えることはなかった。この点でも，日本のカント受容やカント哲学研究に課題を残した。

　次にカント生誕200年記念特集号として刊行された二つの雑誌の内容を概観してみたい。第一は，『講座　生誕二百年記念 カント号』（大村書店，大正13年）[22]である。この雑誌には，次の6編の論考が掲載されている。児玉達童「カントの生涯」，佐竹哲雄「『純粋理性批判』解説」，安倍能成「『実践理性批判』解説」，大西克礼「『判断力批判』解説」，佐野勝也「『単なる理性の限界内に於ける宗教』解説」，得能文「新カント派」である。本特集号は，全体で510頁に及ぶので，1編が平均85頁の長編の論考であり，「解説」というタイトルが付せられているが，論述内容に即するならば，三批判書と宗教論にかんしては，研究論文と呼ぶこともできるほどの力作揃いである。この雑誌では，カントの三批判書と宗教論に加えて，新カント学派の解説論文が掲載されている。この点に，当時の日本におけるカント受容史の特徴がよく現れている。

　第二は，『思想　カント記念号』（岩波書店，第30号，大正13年）[23]である。この特集号は，掲載論文数が10本で，総頁数が190頁である。執筆者と論文名は以下のとおりである。桑木厳翼「カントの自然観」，田辺元「先験演繹論に於ける直観と思惟との関係」，ホフマン「プラトンとカント」，紀平正美「ソークラテースのダイモニオンとカントの無条件的命法」，朝永三十郎「啓蒙思想とカント哲学の中心問題」，大西克礼「カント「判断力批判」の成立に関する考察（上）」，左右田喜一郎「カント学説に対する一小疑問」，桑木或雄「カントの最初の論文に就て」，安倍能成「カント哲学に於ける自由の概念」，伊藤

---

[21]　中江兆民『三酔人経綸問答』岩波文庫版（訳・校注・桑原武夫，島田虔次，1965年），52頁。
[22]　『講座　生誕二百年記念 カント号』（大村書店，大正13年4月1日発行，510頁）。
[23]　『思想　カント記念号』（岩波書店，第30号，大正13年4月1日発行，190頁）。

吉之助「ヘルマン・コヘンに於けるカント解釈の発展（上）」，である。これらの論文中，連載ものが２本あり，二つの特集号の両方に執筆した研究者も大西，安倍の二名がいるが，残りの執筆者は別人である。この特集号では，カントとソクラテスやプラトンなどの古代ギリシア哲学者との比較研究が掲載される一方で，カントの初期思想の研究も進んでいることが窺われ，大変興味深い論集である。

　ここで簡単に『講座　生誕二百年紀念 カント号』と『思想　カント記念号』の編集上の比較を試みる。前者は，カントの批判哲学の三批判書および宗教論（宗教論が第四批判であるという解釈を意図した可能性がある）の概観とエッセンスの摘出という点に執筆者たちの共通了解があるように理解できる。したがって，啓蒙的要素の強い一般読者向けの編集方針が窺われる。他方，『思想　カント記念号』の所収論文は，すべて個別テーマの研究論文の体裁を取っており，明らかに哲学研究者，カント研究者向けの専門的な論考の特集という編集方針を採用している。

　第三に，上述のように，岩波書店版『カント著作集』の刊行が開始された点もきわめて重要である。これらの記念出版をまとめて見れば，日本におけるカント哲学研究への関心と研究水準の高さは，文字通り一目瞭然である。さらに，これらの特集の刊行は，カント哲学が哲学研究者やカント研究者だけでなく，当時の日本の知識人や広く大衆にもカント哲学や批判哲学の精神が多様な側面から受容されつつあった事実を裏付けている，と言ってよい。ちなみに，『思想　カント記念号』の巻末には，「カント誕生二百年記念出版予告」と題する小論が付せられ，そこではカント生誕二百年の「此の時にあたって『思想』カント記念号を出し，同時にカント著作集の刊行を企てるのは，我が思想界に彼の思想の全面的根本的理解を促し，同時に庶幾くは思想其者文化其者の理解を深めることによって彼が二百年生誕を最も有意義に記念せんとの微意に外ならない」[24]，と岩波書店の狙いが強調されている。この見解は，岩波書店のたん

---

(24)　『思想　カント記念号』の巻末には，岩波書店の刊行物の広告・宣伝に加えて，筆者の在職する法政大学文学部の広告が掲載されている。そのなかで，「法政大学は，〔…〕二年前からよい文学部を設け，文学科哲学科を分ち，〔…〕哲学科に哲学・倫理学・心理学の主な科目を配し」ている，と宣伝し，「文化史，哲学特殊研究，哲学演習（和辻

なる広告・宣伝文にとどまらず，当時の日本の哲学者，特にカント研究者の共通認識でもあった，と推測される。

　要するに哲学を研究する場合，カントを学ばねばならず，カント哲学を学ぶことによって他の西洋諸国の哲学者の思想も的確に学ぶことが可能になり，同時に日本および東洋の哲学の理解もまた深めることが可能となる，というのである。この考えは，今日なお，的を射た重要な指摘であると思われる。だが，その後の日本における実際の哲学研究およびカント研究がこうした哲学の道を辿ることができたかと言えば，筆者のみるところ，肯定的に答えることができない。その理由は，本稿の論述のなかで明らかにされるはずである。

　実際，日本におけるカント研究は，当初から新カント学派の影響下で研究され，発展してきた。したがって西洋哲学における新カント学派の評価および影響力の低下とともに，日本のカント研究もまた，徐々に下火になっていったのである。また，理論哲学から実践哲学，平和論や宗教論などカント哲学の多様な思想が大正教養主義や人格主義と結びついて，日本に根差す以前の段階で，カント哲学は確実に影響力を失い始めた。その傾向は，昭和の時代を迎えるころには顕著になった。一方では，優れたカント哲学の評価や解釈が一定数あったにもかかわらず，それらが「カント研究」の主流にならなかった点にも，その衰退の理由の一端を指摘できる。このことは，『判断力批判』の研究文献に窺われる。特に田辺元『カントの目的論』（東京：岩波書店，1924年，155頁）[25]の「カント解釈」についても，この指摘は妥当する。田辺のこの優れたカント解釈は，カント研究として継承され，さらなる展開を遂げる前に，田辺自身の思想的展開のなかで，ヘーゲル，ハイデガー，そして師の西田幾多郎との対決

　　哲郎），心理学，倫理学史，倫理学演習（高橋穣），倫理学，西洋哲学史，哲学概論（安倍能成），認識論，論理学（山内得立），哲学演習（出隆）」など錚々たる教授陣を紹介している。これらの哲学者は，多くが当代第一級のカント研究者でもあり，東京帝国大学の教授陣とも遜色なく，当時の法政大学と岩波書店，そして夏目漱石と法政大学文学部との深い関係を窺わせる資料としても，今日意義のある有益な文章である。
(25)　『田辺元全集』第三巻「カントの目的論」（筑摩書房，1963年）。大正末期から昭和の初期にかけて，ようやく『判断力批判』の研究書が数冊刊行された。川村豊郎『「判断力批判」の研究』（同文館，1928年／昭和3年），大西克礼『カント「判断力批判」の研究』（岩波書店，1931年／昭和6年）などの力作である。

を経て，徐々に「カント研究」の成果としての重要性も看過されていった。

　最後に，この時期には，日本の植民地下の朝鮮半島と台湾に二つの帝国大学が創設され，同時に哲学科の創設と共に，この時期以降，日本国内でも活躍した哲学者・カント研究者が複数在職していた事実にも言及しておきたい。カント生誕 200 年（大正 13 年）の年に京城帝国大学（現在，国立ソウル大学）が創設された。1926 年には，法文学部に哲学科が開設され，哲学・哲学史の担当教授として安倍能成や，宮本和吉，船田亨二らの研究者が着任している。彼らは，みな岩波書店版『カント著作集』の訳者を務め，岩波知識人と呼ばれた人々である。彼らは，法哲学の講座を担当した尾高朝雄を筆頭に，当時の朝鮮半島の文化活動の一翼を担っていたのである。当時の京城帝国大学哲学科の印象について宮本和吉の弟子の津田剛によれば，「当時の京城帝大は全教官が赴任前にそれぞれ三ヶ年のヨーロッパ留学を了えて着任されるということで，全学が未だヨーロッパ気分が抜けないまま講義されるというきわめて特異な状態だった。（中略）哲学科の教授陣は岩波派といわれ，例えば当時としては画期的な仕事であったカントの著作集の日本語訳の半数近くは，京城帝大の教授陣の仕事であった」[26]。哲学の領域では，ヨーロッパ哲学の新たな思想運動である現象学や実存哲学が，例えば，フッサール（Edmund Husserl），ハイデガー（Martin Heidegger），ブレンターノ（Franz Brentano），ヤスパース（Karl Jaspers）等が講義されたという。また，その数年後の 1928 年には台北帝国大学（現在，国立台湾大学）の設立とともに文政学部に哲学科が設置され，西田幾多郎の薫陶を受けた務台理作が哲学史講座を担当した。また戦後やはりマルクス主義の立場から論陣を張った柳田謙十郎も助教授として在職していた。ちなみに，1928 年には，のちに東京大学教養学部教授に転出した淡野安太郎がヴィンデルバント『カント物自体説の諸相に就て』（岩波書店）の翻訳書を刊行している。さらに戦後カント研究者として多くの業績を残し，日本カント協会の第二代会長（当時，委員長）を務めた高峯一愚も，台北帝国大学で教鞭を執った。だが，これらのカント研究者が朝鮮半島や台湾でカント研究の伝統を構築したかと言えば，

---

(26)　永島広紀『戦時期における「新体制」と京城帝国大学』（ゆまに書房），2011 年，109 頁。

残念ながら，その疑問には否定的に回答せざるを得ないであろう。詳しくは，第二部および第三部の諸論考を参照していただきたい。

5　昭和時代（1926-1945年）の訳語論争からみたカント解釈史の一断面

　昭和の時代は，厳密に言えば，第二次世界大戦敗戦の前と後とでは，大きな違いが生じている。その原因は，敗戦前におけるカント研究が新カント学派の影響から脱し，現象学，ヘーゲル学派，マルクス主義の流行と軍国主義化の動向によって，哲学研究の衰退の道を辿ることによる。しかし，それでもカント研究の伝統は，絶えることはなかった。ここでは，哲学の新動向に焦点を当てて，カント哲学の評価の変化を確かめてみたい。例えば，『哲学への途』（理想社出版部，1935年／昭和10年）には，当時の日本における哲学研究の変化が顕著に看取できる。山内得立，務台理作，田辺元，大江清志郎，長屋喜一，由良哲次，桑木厳翼，金子馬治，安倍能成，片山正直，石山脩平，高坂正顕，若山超關，植田清次の14名の論客による論文集である。この論文集には，共通のテーマがあるわけではなく，田辺元「存在論の第三段階」のような自身の哲学体系の構築作業にかかわる論考や，安倍能成「文化批判と哲学」に見られるように，哲学的営みが必然的に文化にかかわるという視点から，新カント学派の意義を考察しているが，カント哲学そのものの積極的な論述は，本論文集ではまったく見られない。若山論文「最近独仏哲学の主潮」では，「我々は，N. ハルトマン―ハイデッガー―ヤスパースの三者を現代ドイツ哲学の代表者として相並べて考へることができる」（208頁）と明言しており，他の論考でも，ニーチェやマルクス主義などにはしばしば言及されても，カントについては扱われていない。また，興味深いのは，イギリス人カント研究者として知られ，中国では日本に比べて30年早く1981年に翻訳されたカント『純粋理性批判の注解』を執筆したノーマン・ケンプ・スミス（Norman Kemp Smith）が，植田論文「英米哲学の新動向」の論述では，彼の"Prolegomena to an Idealist Theory of Knowledge"（1924）がイギリス哲学の新動向の例として紹介されている点である。ここにも，日本における西洋哲学研究の新たな展開が明確に示されている。

ところで議論を本筋に戻して本章では，カントの成熟期の批判哲学を象徴するキーワードに焦点を当てて，日本のカント受容史および解釈史の特徴づけと哲学的思索の課題に立ち入ってみたい。そこで次に，日本のカント受容史および研究史上の論争点の一つであった"transcendental"概念の翻訳史から見た解釈の相違を検討する。

　周知のようにカントは，自身の成熟期の哲学を"transcendentale Philosophie"と呼んでいる。今日では，このドイツ語はほぼ「超越論〔的〕哲学」と訳されている。つまり，"transcendental"は，「超越論的」が定訳である。だが，日本の長いカント受容史の過程では，「超越論的」という訳語が定着したのは比較的新しいことである。それには長い翻訳上の論争の歴史があった。また，そこには当然のことながら，カント哲学の解釈の対立があった。そこで，本章のこれまでの考察を半ば回顧しつつ，今日まで続くカント解釈史の一断面に光を当てることにする。

　すでに述べたように西周は，『明六社雑誌』（第38号）所収論文「人世三宝説　一」では，カントの"transcendental"を「超妙トランスセンデンタル」と訳していた。また，竹越与三郎『独逸哲学英華』では，「超絶哲学トランスセンデンタルヒロソヒー」と訳され，その後，"transcendental"を「超絶」と訳すのが定着したようである。実際，三宅雄二郎や中島力造もまた，「超絶」の訳語を採用している。それに反旗を翻したのが，清野勉の著作『標註　韓図純理批判解説』の訳語である。彼は，この書物で"transcendental"に「卓絶」という訳語を与えている。この訳語に対する疑問を想定して，清野は著作のなかで「超絶なる訳語を棄てて卓絶という訳語を選ぶ適切な所以」を説明して，「韓図の所謂 Transcendentale Erkenntnis は先験的識認〔認識〕中最も卓絶し，他の先験的識認の由来に関して卓見の明を有すればなり」，と述べている。要するに，「超絶」という訳語では，カントが transcendent と区別した transcendental の固有の意味が明確化できない，と言うのである。たしかに清野が指摘するように，"transcendental"を「超絶」と訳すことは適切ではない。実際，日本語の「超絶」には，他と比較にならないほど，とびぬけてすぐれていることという意味がある。しかし，そこには他とは無関係により高い次元にあることという意味もある。したがって，カント自身が説明したように，経験な

いし経験的認識の内容を超えつつ，それを制約し基礎づけるという"transcendental"固有の意味が「超絶」という訳語では表現されず，むしろ"transcendent"と混同される危険性がある。両術語の訳語選択上の問題は，たんに訳語の選択レベルの問題だけでなく，批判哲学と独断論哲学との明確な区別と理解にかかわる根本的な課題でもあった。

　他方，清野勉の「卓絶」という訳語もまた，カントの"transcendental"の含意を明確に表現できていたわけではない。「卓絶」には，すぐれて他にくらべるものがないという意味があり，他方，他とは関係せず，特定の意味をもたないので，"transcendent"と混同される危険性が少ないという解釈があったことが推測される。したがって，この語の訳語選択と妥当性をめぐって，第二次世界大戦終結後まで長い論争が続いたのである。そのプロセスでは"transcendental"には「先験的」が，他方，"transcendent"には「超越的」が，また"apriori"には「先天的」という訳語の使用が大勢を占めるようになった。

　訳語論争の大きな転換点になったのは，九鬼周造の主張にあった。九鬼は，『哲学雑誌』（1929年，昭和4年5月）所収の論文「時間の問題」のなかで，「訳語として「超越的」と「先験的」とを対立せしむるのは，思索の上に余りに廉価な明晰を求めている嫌いがある」と批判した。彼は，この概念の語源から議論を起こし，次にカントの独自の用法に向かい，さらにカントの"transzendental"とフッサールの現象学における"transzendental"との関連を指摘したのち，カントでは"transzendental"が同時に"apriori"であるが，フッサールではこれらの概念がカントとは異なり，"transzendental"は経験的でもありうるので，この術語を「先験的」と訳すと理解不可能になる，と主張した[27]。九鬼の上記の批判には，筆者のみるところ，カント解釈上の重大な転換点が指摘できる。そこには，新カント学派のカント解釈に対する批判と，ハイデガーの現象学的存在論に依拠したカント解釈に基づく主張があった事実を見逃してはならない。実際，九鬼は，本文中のハイデガーの『純粋理性批判』

---

(27) 『九鬼周造全集』第三巻「論考　時間の問題——ベルクソンとハイデッガー」（岩波書店），336–337頁。"transzendental"（超越論的）概念とともにカント哲学の根本理解にかかわる重要概念である「物自体」（Ding an sich, Dinge an sich selbst）については，第二章で論じる予定である。

「超越論的原理論」解釈に付した脚注のなかで，上記の主張とともに，「transzendental を私は「超越論的」と訳したいと思う」[28]。なぜならば，「先験的」と訳すことは新カント派の学説の色彩を余りに帯び過ぎている。今や〔…〕特に新カント派の学説を想起させるような訳語を依然として我々が固持するのは一種の時代錯誤たるを免れない」[29]，と新カント学派の影響下での日本のカント解釈の伝統を時代遅れだと批判した。この論文は，「時間の問題──ベルクソンとハイデッガー」というタイトルで，両哲学者の時間と実存や存在の問題を論じているので，一般には今日までカント解釈の論考とは見られてこなかった。しかし，筆者は，上記の理由から，この見解には修正が必要である，と考える。

さらに筆者は，和辻哲郎がカント哲学を扱った二つの論考でも同様の見解が表明されている事実を指摘したい。和辻哲郎は，『カント実践理性批判』（1935年／昭和10年）の「序」で「訳語についてはわざと訳語例に従わなかったものがある。a priori を「先験的」，transzendental を「超越論的」，……とした」[30] と述べ，さらに『人格と人類性』（1938年）では，九鬼周造の名前を挙げて，彼に賛意を表明した。「カントの transzendental を「超越論的」と訳するのは九鬼周造氏の提案に従ったのである。この語の訳語として普通に行なわれている「先験的」は，日本語としての意味においては「経験に先立つ」という以外には何事をも言い現わしていない。だからそれはちょうど a priori の意義と相覆うのである。a priori の訳語として用いらるる「先天的」は本来「生まれる先から」すなわち「誕生に先立つ」という意味であって，カントのいわゆる angeboren には当たるが a priori には当たらない。だから transzendental を先験的と訳することは，一方アプリオリの適訳を奪うとともに他方 transzendental の意義をあまりに狭く解釈することになる」[31]，と論じている。和辻哲郎も

---

(28) 『九鬼周造全集』第七巻（44頁）では，九鬼が賛成者のなかに，和辻哲郎や岡野留次郎とともに，天野貞祐訳『純粋理性批判』下巻を挙げているが，筆者が本文で指摘したように事実は異なる。ちなみに，『純粋理性批判』（上巻，カント著作集1，1921年／大正10年，改訳1930年／昭和5年）でも，"a priori" は「先天的」，"transzendental" は「先験的」と訳されている。
(29) 『九鬼周造全集』（第三巻，336頁）。
(30) 『和辻哲郎全集』第九巻「実践理性批判」（岩波書店），195頁。
(31) 上掲書，「人格と人類性」339頁。

また，ハイデガーの存在論の立場も引用しつつ立ち入った説明を加えて，九鬼説を支持した⁽³²⁾。和辻の見解は，今日そのまま通用する妥当な説明である，と筆者には思われる。もっとも，九鬼周造の親友であった天野貞祐の訳書『純粋理性批判』下（1931年，昭和6年）では，九鬼の問題提起以後も「先験的」，"Transzendentalphilosophie" は「先験哲学」と訳され，"apriori" には「先天的」という訳語が採用されている。このように九鬼周造や和辻哲郎のような自身の哲学的思索を積極的に展開して，のちに「九鬼哲学」，「和辻倫理学」と呼ばれるようになった研究者と比べ，生涯カントの著作の翻訳とカントの内在的解釈の研究に没頭した「カント学者」天野貞祐の方が，カントの訳語の選択にかんして保守的で同時にカントの批判哲学の精神が弱かったように思われる。実際，九鬼や和辻の問題提起によって，日本でも徐々に存在論的カント解釈が受容されていく。しかし，それはハイデガーからの直接的影響ではない。日本のカント研究は，「カント研究者」のハインツ・ハイムゼート（Heinz Heimsoeth, 1886-1975）の「存在論的カント解釈」の影響によるところが大きい⁽³³⁾。『判断力批判』や『宗教哲学』にかんする本格的な研究は，上記の研究に遅れ

---

(32) 九鬼は，「超越的と超越論的との区別」にかんして，「ハイデッガーの ontisch と ontologisch との区別も，「本体的」と「本体論的」との差別を以て訳すのが適当かと思う」（『九鬼周造全集』第三巻，337頁），と説明を加えている。和辻もまた，上掲書，「人格と人類性」の長い注で，「「超越」を哲学の中心問題とするハイデガーが解するように，カントの Sein（有）は「知覚せられてあること」（Wahrgenommenheit）「認識せられてあること」（Erkanntheit）にほかならず，〔…〕かかる対象の被認識性及びその可能性の学を「有の学」すなわちオントロギーと呼んだ〔…〕かかる学を transzendental と呼んだことにも，何らか「超越」の意義を活かせる意図があった〔…〕とにかく transzendental には経験に先立つという意味以上に「超越」に関する何らかの見解がひそんでいるということを現わすために，ここには九鬼氏に同じて超越論的と訳したのである」（339-340頁）。九鬼も，和辻もともにハイデガーの『存在と時間』の思想を手がかりに，しかも独自の観点から同じ訳語を選択した点は，日本のカント研究史からもハイデガー研究史から見ても，きわめて興味深い事実である。
(33) ハインツ・ハイムゼートの「存在論的カント解釈」は，つとにハイデガーが『存在と時間』注のなかで，紹介している（Heidegger, *Sein und Zeit*, 1927. 5. Aufl., Tübingen 1967, S. 320. Anm. 1）。しかし，日本のカント研究者は，これまでこの指摘には留意せず，第二次世界大戦後にハイムゼートの諸論文を通して影響を受けてきたのが実情である。

て現れる(34)。ここにもまた，日本のカント研究の特徴と課題が現れている。

いずれにしても，こうした見解の相違や論争を経て，日本におけるカント研究者は，今日では，"transzendental"を「超越論的」と，"transzendent"には「超越的」と訳し分けることでほぼ共通の了解が成り立っている。また，"apriori"には「アプリオリ」というカタカナ表記が一般化している。筆者も編集委員を務め，日本におけるカント哲学の訳語統一に大きな役割を果たした『カント事典』（弘文堂，1997年）は，これらの論争に終止符を打った，と言ってよい(35)。

6　結語——その後の展開の概観

第二次世界大戦敗戦以前のカント研究の成果は，高坂正顕『カント』（弘文堂書房，1939年／昭和14年）に結実している。高坂は，カントの立場が「超越的人間学の立場である」，と主張する。高坂説によれば，「カントは啓蒙主義を完成することによって，啓蒙主義を超越したのである」(36)。高坂の解釈によれ

---

(34) 『判断力批判』の本格的な研究書としては，川村豊郎『「判断力批判」の研究——カントに於ける文化の問題』（東京：同文館，1928年，193頁）や大西克礼『カント「判断力批判」の研究』（東京：岩波書店，1931年，610頁）がある。また，カント宗教論のまとまった研究書としては，佐野勝也『カントの宗教論』（東京：理想社，1929年，307頁）が現れる。その他の分野については，児玉達童『カントの数学論の範囲に於いて——外五篇』（東京：甲子社書房，1926年，418頁）がある。さらにカント哲学の体系的な解釈を人間学的観点から試みた，優れた「カント研究」の書物として，高坂正顕『カント』（東京：弘文堂書房，1939年，422頁：『高坂正顕著作集2』東京：理想社，1965年）を挙げておかなければならない。なお，波多野精一は，論文「カントの宗教論について」（1913年，大正2年4月，東京哲学会の講演）で，「かくしてカントは彼の哲学の新しき精神よりして，宗教哲学に於いても新しき路を開き新しき時代を導くに至った。〔…〕宗教哲学はカントにはじまったのである」，とカント宗教哲学の意義を高く評価している（『波多野精一全集』第五巻，東京：岩波書店，1969年，423頁）。

(35) 『カント事典』（坂部・有福監修，石川・黒崎・中島・福谷・牧野編集，弘文堂，1996年）。

(36) 本書からの引用は，すべて戦後刊行された『高坂正顕著作集』第2巻（理想社，1954年）に依っている。ちなみに，高坂正顕のカント論考には，他に『カント解釈の問題』（弘文堂書房，1939年／昭和14年）などの秀作がある。この書物は，『続カント解釈の問題——法と歴史の諸理念』（弘文堂書房，1949年／昭和24年）や他のカント研究論文

ば，カントは啓蒙主義の時代とドイツ観念論の時代の二つの時代に跨って，それを媒介する位置にある。「前者は有限であり，後者は無限であり，カントは有限的無限である。同じことはまた，前者は人間学的であり，後者は超越論的であり，しかしてカントは超越的人間学の立場である」(44頁)。この書は，三批判書および『実用的観点からの人間学』の論述を引証して，体系的観点からこの解釈を展開する。このカント解釈は，カントの内在的研究方法を踏まえながら，同時に高坂独自の見解を手堅く展開した優れた研究成果である。著者は「この書で，カントを一つの体系として理解しようと試み，また一つの体系としてのみその真理性が全き姿で浮かび来るであろうことを実証しようと試みた」(398頁)が，その狙いは，筆者の判断では，果たされたとは言えない。なぜなら，この書物では『宗教論』や『人倫の形而上学』について考察されていないからである。「カントを一つの体系として理解しよう」とするのであれば，これらの著作に対する考察は不可避だからである。これらは，その後のカント研究の課題となった。

　だが，これらの優れた研究成果は，その後発展的に継続されることがなかった。第二次世界大戦敗戦後，昭和20年以降は，主としてマルクス主義哲学，実存主義哲学，そして言語分析哲学の主要な三つの思潮の影響下で哲学研究が進展し，カント研究は，日本の哲学研究の傍流に追いやられ，カント研究の活動も衰退した。その後，欧米のカント研究の影響が徐々に現れ，1976年（昭和51年）に「日本カント協会」(Japanische Kant-Gesellschaft) が設立された。理想社版『カント全集』の刊行や岩波版『カント全集』の刊行とともに，日本カント協会編『日本カント研究』や「カント研究会」による『現代カント研究』も今日まで刊行されている。これらの継続的な研究活動や研究成果の継続的な刊行により，カント研究も再び盛んになっていった。しかし，これらのアカデミーにおける哲学教育および哲学研究の位置づけなどについては，第二章で考察する。

　最後に，本章の主題である日本におけるカントの受容史の特徴と今日的課題について，筆者の暫定的結論を述べておきたい。かつて三枝博音は，「日本

とともに『高坂正顕著作集』第3巻（理想社，1965年）に収録されている。

においては，カントはそのありのままの姿が受け取られる運命を持たなかった」[37]，と総括した。その理由として三枝は，「対立抗争，矛盾を内に包蔵せる資本主義勃興期のブルジョア哲学としてのカント哲学は，新カント哲学や現象学の移入を通じて益々神秘化されて行った」（同頁）と説明している。また，カント研究者の武村泰男は，「日本のカント研究はとみると，私は，明治以来のそれにそれこそ日本的なという積極的特徴を見出すことができなかったのである。〔…〕あえて言えば無特徴の特徴ということになるであろうか」[38]，と述べている。しかし，本章の考察は，三枝説および武村説が，第一章の考察の範囲内では，適切なカント解釈ではないことを明らかにした。カント哲学と彼のテクストは，それが受容される歴史的・社会的現実のコンテクストのなかで生きる人間によって多種多様に読まれるところに，その最大の特徴と意義があり，日本という風土で多様に読まれることで，日本的なカント受容の特徴と課題も生まれたからである。

　次章では，さらに日本の受容史および解釈史を考察することで，筆者の見解を補強する。それによって，中国・香港・台湾や韓国におけるカント研究の受容史および解釈史との相違もまた，明らかになるであろう。

---

(37)　『三枝博音著作集』第三巻「近代日本哲学史」（中央公論社，1972 年），186 頁。
(38)　武村泰男「日本における『純粋理性批判』研究」（『理想』理想社，1981 年 11 月，第 582 号），154-155 頁。

第二章

第二次世界大戦敗戦後から21世紀まで

牧野 英二

1　はじめに――本章の狙い

　第二章の主題は，1946年から2013年に至る「日本のカント哲学研究史」を考察することにある。ここでの「カント哲学研究史」とは，「カント哲学文献の翻訳史およびカント哲学の受容史」を含む。したがって本章では，20世紀後半から21世紀初頭まで67年間にわたる日本のカント研究の特徴，意義および課題を解明する。

　ところで本論考は，第一章「幕末から第二次世界大戦敗戦まで」の続編である。最初に，第一章の考察の成果を簡単に要約しておく。その主要な成果は，以下の諸点にあった。第一に，日本でカント哲学文献が翻訳され，カント哲学が受容され研究されてきた歴史的経緯を明らかにした。第二に，日本が明治初期から近代化を推進して以来，1945年までのカント哲学の受容史および研究史の特徴を解明した。第三に，日本における西洋哲学研究史のなかで最も長い歴史と実績のあるカント哲学研究の意義と課題の一端を明らかにした。ただし，その考察の範囲は，本題に明記したように，第二次世界大戦敗戦までのカント研究史に限定されていた。そこで本章では，それ以降の日本のカント研究史の意義と課題を考察する。それによって筆者は，幕末から今日に至る日本のカント研究史の全体像を浮かび上がらせることを試みる。

　次に，本章で筆者が採用した考察方法を説明する。筆者は，第一章の考察方法と同様に，日本におけるカント研究の傾向およびその社会的・思想的背景に

着目することによって，カント受容史の歴史的・社会的意義を明らかにする。本章では筆者は，第一章の場合とは異なる固有の困難な状況に直面している。その理由として，主として三つの論点を指摘しなければならない。第一に，第二次世界大戦後の日本では，カント研究は，かつてのような哲学研究の中心的位置を占めることができなくなった。第二に，日本の哲学研究の多様化とともにカント哲学研究も多様化し，複雑化した。第三に，知識のグローバル化が哲学思想の領域にも影響を与え，それがカント哲学の研究にも影響を及ぼしてきた。したがって筆者は，これらの状況を十分踏まえながら，日本のカント研究史の特徴，意義，課題を考察する必要がある，と考える。

なお，読者の便宜上，あらかじめ本章の考察の結論を要約しておく。本章の主要な結論は，以下の四点にまとめることができる。

第一に，日本におけるカント研究の歴史は，当時の日本社会やアカデミーの強い影響下にあり，それとの相互作用と影響や抵抗の歴史でもあった。明治期の軍国主義に対する批判的な論調がカントの『永遠平和論』考察のきっかけになったことや，大正時代の人格主義的なカント解釈を生んだこと，さらにロシア革命の影響によるマルクスとカントの比較研究は，その一例である。他方，第二次世界大戦後は，戦前・戦中の軍国主義に対する反省と民主化の流れによって，多くの民主的な知識人がマルクス主義哲学の研究に向かい，その影響によりカント哲学が重視されなくなった。この経緯もまた，同様の事情による。カント哲学に対する実存哲学やその後のポストモダニズムの影響，また21世紀前後には，グローバル化による多様な哲学・思想およびその方法論がカント哲学研究にも影響を与えてきた。

第二に，日本のカント研究の特徴として，まず理論哲学の認識論的解釈から開始され，次に大正教養主義の影響もあり，実践哲学，特に自由および人格性への重視に向かい，そしてロシア革命の影響によるマルクス主義との関連からカントと社会主義との関係を考察する研究や翻訳の刊行も試みられた。また第二次世界大戦後，特に1980年代以降は，『判断力批判』や『永遠平和論』，歴史哲学や社会哲学の研究が急速に高まり，批判期前から最晩年の『遺稿』(*Opus postumum*) 研究を含むカント哲学の全体像を把握する研究傾向が強くなった。ヒューム (David Hume) やルソー (Jean-Jacques Rousseau) との関係やヴォルフ

(Christian Wolff)学派，クルージウス（Christian August Crusius）との関係について，彼らに対するカントの評価や批判以外に，これらの哲学者の原典に依拠してカントに対する影響作用史的観点から研究する動きも盛んになった。近年では，フランクフルト学派（Frankfurter Schule）第二世代以後によるカント批判や評価による影響，その後のポストモダニズムによる美学や崇高論の研究に触発された論考が増加し，英米系の哲学の影響もあり，環境倫理学（environmental ethics）や生命倫理学（bioethics），政治哲学や正義論との関連からカント哲学を研究する者も少なくない。ただし，カントの宗教論に対する研究は，他の研究分野と比較して日本のカント研究の長い歴史のなかで，最も手薄な領域として残されてきた。最後に，欧米の環境倫理学や生命倫理学の日本への受容，英米系の言語分析哲学や心の哲学（philosophy of mind），意識研究（consciousness studies），最近では脳神経倫理学（neuroethics）の影響を受けて，それらの研究成果との関連からカント哲学のアクチャリティーを探究する研究もみられる。要するに，日本におけるカント研究や解釈の動向と特徴は，つねに国際的・国内的な学問情勢，特に政治的・社会的状況および欧米の諸科学の進展による影響下にあった。約150年間に及ぶ日本におけるカント哲学の受容史および研究史は，以上のように概観することができる。

　第三に，日本におけるカント哲学の研究方法には，次の五つの主要な特徴がみられる。第一の方法的特徴は，カント哲学の正確な理解と忠実なテクスト解釈を意図する内在的研究にある。この研究は，明治以降，カントの見解を忠実かつ正確に理解することに努めた。その成果は，多くのカント哲学の注解書や解説書を産み出し，カント哲学の普及に貢献した。第二の方法的特徴は，カント哲学に批判的な哲学の立場に依拠した外在的な研究ないし解釈である。例えば，ヘーゲル等のドイツ観念論哲学者との発展史的な比較研究やマルクス主義者によるカント哲学を保守的個人主義とみなす政治的・社会的な観点からの批判が挙げられる。この立場は，ヘーゲルやマルクスによる発展史観に依拠したカント批判哲学の克服の営みとして解釈する見解を定着させた。第三の研究方法の特徴は，日本の伝統思想や哲学者・思想家とカント哲学との比較研究にある。例えば，カントと仏教や西田幾多郎の哲学，和辻哲郎の倫理学との比較研究がある。この種の研究は，第二次世界大戦以前から続く西洋哲学に対する対

抗原理の意義を明らかにし，同時に日本哲学の立場の構築に貢献している[1]。第四の方法的特徴として，もっぱら欧米のカント哲学研究文献の翻訳・紹介に努める研究者は，今日でも依然として少なくない。このタイプの研究者は，欧米のカント研究者の主張を肯定的に捉え，その主張の紹介・受容に学問的使命を見出している。第五の方法的特徴として，最近では応用哲学・応用倫理学の観点からカント哲学の意義や制限について研究する傾向も盛んである。これら五つの主要な特徴のうち，上記の四点については，明治以来，カント哲学の研究や翻訳の正確さのレベルには多少の差こそあれ，大きな変化はない。

第四に，日本におけるカント哲学の受容史全体の顕著な特徴として，明治20年代から大正期まで日本の哲学研究は，カント哲学研究が支配的であった点が指摘できる。哲学とは西洋哲学を意味し，哲学を学ぶためには，まずカント哲学を学ばなければならなかった。しかも日本のカント哲学研究は，新カント学派の影響下でのカント受容とカント解釈であった。この点に，日本の哲学研究およびカント哲学研究は，ドイツ哲学偏重等の課題を残した。加えて，こうしたカント研究の特徴や哲学研究の課題等は，今日に至るまで依然としてみられる現象である。この点については，すでに指摘した通りである。もっとも，最近の日本のカント研究は，新カント学派の影響を脱し，またドイツ語圏のカント研究の受容や移入・紹介よりも，英語圏のカント研究の受容や移入・紹介が増大している点に大きな特徴がある[2]。

最後に，これらカント関連の翻訳書の刊行に際して生じる訳語上の問題点に

---

[1] その典型的な例は，松永材によるカント研究と日本主義思想の見解である。松永のカント研究書には『カントの哲学』（尚文堂，1924年），『カントの道徳哲学』（帝國教育會出版部，1924年）等があり，同時に『日本主義の哲学』（尚文堂，1929年。思索の道舎，1988年）等の出版物も第一次世界大戦後に刊行されている。ちなみに，近年の「日本哲学」を標榜する哲学研究者には，松永の主張とかかわりのある者もいる。

[2] 20世紀の西洋哲学全体に対するカントの影響については，「序論」で紹介した次の文献が参考になる。牧野英二監訳，齋藤元紀・相原博・平井雅人・松井賢太郎・近堂秀訳：トム・ロックモア『カントの航跡のなかで――二十世紀の哲学』（法政大学出版局，2008年：Tom Rockmore, *In Kant's Wake. Philosophy in the Twentieth Century*, Blackwell, 2006)。本書は，グローバル化した現代哲学の主潮流を四つに区分し，プラグマティズム，マルクス主義，大陸の現象学，アングロ＝アメリカの分析哲学のそれぞれについて，主として理論哲学の観点からカントの影響関係を考察している。

言及しておく。日本は，翻訳大国とも呼ばれてきた。カント哲学に限らず，哲学・思想分野における翻訳出版は，第二次世界大戦中を除けば，日本文化の大きな特徴となってきた。もちろん，翻訳の対象は，ほとんどが欧米の書物の翻訳である。近代および現代のドイツ哲学，特にカント哲学の訳語上の問題については，第一章では，"transzendental"「超越論的」の翻訳史について立ち入って論じた。この用語と密接に関連する重要な概念に"apriori"，"aposteriori"という概念がある。これらは，かつて「先天的」「後天的」と訳された時期もあったが，この語の生理学的意味と混同される危険性もあり，今日ではほぼ「アプリオリ」「アポステリオリ」または「ア・プリオリ」「ア・ポステリオリ」という表記で統一されている。また，実践哲学の重要概念である"Gesinnung"は，「心根」という訳語もみられるが，「心術」と訳されるのが一般的である。特に重要な術語の"Autonomie des Willens"は，「意志の自律」が定訳であり，意味上対立する"Heteronomie der Willkür"は，「選択意思の他律」または「選択意志の他律」，そして『判断力批判』の重要概念である"Heautonomie der Urteilskraft"は，「判断力の自己自律」と訳されるのが一般化している。さらに"ästhetisch"は，理論哲学，認識論の文脈では「感性的」と訳され，『判断力批判』の第一部門，美学論・趣味判断論の文脈では，「美感的」，「美学的」，「情感的」等の訳語が使われており，必ずしも統一的な訳語が定着しているわけではない。カントのテクストで頻繁に使われる"Gemüt"という術語もまた，「心」，「心性」「心情」，「気質」，「心意識」など多様な訳語が使われている。他方，この術語と関連する"Seele"，"Geist"には，「魂」，「精神」という訳語が一般的である[3]。宗教論の重要な術語である"das radikal Böse"は，「根源悪」，「根元悪」，「根本悪」の訳語が使われている。これらの訳語の多様性は，カントの術語の解釈とその日本語訳の理解という二重の言語解釈の問題が背後に横たわっていることに留意しておく必要がある。中国語や韓国語で思索し，翻訳してきた中国や台湾，そして韓国などの研究者もまた，同様の課題に直面している。

---

[3] 上記の訳語の変遷や多様性，その選択の妥当性については，『カント全集』（岩波書店，第8巻『判断力批判』上，牧野英二訳，1999年，269頁以下，278頁）参照。

この点について，筆者は，第一章で予告した"Ding an sich"の訳語の変遷から見たカント解釈の多様性を検証してみたい。この概念は，翻訳史のなかで採用された日本語訳も多様であり，そこではこの概念とその基礎にあるカント哲学そのものを肯定的に把握するか，否定的に解釈するかの論争状況，いわば〈形而上学の戦場〉の様相を呈していた。要点のみ指摘すれば，明治期のカント受容の早い段階には，"Ding an sich"は「実体」という訳語が支配的であった。この訳語を最初に採用したのは，井上哲次郎『倫理新説』(1883年／明治16年) であった。井上は，自身の「現象即実在論」と称する哲学的立場から，「物如は"Ding an sich"であるが，〔…〕物如なる実体」，すなわち「物自体」が真実の「物」ではありえず，言葉に窮しての表現にすぎなかった，と断定している。ちなみに，仏教哲学では，「実体」は「真如」(宇宙万物のあるがままの姿。存在の究極的な姿である絶対不変の真理) を意味するが，井上哲次郎が両者の相違にどれだけ自覚的であったかどうかは定かではない。井上円了もまた，『哲学要領』(1886年／明治19年) のなかで，「物自体」概念を「心ノ外ニ物質ノ実在物自体ヲ定メタ」唯物論的な見解である，と断定する誤解を犯している。他方，桑木厳翼は，『カントと現代の哲学』(1917年／大正6年) のなかで，カントの主張を肯定的に評価する立場から「物自体に関するカントの意見を確かめようとする」。桑木説は，リール (Alois Riehl, 1844-1924) やパウルゼン (Friedrich Paulsen, 1846-1908) のカント解釈を手がかりにして，「物自体」と「現象」の関係を「原因・結果」のカテゴリーに従う時間的継起の関係から理解するのではなく，「理由と帰結」の論理的な関係に即して解釈する見解を採用した[4]。この「物自体」およびカント解釈の方法は，その後，日本のカント

---

(4) 井上哲次郎から桑木厳翼までの「物自体」の解釈史については，高峯一愚『日本におけるカント「物自体」の受容』(論創社，1986年，2-13頁) を参照。その後の文献の論述については，牧野英二・有福孝岳編著『カントを学ぶ人のために』(世界思想社，2012年／平成24年，100-116頁)，牧野英二「物自体・対象・実在」および『カント事典』(弘文堂，1997年／平成9年，507-510頁) 牧野英二執筆項目「物自体」を参照。ちなみに，カントの「物自体」にかんする諸問題を考察する場合，アディケスによる物自体研究は必読書である。Vgl. Erich Adickes, *Kant und das Ding an sich*, Pan Verlag Rolf Heise, Berlin 1924. 本書で展開されている彼の「二重触発論」(Lehre von der doppelten Affektion)，すなわち経験的対象による触発と物自体による触発という独特の解

哲学研究の基本モデルとなった。

　いずれにしても，"Ding an sich"というドイツ語には，「物自体」という訳語が採用され，今日に至っている。ただし，「現象」と「物自体」にかんするカントの説明の妥当性や，両者の関係理解をめぐって，今日でもカント研究上の論争点であることに変わりはない。この課題は，対象による「触発」にかんする解釈，物自体と現象との関係を因果関係として解釈するべきか，理由と帰結の関係として解釈すべきかという問題をめぐる従来の論争だけでなく，近年は，心身問題にも関連する現代哲学の難問とも結びつく。デイヴィッドソンの物と心にかんする「非法則論的一元論」(anomalous monism)によるカント哲学の心身問題の整合的解釈の試みは，その一例である（Donald Davidson, *Problems of Rationality*. Oxford University Press, 2004）。アーペル（Karl-Otto Apel）は，彼がアメリカのカントと呼んだパース（Charles Sanders Peirce）による「物自体」に対する批判と再解釈を「ヤコービ（Friedrich Heinrich Jacobi）以来カントに対して提起されてきた批判的論拠のうちで最も強力なものの一つである」(*Transformation der Philosophie*, Frankfurt a.M. 1973)，と評している。周知のように，ヤコービは，カントの「物自体」の概念が孕む矛盾を次のように看破した。「私は，物自体を前提せずにはその〔カント哲学の〕体系のなかへと入り込むことができず，また物自体を前提してはその体系のうちにとどまることができないということについて，絶えず混乱させられた」(Friedrich Heinrich Jacobi, *Jacobis Werke*, Nachdruck der Ausgabe Leipzig, Darmstadt 1976, 2. Bd., S. 304)。最近では，ローティー（Richard Rorty）のように「物自体」をいわば疑似問題とみなし，「実在問題の解消」をはかる企ても少なくない（Richard Rorty, *Consequences of Pragmatism*, University of Minesota Press, 1982）。日本のカント研究史でも，上記の観点は，無視できない論点になってきた。他方，筆者のように，この概念を他者理解の文脈まで拡大して使用することで，カント哲学の新たな読み直しを試みる研究もみられるようになった。

　要するに，訳語の選択は，訳者の好みや趣味の問題ではなく，カント解釈の問題と不可分のカント受容史上の大きな課題の一つである。

　　釈には，本論考で立ち入ることはできない。

2 　第二次世界大戦敗戦から民主主義の時代

　ここでは，最初に昭和時代・戦後のカント研究の再構築の動向から考察する。第二次世界大戦敗戦後，1945 年（昭和 20 年）以降 1960 年代までは，戦勝国アメリカによる民主化政策の影響や国民の主体性の自覚により，また世界的な規模での社会主義や共産主義国家設立の影響等もあり，日本の哲学・思想もグローバルな思潮のうちで成立し発展した。具体的には，日本の哲学研究は，約 20 年間，主としてマルクス主義哲学，実存主義哲学，そして言語分析哲学の主要な三つの思潮の影響下で進展した。その結果，伝統的なカント哲学の研究は，日本でも哲学研究の傍流に追いやられた。こうした思想的状況が進行するなかで，まず天野貞祐監修による『近代精神叢書　カント』（山根書店，1949 年／昭和 24 年）が刊行された。この論集には，冒頭，天野貞祐と故人となった師の西田幾多郎との対話が収録されているのが印象的である。天野が「わたくし達は哲学の勉強をカントからではなくてヘーゲルから始めた方がよろしいのではないでせいか，と」質問したのに対して，西田幾多郎の回答は「自分はさう思はない。カント哲学は哲学の定石だ。哲学をやる者はカントを知らなければならない。さうでないと無軌道な思弁に陥る恐れがある」（序 2 頁），と答えている。今日，この発言の解釈の仕方によって，「日本におけるカント研究」，そして哲学的思索の意味づけが異なってくるであろう。敗戦の混乱のなかから十分に立ち直っていなかった時期に，この書物は，淡野安太郎「近代的精神と批判的精神」，島芳夫「カント哲学に於ける学の基礎付け」，岸畑豊「自由の確立」，片山正直「宗教哲学」，天野貞祐「人間カント」の 5 編からなる論文集として刊行された。天野論文を除けば，カントの批判期の思想のダイジェスト版ともいえる諸論考には，カント哲学の積極面と消極面ないし制限の両面を指摘する公平な論述が共通してみられる。特に片山正直「宗教哲学」は，この書全体（316 頁中）の 80 頁以上を占める力作である。しかし，カントの宗教哲学に対する片山論文の批判は，きわめて厳しいものであり，その後のカント批判のモデルともなったように思われる。

　1954 年（昭和 29 年）4 月に哲学専門雑誌『理想』（理想社刊）は，カント没

後150年記念特集号(「カントの現代的意義」)を刊行した。収録論文と執筆者は，次の通りである。山崎正一「カントの「批判精神」について」，宮島肇「カントと現代」，樫山欽四郎「カントのヒゥマニズム」[ママ]，岸本昌雄「カント判断力批判の意味」，堀伸夫「カントと現代物理学」，斎藤義一「カントの歴史観」，菅谷正貫「カントの宗教哲学」，原佑「カントの人間性をめぐって」，以上の8編である。この特集号には，当時の時代状況を反映した特徴的な論考がいくつか収録されている。まず，山崎論文は，カント研究における新カント学派が果たした肯定的および否定的の二重の評価を指摘し，その日本におけるカント哲学受容の問題点を克服するべき必要性を主張している。なぜなら，「新カント派の運動そのものが，一定の歴史的社会的制約の下に生起した運動であった〔…〕少なくともその限り，新カント派の限界が，またそのカント研究の限界ともなっている〔…〕我国に移植せられた新カント派は，直ちにドイツ本土の新カント派そのままではあり得ないが故に，限界はさらに二重化せられている」(2頁)からである。では日本に移植された新カント学派とカント研究の二重の限界に取り組むべき課題はどこにあるのだろうか。山崎説の結論によれば，以下の二つの点が指摘される。「第一には，新カント派哲学が生い立つた精神史的基盤，即ち，その宗教的あるいは世界観・人生観的背景や，またその物質的基盤，即ち，新カント〔派〕が生い立ち，そこで役割をはたした社会的政治的意義のごときがほとんど無視せられ問題とせられることなく捨象せられた」(2頁)ことにある。「第二には，新カント派の哲学が，専ら，その学説的組織の体系的論理的整合性の観点から追及せられ移植された」(2頁)ことにある。山崎説によれば，これらの社会的政治的観点が故意に捨象されることによって，日本における新カント学派およびそのフィルターを通じたカント研究のあり方が歪められ，さらにその後の現象学派の哲学研究もまた同じ問題に陥り，今日なお見られる偏った受容傾向を示している。これらの研究方法によって，日本ではカントの「批判精神」が的確に把握できなくなった。山崎説は，従来のカント研究の批判を媒介として目指した今日の「批判精神」を次のように解釈する。「カントがその思想的伝統や外来のイギリス及びフランスの思想に対決した「批判」の精神は，十八世紀ドイツの古き過去のものであるのみでなく，実に今日に於ける——東洋人としての——我々の精神でもなければならない」

(17 頁) のである。この主張は，数年後に刊行された単著，山崎正一『カントの哲学――後進国の優位』(東京大学出版会，1957 年，211 頁) に結実する。

　次の宮島論文は，当時のリベラルな思想傾向を強く反映した論述内容となっており，宮島説は，マルクス主義哲学の現代的使命と比較して，今日ではカント哲学は重要な意義をもたないとカント哲学の意義を否定的に評価する。宮島説によれば，「カントが苦しみ悩んで解決しようと企てた理性批判の課題が，プロシヤ的絶対主義時代から近世市民社会への世界史的転換期の矛盾抗争の中から汲みとられており，そこから彼の批判主義や個人的人格主義などの立場が導き出されてきた」(27 頁)。それに対して，今日の世界史的状況は，カントの理性批判の課題を超えて「更にもう一歩進んだ時代的課題と哲学は取り組まねばならなくなっている」(同) と論じ，「彼〔カント〕の先天主義は古典的な意味しかもち得ないというのが学界の常識である」(同)，と断定している。このような主張は，当時の日本におけるマルクス主義哲学の趨勢を象徴する端的な表明である，と言ってよい。こうしたカント批判やカント哲学に対する否定的な評価は，暫くの間ほぼ「学界の常識」となるが，やがてこの見方も徐々に修正されていく。

　興味深いことに堀論文は，カント研究史から見て自然科学者の立場から考察した数少ないカント論である。しかもこの論文は，当時の科学主義やマルクス主義的科学観に依拠して，カントの時間・空間論を古臭い科学的意義のない見解として斥けるのではなく，現代物理学の研究状況から見ても，それが十分な歴史的・今日的意義を有すると解釈する。堀説によれば，「カントの純粋理性批判は今日の物理学に対しても，少くともその根本精神に於いて，敢えて改変を要しないものであると思う。カントの第一批判は，物理学の哲学的反省としては，現今でも十分生きている」(55 頁)。この主張の主要な理由として，堀説は，「物自体」の意義に注意を向ける。「量子力学的記述は認識の可能性の記述であって，この可能性の総体が実は物自体なのである。我々の具体的感覚の可能的総和が物自体なのである」(56 頁)。今日のカントの物自体解釈から見れば，この物自体の理解の仕方には大きな問題があり，もはや妥当性をもたない。しかし，当時の日本の思想状況から見れば，このカント評価の視点は興味深いものであり，堀論文のさらなる展開やそのカント研究者に対する影響力が

発揮されていれば，その後の日本のカント研究史も現在とはやや異なる展開がありえたように推測される。実際，堀論文は，カントの道徳論について，精神の自由にかんしては生理学者・脳科学者のエックルズ (John C. Eccles, 1903–1997) の論考などを援用して，精神の自由と物質法則との交渉可能性を主張している。加えて堀説は，『判断力批判』の原理，自然の合目的性についても，シュレーディンガー (Erwin Schrödinger, 1887–1961) の論考「生命とは何か」の論述を手がかりにして，「哲学は科学を背にして後ろ向きに進むべきものではなく，科学を包んで而も科学を越えたものの本質を究明し，かくして科学の成果と調和しつつ，科学と共に進みながら，科学と超科学との統合を目指すものでなくてはならない」(63頁)，と的確に指摘している。堀論文は，「カントの本心もそこにあったのではあるまいか」(同) と締め括られている。哲学と科学との関係に対するこの指摘は，筆者の理解では，今でもカント研究上の重要な問題提起として妥当する。

　他の収録論文は，伝統的な内在的研究方法を採用しており，この特集号のテーマ「カントの現代的意義」に応えていない。したがって本章では，それらの論述内容に立ち入らないことにする。それにしてもこのカント特集は，カント没後150年記念特集号としては物足りない印象を受ける。その主要な理由は，第二次世界大戦以前のカント哲学およびその研究方法に対する反省が顕著な論文がある一方で，それらの方法的自覚や問題関心を欠いたまま旧態依然のカント研究の方法や姿勢が顕著な論文も少なくない点にある。いずれにしても，これらの現象は，戦後9年目の学問研究の再建途上における試行錯誤の段階の反映である，と見るべきだろう。

　その後，日本の最も伝統ある哲学専門雑誌である哲学会編『哲学雑誌　カント哲学の研究』(第81巻第753号，有斐閣，1966年10月) が，東京大学の教授陣を中心に戦後初めてカント特集号を刊行した[5]。

---

(5) 『哲学雑誌』は，「哲学会」の機関誌『哲学会雑誌』として1887年（明治20年2月）に創刊され，1892年（明治25年6月）に現行の名称に変更された。1945年（昭和20年）1月までは月刊雑誌として刊行されていたが，その後，敗戦を経て1946年（昭和21年）5月に再刊された。しかし，それ以降，不定期に刊行され，1962年（昭和37年）以降は年誌として現在まで継続して刊行されている。

この企画のきっかけは，1965年に岩崎武雄『カント『純粋理性批判』の研究』（勁草書房）が出版されたことにある。本号収録の研究論文としては，原佑「『判断力批判』の位置に関する問題」，黒田亘「経験の可能性」，宇都宮芳明「「哲学者」と「知恵」――カントの「知恵」の愛」，坂部恵「啓蒙哲学と非合理主義の間――メンデルスゾーン-ヤコービ-カント」，山本信「カント哲学における無限と有限」，《討論》として岩崎武雄「因果律と決定論」，大森荘蔵「決定論と因果律――岩崎武雄氏「因果律と決定論」の場合」，以上7編の論考である。当時の日本を代表するカントおよびドイツ哲学研究者の岩崎武雄や原佑，中堅の研究者の山本信や大森荘蔵（両氏は大修館版『ウィトゲンシュタイン全集』編者を務めた），黒田亘（ウィトゲンシュタイン研究者），宇都宮芳明（後に個人訳『実践理性批判』，『判断力批判』，『永遠平和のために』等の精力的な刊行に取り組んだ），若手の研究者・坂部恵等，錚々たるメンバーの寄稿によるカント特集号であった。これらの論考には，原佑論文のようにカント哲学の内在的研究から，黒田論文のようにカントの「経験の可能性」の固有性をライプニッツ（Gottfried W. Leibniz）のそれと対比させることで明らかにしようとする試みもみられる。また宇都宮論文のように，カント啓蒙思想の重要性に着眼し，戦後の明るい民主的雰囲気との関連に着眼した論考がある一方で，坂部論文のように，18世紀啓蒙思想の隠れた側面や影の存在を指摘すると同時に，現代の思想的状況をカントの時代の文脈に置き直して再検討しようとする異色な論考もある。坂部論文は，メンデルスゾーン（Moses Mendelssohn）-ヤコービ（Friedrich Jacobi）-カントの論争状況から，「カントの道徳律が，〔…〕人類の未来という暗闇に対して投影されたもの〔であり〕，〔…〕その周囲にむらがる諸潮流の形作る模様は，すでにカントの時代において，いかに今日の思想風景に酷似していることか」（81頁以下），と日本の思想状況に暗い闇の世界を見出している。さらに当時の哲学研究上の論争になっていた因果律と決定論との関係をめぐって，岩崎説は，カント的な解決方法を用いて，「因果律が決定論と緊密に結びつくと考えるのは，全くの誤りである」（131頁）と主張する。それに対して大森説は，「通常の意味での因果律即ち，決定論と考えてはならぬ」（152頁）と主張し，因果律と決定論は緊密に結びつかないと主張しつつ，他方で決定論を正しいとする見方に与する。これらの論考は，当時の日本のカント研究

および現代哲学との関連に触れたレベルの高い研究成果である，と言ってよい。

その3年後，日本倫理学会は，前年の大会共通課題のテーマを学会編『カント』（理想社，1969年10月，320頁）として刊行した。本論集に収録された論文数は14本あり，内容的には，すべてがカント倫理学および宗教論にかんする論考であり，理論哲学や自然哲学にかんする論考は掲載されていない。以下では，掲載順に執筆者と論文タイトルを紹介する。坂部恵「カントとルソー」，浜田義文「初期カントとイギリス道徳哲学」，鈴木文孝「定言命法の諸方式」，小西國夫「カントの道徳法則」，近藤功「カントにおける人間の問題」，尾田幸雄「人格と社会の接点」，佐藤明雄「カントにおける自由と実践」，三登義雄「カントにおける歴史と道徳」，五十嵐明「カントの宗教論における理性の限界」，花田伸久「カントにおける道徳法則と理性信仰について」，観山雪陽「カント倫理学の存在論的基礎」，小倉志祥「『純粋理性批判』の弁証論の考察」，門脇卓爾「現代のカント研究」，深作守文「カントの晩年における超越論的哲学の構想」，以上の論考である。巻末には，〈共同討議〉としてカントの「思想史・形成史」の観点から，カントとルソー，カントとイギリス道徳哲学との関係が寄稿者たちの間で議論され，「倫理学の原則」については，定言命法の諸法式の解釈をめぐって，さらに「人格・社会」については，カントの四つの問い（私は何を知ることができるか。私は何をなすべきか。私は何を希望することができるか。人間とは何か）や，超越論的人格性，道徳的人格性，宗教的人格性との関係が話題になり，最後に「倫理と宗教」との関係が論じられ，本討議が締めくくられている。本論集は，『哲学雑誌』のカント特集号の諸論考と比較して，論文数や研究内容が多岐にわたっている点に大きな特徴と意義がある。当時としては，カント実践哲学，特にカント倫理学関連分野の研究成果としては力作もあるが，多くがテクスト内在的解釈やカント擁護に終始しており，論文内容のレベルと斬新さ，独創性という点では，明らかに『哲学雑誌』に見劣りする。なお，日本倫理学会では，毎年1回『日本倫理学会論集』を刊行し，本カント特集号は，第4集にあたる[6]。ちなみに，全31巻の『日本倫理学会論

---

(6) 1950年に発足した日本倫理学会では，『倫理学会論集』とは別に，『倫理学年報』（第62集，2013年3月刊）を刊行している。この年誌は，長い間，若手の査読論文だけを

集』は,『性』特集号(開成出版, 1996 年 10 月)で終刊となったが, カント特集号は, 唯一本巻のみであった。

ところで, 日本倫理学会の発足から 2 年後の 1952 年に「日本哲学会」が結成された。本学会は, 哲学・倫理学・美学・思想史関係の研究者による最大の全国規模学会であり, 日本倫理学会の二倍近い会員数からなる学会である。本学会は, 1952 年の創設以来, 機関誌『哲學』を年に 1 回刊行し続けている[7]。日本哲学会は, 古代ギリシア哲学, 中世キリスト教哲学, 近代哲学, そして現代哲学の諸潮流の研究者だけでなく, イスラム哲学や仏教思想, 日本思想の研究者も広くカバーする学会である。こうした理由から, 機関誌『哲學』に掲載される本学会の大会企画・報告や投稿論文の研究領域もまた, 広範多岐に及ぶ。要するに, 本学会の活動記録は, 日本の哲学研究全体の活動内容と研究水準を現している, と言ってよい。そこで次に,『哲學』に掲載されたカント哲学関連に絞って, 日本哲学会の 60 年の歩みを簡潔に回顧してみたい。

まず, 日本哲学会の大会企画から見た時, カント哲学はどのように評価されたのであろうか。この問いに答えてみたい。本学会の「特別報告」は, 第 19 回大会(『哲學』第 10 号, 1960 年所収)から実施され, 同じ 10 号から〈公募論文〉が採用されるようになり, 今日に至っている。〈公募論文〉には, 若手・中堅の研究者の採用論文が掲載されており, それらは日本倫理学会編『倫理学年報』の掲載論文と同様に, 日本の第一線の研究成果とは言えないので, 本章では言及しないことにする。

ところで日本哲学会は, 第 28 回大会(1968 年)から「特別報告」と「シン

　掲載する編集方針を採用してきた。本章の主旨は, 重要な論考を扱うという点にあるので,『倫理学年報』掲載論文については, すべて省略した。ちなみに, 近年応用倫理学に対する研究は, 日本でも目覚ましい進展を遂げ, それに伴い, 周辺領域の全国規模の学会も多数活動している。例えば, 日本生命倫理学会, 日本看護倫理学会, 日本臨床倫理学会, 日本医学哲学・倫理学会, 日本宗教倫理学会, 地球システム・倫理学会, 日本経営倫理学会等の学会が活動している。しかし, これらの学会活動および学会誌は, 学会活動の主旨から見て, カント哲学および倫理学の研究との直接的影響関係はない, と言ってよい。

(7)『哲學』は, 1952 年の創刊号以来, 2007 年刊の第 58 号までは法政大学出版局から刊行され, 2008 年刊の第 59 号以降, 今日まで知泉書館に版元が代わって刊行されている。しかし, 編集方針には基本的に変更はない。

ポジウム」との二本立て企画となり，そして第53回大会以降，「共同討議」と「シンポジウム」との二本立てのプログラムになり，今日に至っている[8]。ちなみに，第19回大会の「特別報告 I」は，「論理学・科学論」を扱い，「特別報告 II」では，「人間・歴史・世界」をテーマとして扱っており，各3名の報告者は，カント哲学とは無関係の内容を論じていた。第33回大会（1974年）に初めて日本哲学会は，「シンポジウム：現代におけるカント哲学の意義」を企画した。報告者と個別発表テーマは，以下の通りである。

松本正夫「カント哲学の理論的前提」，門脇卓爾「現代におけるカント哲学の意義」，山本信「二元論について」の3編である。これらの論考は，『哲學』第24号（1974年）に収録された。松本論文は，「カントが尊敬しながらも敵対したクリスティアン・ウォルフ〔ママ〕に到るスコラ学的伝統のうちに批判哲学の対面教師になりえたであろう，いくつかの偏向が既にあったことを指摘したい」（48頁）と自身の論考の狙いを述べている。論文タイトルは，この「カントの無意識的な理論的前提」を意味する。要するに，カントには「究極的，先験的には一切を自己の様態として内在化せしめうる自己充足的なものであるとの意識観が前提されている」（57頁）のである。この前提は，スコラ学的存在論的伝統に根ざしている。松本説によれば，カントもまた，一方で伝統思想の前提に制約されつつ，「単なる人間理性の立場から純粋理性批判が可能であるとしたところに近代特有の人間中心主義がある」（62頁）。門脇論文は，「日本哲学会においても，科学哲学，とくに論理実証主義の立場に立つ人と形而上学に関心をもつ人との間には，ほとんど対話不可能と思われるほどの断絶が存するという現状がある」（64頁）点を憂えて，科学と形而上学の両立の観点から，道徳論や宗教論を含むカント哲学を批判期前から批判期まで整合的に解釈しようと意図している。最後に，山本論文は，カント哲学の特徴とも言われる「二元論」を擁護しようと意図している。ただし，山本論文は，たんなるカントの二元論に限らず，現代の哲学的思考法にまで射程を拡大してカント批判に

---

[8] ただし，厳密に言えば，第21号（1971年）のみ例外的に「シンポジウム1：力と理性」，「シンポジウム2：構造主義の哲学的意味」が扱われており，当時の企画者の問題意識が窺われる。

応答することによって，「彼〔カント〕の哲学はいまだ乗り超えられていない。その二元論は乗り超えられえないもの，乗り超えられてはならないものを秘めていた」（84頁）と主張する。松本論文は，当時の日本では未開拓のカントとスコラ哲学との関係を考察した。松本論文はカントに批判的であり，門脇論文はカント哲学の内在的解釈に終始している点で，両者のカントの研究方法は対照的である。だが，両論文とも，いずれも「現代におけるカント哲学の意義」という設問に解答を与えてはいない。他方，山本説は，現代哲学との関連からカントの普遍的な意義を主張した点に特徴がある。

　その4年前に刊行された『哲學』第20号（1970年）は，「ヘーゲル生誕200年，西田幾多郎生誕100年記念号」であったが，この特集号では，カントとヘーゲル，カントと西田との関係を扱った論考は1本もなかった。その後，「特別報告」として第47回大会（1987年）に門脇卓爾「カントの道徳哲学」，第52回大会（1992年）に黒積俊夫「カント解釈の問題」が発表され，第64回大会（2004年）には，カント没後200年記念企画の〈共同討議Ⅰ：カント哲学の核心――没後200年を記念して〉が実施された。報告者は，牧野英二「理性の必要の感情と生の地平」，福谷茂「形而上学としてのカント哲学――前批判期から『遺稿』へ」の2名であった[9]。その後，カント特集企画は「共同討議」や「シンポジウム」でも，まだ実施されていない。「シンポジウム」は，2000年前後から現代哲学のテーマや現代社会と関係の深い哲学的テーマに絞られており，「共同討議」は，この頃から2本立てで企画され，一つは現代的テーマが選ばれ，他の一つは哲学史的な問い直しを試みる企画が実施されることが少なくない。いずれにしても，若手中心の〈公募論文〉として採用された研究論文を除けば，カント哲学研究は，日本哲学会の企画に採用されなくなっているのが実情である[10]。日本哲学会の学会活動の全体を見る限り，カント哲

---

(9)　日本哲学会編『哲學』所収論文，牧野英二「理性の必要の感情と生の地平」（41-55頁）および福谷茂「形而上学としてのカント哲学――前批判期から『遺稿』へ」（56-73頁）を参照。ちなみに，他の「共同討議Ⅱ」のテーマは「進化論と哲学」であったが，この報告ではカントに対する言及はまったくなかった。
(10)　日本哲学会編『哲學』の公募論文は，他の哲学・倫理学・美学・思想史系の諸学会のなかで最も採用条件が厳しい。したがって『哲學』に応募論文が掲載されることは，研

学研究は，他の近代の哲学者の研究と同様に大きな影響力を失っている。

ところで，日本の哲学研究全般の発展という観点から言えば，京都哲学会の機関誌『哲學研究』の研究成果にも言及しなければならない。しかし，第二次世界大戦後の日本のカント研究に対する影響という観点から言えば，以下の理由から，言及すべきことは少ない。第一に，『哲學研究』は，編集方針として長い間，西洋古典学から中世哲学，近代および現代の哲学の研究・翻訳・紹介を精力的に継続してきたが，その範囲は，日本思想，仏教思想，中国哲学，インド・チベット学，心理学，社会学等の研究分野に広く及ぶ。その結果，カント哲学の研究論文の掲載数は，相対的に少なくならざるを得ない状況にある。この状況は，現在も変化がない。第二に，西洋哲学研究の掲載論文には，多数の優れた論考が見られるが，カント特集号は刊行されていない。第三に，掲載論文の多くは若手研究者の秀作であり，当時の日本における若手のカント研究の水準を窺わせるものの，カント研究の専門家の論文としては評価が定まらない論考も一定数みられるからである。第四に，それらの論考の執筆者の多くは，後に加筆・修正を加えて単行書を刊行しており，本章では，この研究書のカテゴリーで紹介する予定なので，ここでは省略する[11]。

いずれにしても上記の研究成果の影響もあり，1970年代に，伝統的にドイツ哲学との影響関係を強めてきた日本の哲学研究は，第二次世界大戦後の現象学の流行現象によりフッサールやハイデガー，さらにヤスパース等のカント解釈および批判を媒介にして，ドイツにおけるカント哲学の復権とともに徐々に

究業績として高く評価されるので，若手・中堅の研究者にとって重要な目標となっている。

(11) 1916年（大正5年）創設の「京都哲學會」は，創設と同時に機関誌『哲學研究』を創刊した。本誌は，西田幾多郎や田辺元等による活発な執筆および寄稿により，日本の哲学研究の頂点に達した。しかし第二次世界大戦後の低迷期を経て，この頃に年2回の刊行になった『哲學研究』には，500号（1966年9月）や550号（1984年10月）の記念特集号にカント哲学の研究論文は掲載されていない。ちなみに，1966年9月刊行の500号以降595号までの47年間，カント哲学を扱った論文総数は，筆者が調査した限り，24本に過ぎず，そのほとんどが若手研究者の寄稿であり，2006年以降，現在までの7年間は，カント研究論文は一本も掲載されていない。この事実は，現在の「京都哲學會」の研究状況を知る上で，大変興味深いものがある。

カント哲学の研究も復活してきた[12]。その決定的なきっかけを与えたのが，理想社版『カント全集』[13]（全18巻，1965-88年／昭和40-63年）の刊行であった。また，注目すべき現象として，第二次世界大戦開始以前から続く同じ出版社から刊行されてきた哲学専門雑誌『理想』（理想社）では，1970年代から80年代に次のようなカント特集号を刊行している。『カントと現代』（1974年／昭和49年11月），『カント』（1980年／昭和55年5月），『純粋理性批判200年』（1981年／昭和56年11月），『新しいカントの読み方』（1987年／昭和62年夏），『新カント派』（1989年／平成元年夏）の5冊である。

『カントと現代』には，次の研究論文が収録されている。浜田義文「カントにおける人間の自覚」，門脇卓爾「道徳と形而上学」，峰島旭雄「カントにおける歴史と宗教——その批判哲学的構造」，坂井秀寿「カントとヴィトゲンシュタイン——哲学の体系について」，有福孝岳「カントとハイデッガー——空間と時間の問題に事寄せて」，坂部恵「最晩年の〈移行〉—— Opus Postumum I Convolutの世界」等である。

本特集号は，浜田論文，門脇論文，峰島論文がカントの内在的解釈の方法による理論哲学・実践哲学・宗教論中心の考察であった。他方，坂井論文は，日本では最初のカントとヴィトゲンシュタインの思想の比較研究を展開した注目すべき論考である。この論文で筆者は，『純粋理性批判』と『論理哲学論考』（*Tractatus Logico-Philosophicus*, 1921）における両哲学者の思想を「与えられた言語の分析と，その体系的な綜合」[14]という観点から考察している。新進気鋭のヴィトゲンシュタイン研究者によるカント評価は，意外にもカントに好意的であり，「私がカントを高く評価するのは，彼〔カント〕が言語をこの〔人間の生の表現としての言語を，人間の基本的な生活様式からの親疎に応じて整理し，いわば言語の

---

(12) 1951年創設の「日本ヤスパース協会」は，現在，機関誌『コムニカツィオーン』を刊行しており，そこではヤスパースとカントとの関係を扱った論文も散見されるが，それらは基本的にヤスパース解釈の一環としてカントを媒介的に考察する方法を採っているので，本章では扱わなかった。
(13) 理想社版『カント全集』（全18巻，1965-88年／昭和40-63年）。ただし，第13巻『歴史哲学論集』を除く他の巻は，1977年／昭和52年までに刊行済みである。
(14) 『カントと現代』（1974年／昭和49年11月），44頁。以下の本文では，同頁数を表記する。

階梯を構成する〕観点から——人間の立場から——見，自我のアイデンティティ，すなわち超越論的統覚を体系建設の論理としている」(46頁)点にある，と解釈する。また，有福論文は，「カントとハイデッガーの哲学思想の相互連関の如何を究明すること」を目指していると表明しているが，実際には，『純粋理性批判』と『有と時〔存在と時間〕』(*Sein und Zeit*, 1926)における時間・空間論の並列的な叙述に終始しており，執筆者のオリジナルな解釈の観点は明確ではない。その点では，坂部論文は，日本のカント研究史に独特の解釈の立場を導入したという意味で，特筆に値する。本論文は，ハンス・ファイヒンガー(Hans Vaihinger)の主著『かのようにの哲学』(*Philosophie des Als Ob*, 1911)のなかで，カントの遺稿『オプス・ポストムム』を手がかりに「最晩年のカントとニーチェを重ね合わせて読もうとするファイヒンガーの行き方のなかに，今日においても捨てがたいものが含まれていると考えた」(65頁)，と指摘した点に優れた特徴がみられる。

　『理想』の次のカント特集号『カント』(1980年／昭和55年5月)には，7本のカント研究論文の他，1編の入選論文の合計8本のカント研究論文が掲載されている。以下，掲載順に筆者・論文タイトルと簡単な紹介を行なう。ゲロルト・プラウス(Gerold Prauss)「カントにおける真理問題」，ルイス・ホワイト・ベック(Lewis White Beck)「ケーニヒスベルクの哲人は夢を見なかったのか」，高橋昭二「カントの形而上学」，観山雪陽「超越論的観念論と物自体の問題」，門脇卓爾「カントにおける自由」，有福孝岳「カントにおける形而上学の問題」，上妻精「カントにおける超越論的思惟の構造」，そして入選論文の若手研究者の植村恒一郎「カントの空間論」である。

　このカント特集号には，従来のカント特集号にないいくつかの特徴が見られる。第一に，8本の論文のうち，2本が外国のカント研究者からの寄稿であり，第二に，理想社が企画した若手研究者対象の「カント入選論文」1本が掲載され，第三に，残り5本の論文すべてがカントの内在的解釈の研究論文である，という点にある。第四に，掲載論文が理論哲学の領域に偏っており，実践哲学，自由論にかんする論文は1編にすぎず，『判断力批判』や宗教論，歴史哲学・法哲学・政治哲学・平和論にかんする論考がまったく掲載されていない。したがって本特集号は，『カント』というタイトルであるが，読者が期待するよう

なカント哲学全体,少なくとも三批判書をカバーする内容ではない。むしろ本特集号は,『カントの理論哲学』と題するほうが適切である。ちなみに,ゲロルト・プラウスは,当時,ドイツ・ケルン大学教授であり,師のゴットフリート・マルティン（Gottfried Martin）の影響や,イギリスのピーター・ストローソン（Peter F. Strawson）の影響下で分析哲学の方法論によって,カント哲学の再構成を試みている。彼は,『純粋理性批判』の伝統的な超越論的論理学の解釈とは異なり,「超越論的論理学は,したがって「真理の論理学」として真理差異の論理学である」（22頁），という解釈を展開している。この論考もまた,そうした試みの成果である。また,ルイス・ホワイト・ベックは,当時のアメリカを代表するカント研究者である。本論考は,カントの概念の客観的妥当性の理論に基づく限り,「夢や幻想は実在のものとは考えられない」（30頁）というC. I. ルイス（Clarence Irving Lewis）やN. ケンプ・スミス（Norman Kemp Smith）流の過激な結論を批判し,カントの理論哲学を擁護している[15]。この論考は,日本ではあまり注目されなかった。むしろ,ベックによる日本のカント研究に対する影響は,『カント『実践理性批判』の注解』の論述のほうがはるかに大きいのが実情である[16]。

　ところで『理想』の次のカント特集号『純粋理性批判200年』（1981年／昭和56年11月）には,11本のカント研究論文が掲載されている。掲載順に筆者と論文タイトルを挙げれば,次の通りである。浜田義文「『純粋理性批判』への道」,有福孝岳「現在ドイツにおける『純粋理性批判』研究の状況と意味」,沢田允茂「もし現代「純粋理性批判」が書かれたとしたら」,門脇卓爾「カントにおける必然性と自由」,久保元彦「内的経験（二）――「観念論論駁」をめぐって」,訓覇曄雄「批判と形而上学――「超越論的弁証論」の意味」,伴博「カントの「批判的」理解――理性批判の性格と意義」,黒積俊夫「表象としての現象」,井上昌計「『純粋理性批判』における形而上学の認証――カウルバッハ〔Friedrich Kaulbach〕を手がかりに」,美濃正「「超越論的演繹」について」,

---

(15)　Cf. C. I. Lewis, *Mind and the World Order*, New York, pp. 221ff. Norman Kemp Smith, *A Commentary to Kant's Critique of Pure Reason*, London 1918, 2nd. 1923, pp. 222ff.

(16)　Cf. Lewis White Beck, *A Commentary on Kant's Critique of Practical Reason*, Chicago 1960.

武村泰男「日本における『純粋理性批判』研究」の11本である。

　この特集号は，前回のカント特集号とは異なり，すべてが日本人の執筆による論文であり，唯一の例外を除いて，10本の論文は『純粋理性批判』にかんする論考である。この事実は，日本のカント研究，特に『純粋理性批判』に対する研究の進展を物語っている。また，それらの論文のほとんどがドイツ哲学の紹介やその影響下でのカント解釈および研究の成果である。この点に，日本におけるカント研究者の研究姿勢の特徴とともに制限が指摘されなければならない。日本における哲学・思想の研究状況は，1980年代に構造主義や英米系の言語分析哲学の紹介や研究が進んでいたが，これらの新たな動向に対して多くのカント研究者は，ほとんど関心を示さず，その影響も受けず，それをカント哲学研究の方法論として利用しようとする態度は見られなかった。こうした伝統的なカント研究の姿勢が変わるのは，1990年（平成2年）前後のことである。

　『理想』の次のカント特集号は，『新しいカントの読み方』（1987年／昭和62年夏）である。この特集号の特徴は，第一に，従来のカント特集号と比べて，執筆陣が大きく若返ったことが指摘できる。第二の特徴は，カント哲学の解釈方法がそれまでとは異質な論考が多数を占めた点にある。本号では，構造主義や英米系の言語分析哲学からの影響を受けて，独自の方法論によってカント研究を展開しようとする論考がいくつか認められる。この特集号には，9本のカント哲学の研究論文が掲載されている。掲載順に筆者と論文タイトルを挙げれば，次の通りである。石川文康「理性批判の法廷モデル」，牧野英二「哲学的対話のトポスとしての超越論的場所論──『純粋理性批判』に対する一解釈の試み」，大橋容一郎「方法としての純粋理性批判──現代の超越論的問題への接合を求めて」，中島義道「過去の構成」，福谷茂「存在論としての「先天的綜合判断」」，加藤泰史「超越論的統覚と身体」，細谷章夫「アンチノミーにおける統制的原理」，浜田義文「カントの永遠平和論」，門脇卓爾「「自己意識」と「自覚」」，以上の9編である。これらの論考のうち，ベテランの執筆者による細谷論文，浜田論文，門脇論文は，従来型の内在的なカント解釈の傾向が強く，若い世代の執筆者の論考とは趣を異にしている。この特集号の主旨は，従来の伝統的なカントの内在的解釈とは異なる新たな視点からカント哲学の可能性を

読み解くことに狙いがあった。掲載論文のなかで，この主旨にある程度応える内容の論考は，石川・牧野・大橋・中島・福谷・加藤による諸論考に限られていた。

『理想』の第五のカント特集号は，『新カント派』（1989年／平成元年夏）であった。この特集号には，まず，戦後日本の独創的な哲学者の廣松渉と弟子の大黒岳彦の対談「新カント派の遺したもの」が冒頭に編まれ，続いて10本の関連論文が掲載されている。大橋容一郎「「純粋ロゴス批判」の論理——エーミル・ラスク〔Emil Lask〕の妥当哲学」，九鬼一人「認識と価値——リッカート〔Heinrich Rickert〕の問題圏とその周縁」，朝広謙次郎「目的論的批判主義——ヴィンデルバント〔Wilhelm Windelband〕における哲学の課題と方法」，平田俊博「柔らかい合理主義——コミュニケーション的理性と新カント主義」，門脇卓爾「日本における新カント派の受容」，濱井修「「新カント主義者」ウェーバー〔Max Weber〕について」，長尾龍一「新カント主義と現代」，石川文康「コーヘン〔Hermann Cohen〕の非存在論」，忽那敬三「問題学への展開」，中島義道「虚構を支えるもの——ファイヒンガー vs. アディッケス〔Erich Adickes〕」の諸論考である。

この特集号には，上記の対談や諸論考のタイトルから明らかなように，過去の新カント学派の遺産を総括して，その歴史的意義や制限について再検討を試みようという意図があった[17]。しかし，この特集号の対談の編集方針や所収論文には，新カント学派全体を現代的観点から総括し，その意義を再評価しようという明確な意図は窺われない。まず，冒頭の対談は，新カント学派の新たな再評価が中心的議論になっているわけではない。廣松渉の哲学が新カント学派，特にエルンスト・カッシーラー（Ernst Cassirer）の焼き直しではないかという巷の解釈や批判に対して，自己弁護の機会として利用しようとした点に本対談の真意があった。また収録論文についても，統一的な編集方針や執筆上の了解があったように思われない。むしろ，ここでは新カント学派にかかわる執筆者

---

(17) "Neukantianismus"は，従来「新カント学派」，「新カント派」，「新カント主義」と訳されてきた。本章では筆者は，『岩波哲学・思想事典』（岩波書店，廣松渉編集代表，牧野英二他編集協力，1998年3月，809頁以下）や『哲学事典』（平凡社，1971年4月，736頁以下）の訳語にしたがって，「新カント学派」という表記を採用した。

の個人的関心に基づく個別論文の寄せ集めという印象が否定できない。それでも，新カント学派の再評価の機運を高め，カント哲学の再評価のきっかけにしようとした各執筆者の意図は一定程度窺うことができる。その点で本特集号は，存在意義を有している，と言ってよい。

　次にこの時期の主要なカント研究書に目を向けてみたい。1945年以降70年までのカント研究書の刊行状況から見てみたい。下記のように，1947年から50年までの間に8冊刊行されている（入門書や解説書の類は省略する）。1951年から60年までは4冊であった。さらに1961年から70年までに8冊出版されている。要するに，第二次世界大戦後の25年間に刊行されたカント哲学の専門的な単行書は，20冊程度であった。これらの事実は，当時のカント研究の衰退状況を端的に現している。

■主要なカント研究書：1945–1970年

原佑『カント哲学の体系的解釈』（東海書房，1947年，295頁）

赤松元通『カント美学と目的論』（大丸出版印刷，1948年，209頁）

小塚新一郎『カント認識論の研究』（創元社，1948年，154頁）

岸本昌雄『カント判断力批判――カント研究の基礎づけのために』（夏目書店，1948年，253頁）

高坂正顕『カント解釈の問題――法と歴史の諸理念（続）』（弘文堂，1949年，177頁）

岸本昌雄『カントの世界観』（理想社，1949年，207頁）

竹田寿恵雄『カント研究――アナロギアの問題を中心として』（刀江書院，1950年，285頁）

舘熙道『理性の運命――カントの批判哲学に於ける理性の限界と神の問題』（日本学術振興会，1950年，312頁）

山崎正一『カントの哲学――後進国の優位』（東京大学出版会，1957年，211頁）

三渡幸雄『カント批判哲学の構造』（日本学術振興会，1957年，504頁）

小牧治『社会と倫理――カント倫理思想の社会史的考察』（有信堂，1959年，389頁）

三渡幸雄『カント批判哲学の構造（続編）』（日本学術振興会，1960 年，1161 頁）

今谷逸之助『カント純粋理性批判研究』（三和書房，1962 年，245 頁（訂正増補版，三和書房，1964 年，271 頁）

小倉貞秀『カント倫理学研究――人格性概念を中心として』（理想社，1965 年，344 頁）

岩崎武雄『カント「純粋理性批判」の研究』（勁草書房，1965 年，513 頁）

矢島羊吉『カントの自由の概念』（創文社，1965 年，253 頁。増補版，福村出版，1986 年，276 頁）

浜田義文『若きカントの思想形成』（勁草書房，1967 年，421 頁）

三渡幸雄『カント歴史哲学の研究』（日本学術振興会，1967 年，663 頁）

高橋昭二『カントの弁証論』（創文社，1969 年，331 頁）

三渡幸雄『カントにおける時間空間の研究』（協同出版，1969 年，623 頁）

　上記の主要な研究書によるカント研究は，第二次世界大戦前には見られなかったいくつかの特徴を有している。第一に，カントの理論哲学，実践哲学，特に自由論の研究，そして美学・目的論，宗教論，法哲学・政治哲学的観点からの研究成果が現れてきた。要するに，批判期哲学の主要著作のうち，主として三批判書を中心にした研究傾向が，徐々に強まってきた。岩崎武雄『カント「純粋理性批判」の研究』は，カントの立場を認識論的主観主義とみなし，カントに対して批判的な観点から詳細に吟味・検討した重厚な研究書である。矢島羊吉『カントの自由の概念』もまた，カントの自由概念に潜む問題点や矛盾を鋭く批判する点で，当時としては異色であった。岸本昌雄『カント判断力批判――カント研究の基礎づけのために』は，『判断力批判』の数少ない優れた研究成果に属する。また，赤松元通『カント美学と目的論』もまた，当時としては稀有な『判断力批判』の第一部と第二部の両部門を統一的に解釈しようとする先駆的な試みであり，反省的判断力の自己自律（Heautonomie）の意義に着目した考察の視点は，当時の欧米の研究と比べて遜色ない著作（ただし遺著）である。舘熙道『理性の運命――カントの批判哲学に於ける理性の限界と神の問題』は，数少ないカント宗教哲学の研究書である。第二に，約 20 年間のカ

ント研究には，特に社会哲学的観点からカント哲学を評価する傾向が強まった。小牧治『社会と倫理——カント倫理思想の社会史的考察』は，カント当時のプロイセンの後進性との関係からカント哲学の保守的側面を批判的に評価する典型的な書物である。第三に，体系的観点からカント哲学を解釈する傾向も出現した。原佑『カント哲学の体系的解釈』は，その代表的研究である。第四に，批判期前の若きカントの思想形成に関する研究も盛んになってきた。浜田義文『若きカントの思想形成』は，その好例である。第五に，これらの傾向は，特定少数のカント研究者の間に限られ，カント研究のすそ野は，さほど広くなっていなかった。しかし，その後，日本のカント研究は，急速に発展を遂げることになる。

3　日本カント協会の設立と『日本カント研究』の創刊以後

　すでに指摘したように，第二次世界大戦敗戦以降，日本の哲学・思想界は，主としてマルクス主義哲学，実存主義哲学，そして言語分析哲学の主要な三つの思潮の影響下で哲学研究が進展し，その結果，カント研究は衰退し，日本の哲学研究の傍流に追いやられた。しかし，その後，欧米のカント研究の影響が徐々に現れ，1976（昭和51）年に「日本カント協会」（Japanische Kant-Gesellschaft）が設立された。以後，毎年1回全国大会が開催されている。そこではシンポジウムや共同討議，個人研究発表が行なわれ，2015年に日本カント協会は創設40年を迎える。理想社版『カント全集』の刊行や岩波版『カント全集』の刊行とともに，日本カント協会編『日本カント研究』や，筆者も創立期以来のメンバーである「カント研究会」による『現代カント研究』も12冊刊行してきた。これらの継続的な研究活動や研究成果の継続的な刊行により，カント研究も再び盛んになっていった。日本カント協会は，日本の学会活動としてはシェリング，ヘーゲルなどの学会に比べて勝るとも劣らない，哲学研究活動の盛んな学会である[18]。

---

(18)　ただし日本では，マルクス学会はついに設立されなかった。そこには，第二次世界大戦後の日本における政治的な党派の対立と今日に至るまでのマルクス研究者間の複雑な

本章では，さらに日本カント協会の活動と本協会編『日本カント研究』収録の論文を手がかりにして，この時期のカント研究の意義と課題を考察してみたい。それによって，1970年代以降の日本のカント研究の一般的動向もまた明らかになるであろう。

　日本カント協会は，1976年の創設以来，毎年1回開催の大会で，その主要なプログラムとして次のシンポジウムを実施してきた。第1回「カントにおける理性」，第2回「カントの物自体」，第3回「カントにおける自律」，第4回「カントと形而上学」，第5回「カントとルソー」，第6回「純粋理性批判」（1981年，刊行200年記念企画），第7回「カントの人間学」，第8回「カントにおける自由の問題」，第9回「先天的綜合判断について」，第10回「日本におけるカント研究」，第11回「カントの平和論」（被爆地・広島大学での開催を記念した企画），第12回「カントと現代哲学」，第13回「実践理性批判」（1988年，刊行200年記念企画），第14回「カントとハイデガー，1989年，ハイデガー生誕100年記念企画」，第15回「判断力批判」（1990年，刊行200年記念企画），第16回「カントの歴史哲学」，第17回「ドイツ啓蒙思想とカント」，第18回「カントの宗教論」（1993年，『単なる理性の限界内の宗教』刊行200年記念企画），第19回「カントと生命倫理」（被爆地・長崎大学での開催を記念した企画），第20回「カントと平和の問題」（日本カント協会創設20年記念企画）[19]，第21回「カント哲学の位置づけ」，第22回「カントの大学・教育論」，第23回「カントにおける「世界」の概念」，第24回「カントと現代文明」，第25回「カントと日本文化」，第26回「カントの目的論」，第27回「カント哲学と科学」，第28

　　状況が潜んでいる。ところで筆者は，日本カント協会の創設期からの参加会員で存命の唯一の会長経験者でもあるので，いわば生き証人として2013年度に至るシンポジウムのテーマを本文中に記しておく。
(19)　日本カント協会は，学会創設20周年を記念して1995年12月2日および3日の二日間にわたり記念大会を開催し，その成果を『カントと現代　日本カント協会記念論集』（晃洋書房，1996年12月）として刊行した。シンポジウムで「カントと平和の問題」が扱われた理由は，この年が『永遠平和のために』の出版200年にあたり，同時に第二次世界大戦および太平洋戦争終結50周年を迎えたこともあった。共同討議としては「真理論と言語論」および「理性批判と共通感覚論」が実施された。筆者は，後者の提題者の一人を務めた。

回「カントと責任論」，第 29 回「批判哲学の今日的射程」，第 30 回「ドイツ哲学の意義と展望」，第 31 回「カントと心の哲学」，第 32 回「カントと悪の問題」，第 33 回「カントと人権の問題」，第 34 回「カントと幸福論」，第 35 回「カントと日本の哲学」，第 36 回「カントと形而上学」，第 37 回「カントと政治哲学の可能性」，第 38 回「カントと日本国憲法」であった[20]。

　ちなみに，1999 年 11 月 27 日開催の第 24 回大会以降，シンポジウムのテーマが，学会機関誌『日本カント研究』の書名として表記されることになった。また，日本カント協会の 38 年間にわたるシンポジウムの内容を回顧するとき，興味深い事実が浮かび上がってくる。第一に，学会の創立以後，約 20 年間は，カントの主要著作や主要概念等のカント哲学の内在的解釈の課題がシンポジウムの主題に選ばれてきた。第二に，それ以降になると，カントと他の哲学者のカント解釈との対比や関連が注目されるようになった。第三に，最近は，カント哲学と現代社会の諸問題や現代哲学との関連や比較研究が主題化されるようになった。例えば，第 37 回大会のシンポジウムは，マイケル・サンデル（Michael Sandel）の正義論および法哲学のブームに対するカント研究者の側からの一種の応答の試みであり，第 38 回大会では，政権交代による日本国憲法の改正論議に対するカント哲学の研究者による問題提起であった。第四に，しかし，実際の発表内容は，しばしば看板倒れに終わり，例えば，「カントと幸福論」では，すべての報告が「カントにおける幸福論」に終始して，「カントと幸福論との関係」，特に「現代社会におけるカントの幸福論や道徳論の意義と制限」に言及した論考は見られなかった。さらに 2012 年，第 37 回のシンポジウム「カントと政治哲学の可能性」における非会員の発表者は，「ヘーゲルにおける国家と宗教」についてもっぱら論じ，「カントと政治哲学の可能性」について立ち入った議論を展開できないという事態も生じている。ここに今日のカント研究者およびヘーゲル研究者の直面する課題とカント研究の制限および問題点が存在する。日本の一定数のカント研究者には，優れた研究成果や才能を発揮している学者が存在する一方で，現代におけるカント哲学の意義と制

---

[20]　2014 年度・第 39 回大会におけるシンポジウムのタイトルは，「カントと最高善」に決定した。ちなみに筆者は，シンポジウムの発表者の一人を務めた。

限について正面から取り組み，これらの課題に応答しようとする意志と能力が欠けている学者も一定数存在するように思われる。

　他方，第30回大会の記念シンポジウム以降，非会員のゲストによる発表では，上記の例外を別にすれば，多くの場合，会員の期待に応える刺激的で斬新な問題提起が行なわれてきた。例えば，「カントと心の哲学」における戸田山和久論文「カントを自然化する」は，現代の科学哲学の専門家の立場から「プロト認知科学者としてのカント」という読者の意表を突く新たな解釈に依拠して，「意識の問題を，まずは徹底して意識の機能，システムの仕様（アーキテクチャー）の問題として考察すること。この方法論的選択こそが，意識に関してわれわれがカントから学ぶべき最大の論点だと思われる」（58頁），と主張している。筆者は，意識をすべて自然化する戸田山論文の見解には異論があるが，この斬新なカント評価には共鳴するところが少なくなかった。また，「カントと形而上学」では，非会員の柏端達也「一元論をめぐる現代の議論における若干の「カント的」な観念について」の論考も，刺激的な報告であった。柏端論文もまた，分析哲学の研究者の側からカント哲学の影響への応答という考察方法を展開しており，分析哲学における現代の形而上学的課題に立ち入っている。なお，2013年，第38回の「共同討議I」では，「道具的実践理性」にかんする会員と非会員の報告もまた，「理性とは何か」，「純粋理性は可能か」というカント哲学研究だけでなく現代哲学の根本問題に迫るための方法論として，「合理性」概念の再検討を迫る意欲的な試みであった。これらの試みは，いずれも今後のカント研究の発展の可能性を拓くものとして興味深い内容である，と言えよう。ちなみに，最近の個人研究発表のなかには，2011年3月11日に起きた東日本大震災をきっかけに，カントの地震論の意義を問い直す試みもみられる。

　上述のように，日本カント協会編『日本カント研究』は，2000年6月に創刊され，第1号『カントと現代文明』，第2号『カントと日本文化』，第3号『カントの目的論』，第4号『カント哲学と科学』，第5号『カントと責任論』，第6号『批判哲学の今日的射程』，第7号『ドイツ哲学の意義と展望』，第8号『カントと心の哲学』，第9号『カントと悪の問題』，第10号『カントと人権の問題』，第11号『カントと幸福論』，第12号『カントと日本の哲学』，第

13号『カントと形而上学』,第14号『カントと政治哲学の可能性』,第15号『カントと日本国憲法』[21]を毎年1回刊行している。

また,カント研究会編『現代カント研究』は,第1巻『超越論哲学とはなにか』,第2巻『批判的形而上学とはなにか』,第3巻『実践哲学とその射程』,第4巻『自然哲学とその射程』,第5巻『社会哲学の領野』,第6巻『自由と行為』,第7巻『超越論的批判の理論』,第8巻『自我の探究』,第9巻『近代からの問いかけ』,第10巻『理性への問い』,第11巻『判断力の問題圏』,第12巻『世界市民の哲学』を適宜,刊行している[22]。これらの論文集では,各巻ごとに統一的な編集方針が確定しているわけではなく,また収録論文の量および質ともに相当程度のばらつきがある。実際,各巻収録論文の数も,6本から9本と幅があり,第1巻以降第5巻までは書名に収録された論文はほぼその分野の論考であるが,第7巻以降では,そうした点も不明確になり,書名のメッセージ性も曖昧になった。しかし,中堅および若手による意欲的な研究成果には,批判期前の処女作や自然哲学,『視霊者の夢』,さらにカントの超越論的観念論とデイヴィッドソンの非法則的一元論との関連を考察する論考など,刺激的な論述も散見される。

ここでカント研究文献の翻訳・受容とその日本における影響関係に目を向けてみたい。欧米のカント研究書は,1980年前後から多数日本語に翻訳・紹介されている。理論哲学の分野では,ディーター・ヘンリッヒ自身の編集による5編からなる論文集『カント哲学の体系形式』(Dieter Henrich, *Die systematische Form der Philosophie Kants*, 1978. 理想社,1979年1月)が出色である。また存在

---

(21) 第14号より本誌の出版社が理想社から知泉書館に変更となった。

(22) これらの論文集は,全体として統一的な編集方針があるわけではなく,そのつど,個々の巻の編集者に立候補して研究会で承認された会員が応募者の会員の研究会での発表内容を吟味・検討したのち,刊行するという作業を行なってきた。筆者は,第2巻『批判的形而上学とはなにか』の編者を務め,第5巻『社会哲学の領野』にも投稿した立場から見て,総じて論文の質が年々低下してきた事実は否めない。ちなみに,第1巻『超越論哲学とはなにか』(1989年)および第2巻『批判的形而上学とはなにか』(1990年)の2冊は,当初,理想社から刊行された。しかし版元の都合により,出版社が晃洋書房に代わり,あらためて第1巻および第2巻を復刊して,第1巻以降,今日まで(2014年3月現在)12巻全巻を継続的に刊行している。

論的カント解釈の代表者のハイムゼートの3編からなる論文集の翻訳書『カントと形而上学』（以文社，1981年9月）や，同じ著者による『カント『純粋理性批判』註解　超越論的弁証論　魂・世界および神』(*Transzendentale Dialektik. Ein Kommentar zu Kants Kritik der reinen Vernunft*, Walter de Gruyter, Bd. 1–4, 1966–71. 晃洋書房，山形欽一訳，第一部1996年，第二部99年）も第二巻までが邦訳されている。カントの全体像に迫ろうとする古典期な文献では，カウルバッハ『イマヌエル・カント』(Friedrich Kaulbach, *Immanuel Kant*, Berlin 1969. 理想社，1978年1月），シュヴァルトレンダー『カントの人間論——人間は人格である』(Johannes Schwartländer, *Der Mensch ist Person. Kants Lehre vom Menschen*, Stuttgart 1968. 成文堂，1986年7月）が刊行され，特にピーター・ストローソン『意味の限界——『純粋理性批判』論考』(*The Bounds of Sense. An Essay on Kant's Critique of Pure Reason*, Methuen & Co Ltd., London, 1966）の刊行やその日本語訳の出版（勁草書房，1987年9月）は，日本のカント研究者に一定の影響を与えた。その他，その後の日本のカント研究に大きな影響を与えた欧文文献としては，エルンスト・カッシーラー（Ernst Cassirer, *Kants Leben und Lehre*, 1918）の日本語訳『カントの生涯と学説』の刊行（みすず書房，1987年3月）が特筆される。異色な翻訳書では，ロシアのカント研究者，アルセニイ・グリガによる『カント——その生涯と思想』のロシア語からの翻訳（ロシア語原著1977年。法政大学出版局，1983年12月。なお，本書のドイツ語訳は1981年に刊行。Vgl. Arsenij Gulyga, *Immanuel Kant*, Frankfurt a. M.）がある。ちなみに，ドイツ語訳の出版された1981年には，この書の中国語訳が刊行されている。さらに主要なカント関連の訳書だけでも，ヘッフェ『イマヌエル・カント』(Otfried Höffe, *Immanuel Kant*, München 1983. 法政大学出版局，1991年2月），ポストモダンの思想家，ジル・ドゥルーズ（Gilles Deleuze）による『カントの批判哲学——諸能力の理説』(*La Philosophie critique de Kant*, 1963. 法政大学出版局，1984年12月），ジャン゠フランソワ・リオタール『熱狂——カントの歴史批判』(Jean-François Lyotard, *L'Enthousiasme. La critique Kantienne de l'histoire*, 1986. 法政大学出版局，1990年5月）などがある。筆者は，これらのカント文献の翻訳がほぼ1980年代の10年間に集中していることに注意を促しておきたい。この事実は，この時期が第二次世界大戦後における欧米のカント文献の翻訳・紹

介の一つの頂点を意味するからである。これらの文献が日本のカント研究にどのような影響や刺激を与えたかを正確に測定することは困難である。しかし，ヘンリッヒの翻訳書や研究論文は，「超越論的演繹論の証明構造」をめぐる論争的状況を日本のカント研究においても引き起こし，「カテゴリー論」および「理性の事実」にかんする研究に刺激を与えた。また超越論的観念論と経験の基礎づけにかんして，前者を捨象するストローソンの見解は日本の研究者に刺激を与え，ハイムゼートはアンチノミー論への関心や「実践的・定説的形而上学」（praktisch-dogmatische Metaphysik）の概念によるカント解釈を促進したことは否定できない。さらに「超越論的論証」にかんしても欧米の研究文献は，他の多くの研究領域や研究方法とともに日本のカント研究者にさまざまな刺激を与えた。これらの事実を踏まえて，本章の以下の論述からも，その影響を一定程度推測することは可能であろう。

　なお，日本におけるカント研究論文やカント哲学の入門書，研究書の類は，毎年，各大学の学部および研究所の紀要や年誌，その他の雑誌に掲載されたものを加えれば，膨大な数に達する。しかし，その多くは，後に加筆・修正されて上記の『日本カント研究』や『現代カント研究』，その他の論文集や単行書として出版されているので，本章ではそれらの個別論文には言及しないことにする。

　次に本章では，敗戦後日本のカント研究の最大の成果で，その後のカント研究に大きな影響を与えた岩波版『カント全集』（全22巻＋別巻：1999–2006年）の編集および翻訳の方針について，本全集と既刊の理想社版『カント全集』との比較を試みる。岩波版『カント全集』は，当時の日本のカント研究者の若手，中堅およびベテランの総力を挙げて取り組んだ企画である。この岩波版『カント全集』と理想社版『カント全集』との相違の主要点は，次の諸点にある。第一に，岩波版『カント全集』には，理想社版『カント全集』に未収録のカント初期の論考である「自然学的に検討して，地球は老化しているかという問題」（Die Frage, ob die Erde veralte, physikalisch erwogen, 1754）や「地震による数々の珍事に関する歴史と博物誌」（Geschichte und Naturbeschreibung der merkwürdigsten Vorfälle des Erdbebens, 1756），「近年認められた地震に関するイマヌエル・カント修士の再考」（M. Immanuel Kants fortgesetzte Betrachtung der seit einiger

Zeit wahrgenommenen Erderschütterungen, 1756）等の，日本初訳の論考が収録されている点にある。要するに，本全集は，カントの著作を網羅的に収録した点に特徴がある。第二に，理想社版『カント全集』には訳文の欠落や訳語の誤り，日本語として不自然な直訳文などが多数見られた。岩波版『カント全集』では，これらの誤りを正し，平易で明快な訳文に努め，広く哲学や文化に関心のある読者が親しみをもってカントの思索に接することができるよう配慮した。第三に，本全集の編者・訳者は，最新のテクスト・クリティークの成果に基づいて編集・翻訳した。アカデミー版（Akademie Ausgabe），フォアレンダー版（Vorländer Ausgabe），カッシーラー版（Cassirer Ausgabe），ヴァイシャーデル版（Weischedel Ausgabe）等，ドイツ語版全集・著作集を参照して，それらの頁数を本文中に付し，利用者の便宜を図った。第四に，他の哲学研究者や一般の読者のカント理解に資するよう，近年めざましい進展をみせている日本の最新のカント研究成果を反映した訳注・校訂注・解説を付した。第五に，特に書簡・講義録も充実させるために，『カント・フォルシュンゲン』（Kant-Forschungen, Hamburg 1987ff.）等に収録された新発見の書簡や重要な講義録も収録した。それによってカント思想の全体像を提示するよう努めた。第六に，岩波版『カント全集』では，従来の岩波版『カント著作集』や理想社版『カント全集』には存在しない『別巻』を加え，カントの入門的論文やカント小伝，現代におけるカント哲学の位置づけや広がり・意義を示す論考，そしてカント関連の資料等を加えた[23]。

　ここでは岩波版『カント全集』の『別巻』の構成と収録論文を紹介することで，この時期のカント研究の傾向を知る手がかりを提供したい。『別巻』の『カント哲学案内』は，第1部および第2部，そして資料・付録・年譜からなる。第1部「カント入門」には，以下の論文が収録されている。坂部恵「1　カントの生涯」，有福孝岳「2　書簡に見る『純粋理性批判』（ならびに「批判哲学」）成立史」，山本道雄「3　カントと18世紀啓蒙哲学——「わが上なる星

---

(23) 岩波版『カント全集』の特色と主要な編集方針については，筆者が次のドイツ語文献で詳細に論じている。Vgl. Eiji Makino/Kazuhiko Uzawa, Bericht über die japanische Edition von Kants Gesammelten Schriften, in: *Kant-Studien* 2013; 104(3): Walter de Gruyter, Berlin, New York. S. 386–394.

しげき空とわが内なる道徳法則」」,山脇直司「4 「ポスト・カント」哲学としてのドイツ観念論」,九鬼一人「5 新カント学派とカント」,角忍「6 形而上学的カント解釈——ハイムゼート,ヤスパース,ハイデガー」,美濃正「7 カントと分析哲学」,清水太郎「8 日本の哲学者はカントをどう見たか」,高橋克也「9 カントと現代思想——合理性の再評価にむけて」,第2部「カント哲学」には,次の論文が収録されている。田山令史「1 空間と時間——主観性をめぐって」,岩隈敏「2 〈私〉の現存在の分析論としての演繹論」,新田孝彦「3 自由と道徳法則」,大橋容一郎「4 アンチノミー」,樽井正義「5 国民と世界市民の権利と義務——カント社会哲学の射程」,牧野英二「6 カントの美学と目的論の思想——『判断力批判』における「自然の技巧」の射程」,望月俊孝「7 批判的啓蒙の歴史哲学」,犬竹正幸「8 自然科学と自然哲学」,氷見潔「9 カントの宗教哲学思想」。「資料」としては,加藤泰史「a 『オプス・ポストゥムム』と批判哲学の間」,御子柴善之「b カントの講義録」が掲載され,「付録」には,佐藤労編「日本におけるカント文献目録(単行本編)——1896–2005年」,そして門屋秀一編「年譜」である。

　この別巻には,多種多様な観点や方法から,執筆者独自の論考が収録されており,したがって単なる『素人相手のカントの入門書』では決してなく,その多くが高いレベルの論述を展開している。例えば,第1部「カント入門」収録の美濃正「7 カントと分析哲学」では,分析哲学について「これもおそらく史上はじめて,カントの難解な哲学的テキストを十分,正確に解読し,そのことによって彼の哲学的諸主張のもつ学問的意義について,偏りのない立場から十分に正確な評価を与える可能性が開かれた」(118頁),と論じられている。要するに,カントと分析哲学の諸潮流との関係が,従来の解釈とは異なり,カント評価の望ましいあり方として理解されている。また,第2部「カント哲学」の収録論文でも,例えば,牧野英二「カントの美学と目的論の思想——『判断力批判』における「自然の技巧」の射程」に見られるように,従来のカントの内在的解釈とは異なり,解釈学的観点から『判断力批判』の二つの部門,美学論と目的論,さらに歴史哲学を統一的・整合的に理解する新しい試みも少なくない。なお,「資料」としては,加藤泰史「a.『オプス・ポストゥムム』と批判哲学の間」のように,『オプス・ポストゥムム』の編集およびアカデミ

一版全集への収録の経緯から，その遺稿を一つのまとまったカントの思想群として把握する大胆な解釈を打ち出している論考もある[24]。その意味では，この別巻は，日本におけるカント研究の最先端の研究成果であり，その集成とみることができる[25]。

最後に，この時期（1971年から90年まで）の主要なカント研究書に目を向けてみたい。注目すべき現象は，1971年以降80年までは10冊程度の刊行数であったのが，1981年から90年の10年間では，主要なカント研究書の刊行数が23冊に急増している[26]。

■主要なカント研究書：1971–1990年

斎藤義一『ドイツ観念論における実践哲学』（創文社，1971年，364頁）
小倉志祥『カントの倫理思想』（東京大学出版会，1972年，449頁）
川村三千雄『カントの宗教哲学』（小樽商科大学人文科学研究会，1974年，257頁）
三渡幸雄『カント哲学研究』（協同出版，1974年，1377頁）
高田鉄郎『数学的自由意志論——連続体公理の証明　カント研究』（以文社，1975年，341頁）
原田鋼『カントの政治哲学——ドイツ近代政治思想の「性格学」序説』（有斐閣，1975年，259頁）
坂部恵『理性の不安——カント哲学の生成と構造』（勁草書房，1976年，244頁）
小牧治『国家の近代化と哲学——ドイツ・日本におけるカント哲学の意義と限界』（御茶の水書房，1978年，382頁）

---

(24) 残念ながら，『オプス・ポストゥムム』（アカデミー版全集，XXI–XXII）は，岩波版『カント全集』でも収録されていない。したがって現時点では，『オプス・ポストゥムム』の日本語訳は未公刊である。

(25) ちなみに，本全集は，版元の岩波書店編集部の担当者によれば，当初見込みの約2倍の売れ行きであった。この点から見ても，日本におけるカント哲学の広がりと根強い支持は裏付けられた，と言ってよい。

(26) 1970年代以降，日本のカント研究書・カント入門書・カント関係の翻訳書の出版点数は，確実に増加し，1990代以降は，若手の学位論文の業績作りのための実質的な自費出版の類を入れれば，膨大な数になる。本章では，これらのカント入門書や若手の学位論文，教科書的な性格の書物には触れることができない。

森口美都男『「世界」の意味を索めて――森口美都男哲学論集（一）』（晃洋書房，1979 年，404 頁）

片木清『カントにおける倫理・法・国家の問題――「倫理形而上学（法論）の研究」』（法律文化社，1980 年，411 頁）

小西國夫『カントの実践哲学――その基盤と構造』（創文社，1981 年，649 頁）

知念英行『カントの社会思想――所有・国家・社会』（新評論，1981 年，201 頁）

浜田義文『カント倫理学の成立――イギリス道徳哲学及びルソー思想との関係』（勁草書房，1981 年，281 頁）

三渡幸雄『カント実践哲学の研究』（京都女子大学，1981 年，718 頁）

稲葉稔『カント「道徳形而上学の基礎づけ」研究序説』（創文社，1983 年，200 頁）

知念英行『カント倫理の社会学的研究』（未來社，1984 年，234 頁）

量義治『カントと形而上学の検証』（法政大学出版局，1984 年，512 頁）

鈴木文孝『カント研究――批判哲学の倫理学的構図』（以文社，1985 年，314 頁）

量義治『カント哲学とその周辺』（勁草書房，1986 年，229 頁）

山崎庸佑『カント超越論哲学の再検討』（北樹出版，1987 年，192 頁）

久保元彦『カント研究』（創文社，1987 年，429 頁）

木場猛夫『カント道徳思想形成―前批判期―の研究』（風間書房，1987 年，525 頁）

鈴木文孝『カント批判――場の倫理学への道』（以文社，1987 年，327 頁）

中島義道『カントの時間構成の理論』（理想社，1987 年，216 頁）

三渡幸雄『カント哲学の基本問題』（同朋舎出版，1987 年，1381 頁）

川島秀一『カント批判倫理学――その発展史的・体系的研究』（晃洋書房，1988 年，463 頁）

知念英行『カントの社会哲学――共通感覚論を中心に』（未來社，1988 年，240 頁）

香川豊『超越論的な問いと批判』（行路社，1989 年，278 頁）

牧野英二『カント純粋理性批判の研究』（法政大学出版局，1989 年，305 頁）

廣松渉・加藤尚武・坂部恵編『カント哲学の現代性』（講座ドイツ観念論）（弘文堂，1990 年，338 頁）

有福孝岳『カントの超越論的主体性の哲学』（理想社，1990 年，325 頁）

井上義彦『カント哲学の人間学的地平』（理想社，1990年，265頁）
佐藤全弘『カント歴史哲学の研究』（晃洋書房，1990年，352頁）
量義治『宗教哲学としてのカント哲学』（勁草書房，1990年，299頁）

　この時期の主要なカント研究文献の特徴は，以下のように整理可能である。第一に，カントの批判期前のユニークなカント解釈の書としては，坂部恵『理性の不安――カント哲学の生成と構造』が優れている。18世紀の伝統的な啓蒙的理性観を根本から疑問に付して，批判期前の『視霊者の夢』を考察の中心に据えた点は，類書に見られない卓抜なカント解釈である。筆者の見るところ，このカント解釈には，フランス系の精神分析的方法が活かされている。第二に，この時期の碩学の重厚な研究書としては，小倉志祥『カントの倫理思想』が重要である。この書物は，カントの三批判書を丹念に考察しながら，カントの「理性の深淵」（Abgrund für die menschliche Vernunft, B409）という概念を手がかりにして，倫理学を基礎にして実践理性の優位の思想を内在的に最大限評価しようとした優れたカント研究書である。したがって本書は，従来のカント倫理学研究書のカテゴリーを超える広範多岐に及ぶ研究を意図したという理由により，『カントの倫理思想』と名付けられている。第三に，特に著者は，「自由意志の自由とは選択意志の自由と自律の自由との統一態であることを示した」。著者は，これらの考察によって「カントは彼の宗教哲学を倫理的実行論として性格づけている」，という解釈を打ち出した。
　これらのカント解釈の成果は，当時の日本におけるカント倫理学研究の頂点に位置する，と言ってよい。

4　ポストモダニズムおよび英米系の哲学の影響

　日本では，ポストモダニズムの流行および言語分析哲学の精力的受容や研究が，1990年代以降大いに進み，同時に哲学的知の分散化現象が顕在化してきた。この時期には，『現代思想』（青土社）による欧米の最新の哲学・思想・政治・経済から自然科学系の動向の翻訳・紹介が，日本の「流行思想」の形成に大きな役割を果たしてきた。当然のことながら，この雑誌では，長い間，カント哲

学については論じられることがなかった。ところが，こうした知的状況のなかで『現代思想　カント特集号』が刊行されたのである（青土社，1994年3月，398頁）。

　このカント特集号の刊行は，「一つの事件」であった。なぜなら，この特集の刊行は，日本で「カント哲学が現代思想に属する」と認知されたことを意味するからである。そこで次に掲載順に，本特集号所収論文を紹介する。柄谷行人「カント的転回」，ジジェク（Slavoj Žižek）「考えるわたし，考える彼，考えるそれ（〈もの〉）」，港道隆「カント——然り」，若森栄樹「カントの「近代」『啓蒙とは何か？』を読む」，長倉誠一「ゲディアロジーとの対話」，ヘンリッヒ（Dieter Henrich）「超越論的演繹とは何か——方法論的背景からのアプローチ」，ストラウド（Barry Stroud）「超越論的議論」，多木浩二「地理学の時代」，沼野充義「歴史と民族の交差する場所で——カントとリトアニア・ロシア文化」，宮島光志「「理性の地理学」再考——〈航海メタファー〉を導きとして」，中島義道「カントの女性観——その背景を探る」，石川文康「論争家としてのカント——「観念論論駁」をめぐって」，オンフレー（Michel Onfray）「カント，あるいは倫理的アルコール中毒」，鵜飼哲「法の砂漠——カントと国際法の〈トポス〉」，ローゼンツヴァイク（Franz Rosenzweig）「取り替えられた前線」，村岡晋一「ヘルマン・コーエン（1842～1918年）あるカント主義者のユダヤ主義」，福谷茂「批判哲学としての永遠平和論——カント永遠平和論研究序説」，清水太郎「カント学派哲学と大正期日本の哲学——西田幾多郎と左右田喜一郎」，対談：坂部恵・黒崎政男「破壊するカント」，谷川渥「崇高と芸術」，ラクー＝ラバルト（Philippe Lacoue-Labarthe）「崇高な真理」，細見和之「アドルノのカント論　あるいはメタクリティークのクリティーク」，牧野英二「カントの大学論——『諸学部の争い』の現代的射程」，樽井正義「環境倫理学とカントの哲学」，鈴木晶子「カントの教育学」，加藤泰史「普遍化の論理と相互承認の倫理」，アルムブルスター（Ludwig Armbruster）「カントにおける「根源悪」」等の諸論考に加えて，資料として「カント　運動静止論」（Immanuel Kant, Neuer Lehrbegriff der Bewegung und Ruhe und der damit verknüpften Folgerungen in den ersten Gründen der Naturwissenschaft, wodurch zugleich seine Vorlesungen in diesem halben Jahre angekündet werden. Den 1 sten April, 1758. II. S.

13-25) の日本語訳初訳と「カント年譜」が掲載されている。本特集号収録の対談やドイツ系や英米系の哲学者の翻訳を除けば，日本人のカント関連の論考は，20本に達する。本特集号は，カント研究者だけでなく，教育学者・美学者・日本思想研究者や評論家によるポストモダンの影響を受けたカント研究を含む幅広い観点から多種多様な傾向の論文が寄稿された稀有な論文集である。この特集によって，日本の読者によるカント哲学の読み方は，一般読者を中心としていっそう多様で豊かなものになったであろう。

　他方，戦前から長い間日本の哲学・思想の普及と発展の牽引役を果たしてきた学術雑誌『思想』（岩波書店）は，戦後のある時期から掲載論文の重点を社会科学系の論考に置くようになった。また，『現代思想』が一般大衆や学生中心に売れ行きを伸ばしたのに比べ，地味で専門的な学問性を維持しようとする『思想』は，読者層が徐々に社会科学系の研究者に限定されるようになった。その結果，一方で大学や研究機関の『紀要』や『研究所報』等では，カント哲学にかんする論文が多数執筆・掲載されながら，他方では，広く社会的に影響を及ぼすという現象が見られなくなっていった。さらにカント哲学の研究成果が他の哲学や学問分野に影響を与える機会も，確実に少なくなった。実際，戦前の『思想』には多数のカント研究文献が掲載され，日本の哲学界，カント研究の分野で大きな刺激を与えてきたが，戦後には，僅かのカント論文しか掲載されていない。この点については，後述することにしよう。

　上記の『現代思想　カント特集号』と同じ時期，カント哲学研究に一定の刺激を与えた論文集が刊行された。それは，筆者が中心になって企画・編集した『カント　現代思想としての批判哲学』（情況出版，1994年4月）の刊行である。この論文集は，斬新な編集方針，執筆陣の多様性，当時の哲学・思想・科学の諸分野で日本を代表する多数の学者による寄稿という豪華さの点で，前例のないカント書であった。「現代思想としてカントを読み返す――カント研究の最先端を結集した注目の書」という出版社の宣伝は，決して誇張ではない。ここでは簡単に目次だけを紹介しておく。まず，編者の「まえがき」・牧野英二，〈1　カントの基本思想　カント――人間像・基本思想とその影響　牧野英二・中島義道・大橋容一郎・廣松渉〉。これは，廣松渉の司会による座談会である。〈2　現代科学と批判哲学〉。ここでは，次の諸論考が収録されている。大森荘

蔵「カントの幾何学」，河本英夫「生命科学とカントの自然目的論」，日高敏隆「動物行動学とカントの哲学」，八杉龍一「現代生物学とカントの目的論」，藤井正美「現代地理学とカントの自然地理学」，高尾利数「カント宗教哲学と現代」，長尾龍一「カント倫理学と日本」，今道友信「現代美学とカント」，峰島旭雄「日本思想とカントの思想」。〈3　現代哲学とカント〉では，野本和幸「フレーゲとカント」，渡邊二郎「フッサールとカント」，有福孝岳「ハイデッガーとカント」，黒崎宏「ウィトゲンシュタインとカント」，桑田禮彰「フーコー，デリダ，ドゥルーズとカント」，加藤泰史「ハーバーマスとカント」，冨田恭彦「ローティとカント」，飯田隆「論理実証主義とカント哲学」。〈4　現代思想としての批判哲学〉は，カント研究者の側からの〈3　現代哲学とカント〉への応答という性格をもつ。黒崎政男「カントと言語哲学」，大橋容一郎「カントの行為論」，中島義道「私の時間，他者の時間」，田山令史「科学の一つの基礎」，牧野英二「トポス論の試み」，樽井正義「バイオエシックスとカント倫理学」，植村恒一郎「「無限」の前に立つカント」，量義治「現代宗教哲学とカント哲学」。〈5　カント哲学の現状〉では，石川文康「カント解釈における遡源志向」が所収されている。この論文集は，20世紀末の日本におけるカント研究の水準と社会科学・自然科学とカント哲学との関係を解明した点で，稀有のカント文献である。

　その翌年には，日本で初めて『カント事典』（弘文堂，1997年12月，700頁）が刊行された[27]。この書物は，欧米に古くからあるような事典の翻訳書ではなく，日本人のカント研究者の編集・執筆による浩瀚な哲学事典である。この事典は，カント研究者に限らず，哲学・思想の研究者のカント理解やカント哲学の専門用語の訳語の確定，そしてカント周辺のマイナーな哲学者の人名表記の

---

[27]　『カント事典』（弘文堂，編集顧問：有福孝岳＋坂部恵，編集委員：石川文康＋大橋容一郎＋黒崎政男＋中島義道＋福谷茂＋牧野英二，1997年）。本事典は，日本で最初のカント事典であり，当時の日本のカント研究者のほとんどが執筆陣として加わり，海外のカント研究者では英米圏，ドイツ語圏，イタリア語，そしてロシア語圏の執筆者によるカント研究の現状と課題も紹介した意欲的で斬新な編集方針に依拠して編集された。筆者は，編集委員の一人として，カントの生家や故郷のケーニヒスベルクの地図，さらにロシア語圏のカント研究の現状と課題にかんする記述にも携わった。

確定など，日本における 18 世紀以降の哲学・思想研究にも不可欠の基礎文献として，その後のカント哲学および関連分野の発展に寄与した．この文献は，この時期から始まった岩波版『カント全集』の企画にも影響を与えた．この全集の訳語の選択や確定作業の過程では，本文献に多くを負っている．ちなみに，本事典は，韓国語訳が 2009 年に出版されている．

ところで，ポストモダニズムの影響は，1990 年代以降の日本のカント研究には，ほとんど影響を与えなかった．ポストモダニズムに対するカント哲学研究者の側からの応答ともいうべき研究書は，牧野英二『カントを読む——ポストモダニズム以降の批判哲学』（岩波書店，2003 年，韓国語訳 2009 年），ポストモダニズムが重視したカントの『判断力批判』の崇高論に対する応答は，単行書にかんする限り，牧野英二『崇高の哲学』（法政大学出版局，2007 年）等きわめて少数の文献に限られている．それに対して，日本のカント研究に対する英米圏の言語分析哲学の影響は，カントの理論哲学や実践哲学に対して一定の影響を与えてきた．この種の研究文献としては，以下の論考が指摘できる．それらは，主として理論哲学では，論理学や記号論・意味論，自我論や心理学の研究分野に顕著であり，実践哲学では，自由意志や行為論，志向性や道徳法則，政治哲学では正義論，永遠平和論や世界市民主義，啓蒙の歴史的・現代的解釈に集中している．

■主要なカント研究書：1991–2000 年

　岩隈敏『カント二元論哲学の再検討』（九州大学出版会，1992 年，292 頁）

　小熊勢記『カントの批判哲学——認識と行為』（京都女子大学研究叢刊，1992 年，283 頁）

　黒積俊夫『カント批判哲学の研究——統覚中心的解釈からの転換』（名古屋大学出版会，1992 年，359 頁）

　中島義道『モラリストとしてのカントⅠ』（北樹出版，1992 年，204 頁）

　竹市明弘・有福孝岳・坂部恵編『カント哲学の現在』（世界思想社，1993 年，295 頁）

　浜田義文・牧野英二編『近世ドイツ哲学論考——カントとヘーゲル』（法政大学出版局，1993 年，375 頁）

新田孝彦『カントと自由の問題』（北海道大学図書刊行会，1993 年，363 頁）

宮地正卓『カント空間論の現代的考察』（北樹出版，1993 年，302 頁）

牧野英二『カント純粋理性批判の研究』（法政大学出版局，第二版 1993 年，305 頁）

牧野英二・大橋容一郎・中島義道編『カント——現代思想としての批判哲学』（情況出版，1994 年，299 頁）

三渡幸雄『カント宗教哲学の研究——キリスト教と浄土仏教との接点』（同朋舎出版，1994 年，1119 頁）

中島義道『時間と自由——カント解釈の冒険』（晃洋書房，1994 年，270 頁）

浜田義文『カント哲学の諸相』（法政大学出版局，1994 年，367 頁）

川島秀一『カント倫理学研究——内在的超克の試み』（晃洋書房，1995 年，327 頁）

中村博雄『カント『判断力批判』の研究』（東海大学出版会，1995 年，466 頁）

Bonazzi Andrea『カントの理性信仰と比較宗教哲学——諸宗教の対話への哲学的基礎付け』（近代文芸社，1995 年，268 頁）

村上嘉隆『カントの弁証論』（村田書店，1995 年，152 頁）

土山秀夫・井上義彦・平田俊博編『カントと生命倫理』（晃洋書房，1996 年，262 頁）

石川文康『カント第三の思考——法廷モデルと無限判断』（名古屋大学出版会，1996 年，314 頁）

氷見潔『カント哲学とキリスト教』（近代文芸社，1996 年，288 頁）

平田俊博『柔らかなカント哲学』（晃洋書房，1996 年，296 頁。増補版，1999 年，310 頁，増補改訂版，2001 年，320 頁）

牧野英二『遠近法主義の哲学——カントの共通感覚論と理性批判の間』（弘文堂，1996 年，オンデマンド出版，2013 年，251 頁）

山口祐弘『カントにおける人間観の探究』（勁草書房，1996 年，221 頁）

量義治『批判哲学の形成と展開』（理想社，1997 年，368 頁）

松山壽一『ニュートンとカント——力と物質の自然哲学』（晃洋書房，1997 年，336 頁）

長倉誠一『カント知識論の構制』（晃洋書房，1997 年，185 頁）

宇都宮芳明『カントと神——理性信仰・道徳・宗教』（岩波書店，1998 年，389 頁）

香川豊『カント『純粋理性批判』の再検討』（九州大学出版会，1998 年，303 頁）

檜垣良成『カント理論哲学形成の研究——「実在性」概念を中心として』（溪水社，1998 年，426 頁）

細谷昌志『カント——表象と構想力』（創文社，1998 年，265 頁）

三島淑臣『理性法思想の成立——カント法哲学とその周辺』（成文堂，1998 年，313 頁）

中島義道『時間と自由——カント解釈の冒険』（講談社，1999 年，339 頁）

中村博雄『カント政治哲学序説』（成文堂，2000 年，276 頁）

岩田淳二『カントの外的触発論——外的触発論の類型学的・体系的研究』（晃洋書房，2000 年，443 頁）

中島義道『空間と身体——続カント解釈の冒険』（晃洋書房，2000 年，282 頁）

上記のカント研究書の第一の特徴として，年長の研究者の書物とともに当時 30 歳代の若手のカント研究書の台頭が顕著になった点にある。第二の特徴として，カント研究書の研究対象の多様化が注目される。例えば，この時期には，時間と自由との関係や空間と身体との関係を扱った論考，遠近法主義や共通感覚にかんするカントの新たな側面に着目した研究書，法哲学や政治哲学を扱った著作，カントの道徳的信仰ないし道徳神学の意義の考察等，従来の日本の研究書にはない斬新な観点からのカント研究書が多く刊行された。第三の特徴として，カントの自然哲学やカントの触発論の研究等，特定テーマの研究書の刊行も，この時期のカント研究の傾向を表している。

5　カント没後 200 年以後の展開

2004 年はカント没後 200 年の記念すべき年であった。カントの母国ドイツでは様々な企画が実施され，世界各地でも多くの催しが行なわれた。中国や韓国でも，ドイツ人研究者を招聘して講演会などが実施された。詳しくは，第二

部および第三部の論述を参照されたい。日本では，上述のように日本哲学会や日本カント協会が記念企画を実施した。他方，『現代思想』や『思想』では，カント没後200年記念特集号は，ついに刊行されなかった。早い段階から筆者は，『思想』のカント特集号の刊行を岩波書店に働きかけた。だが，その結果は思わしくなかった。そこで，後述のように雑誌『情況』（情況出版）にカント特集号の企画を打診し，カント特集号の刊行が実現した。実際，2000年以降2013年まで『思想』で掲載された日本人によるカント研究論文は，僅か3本にすぎず，牧野英二「理性批判の二つの機能——ポストモダニズム以後の批判哲学の可能性」および出口康夫「カントと代数学——カント数学論の埋もれたモチーフ」（2編とも『思想』2002年3月号所収），牧野英二「カントと崇高の哲学」（『思想』2006年10月号）だけであった。

　日本のカント研究者の執筆による『思想』のカント特集号は実現しなかったが，内容的に見る限り，『思想』のカント特集号は，2006年4月号「カント永遠平和論と現代」が該当する，とみてよい。もっとも本号では，収録論文7本のうち，上記のテーマに関連する論考は4本であり，そのすべてが欧米研究者の執筆した論考の翻訳・紹介であった。また，他の論考もすべてがカント哲学とは直接関係の弱い国際政治関係の論文なので，正確には本号は，国際政治特集と表現すべきであろう。この点にも，現在の『思想』編集部の関心の特徴と問題点が顕著に現れている，と言ってよい。

　ちなみに，上記の『思想』所収のカント論文を掲載順に紹介しておく。マルティ・コスケニエミ（Martti Koskenniemi）「世界市民的な目的をもつ普遍史の理念と実践」，ハウケ・ブルンクホルスト（Hauke Brunkhorst）「デモクラシーによる立憲主義——正義の戦争を否定するカントの対案」，クラウス・ギュンター（Klaus Günter）「自由か，安全か——はざまに立つ世界市民」，アンドリュー・ボウイ（Andrew Bowie）「カントの平和論——ロマン主義とプラグマティズムからの逆照射」，以上の論文である。これらのうち，最後の論文を除けば，他の論文は，憲法・国際法・刑法等に携わる法哲学や政治哲学の分野の専門家による論考である。ボウイもまた，広くドイツ哲学を研究する人文科学・芸術学分野の専門家であるが，カント哲学者としての研究実績のある学者ではない。

また，学会企画としては，すでに言及したように日本の哲学・倫理学・思想関連の最大規模の学会である「日本哲学会」が「共同討議」にカント特集を組み，筆者が報告者の一人を務めた。さらに日本カント協会も，2004年の学会でカント特集企画を組み，同じく筆者が報告者の一人を務めた。

2004年に刊行されたカント特集号は，牧野英二編『特集 カント没後200年』（別冊情況，情況出版，2004年12月）1冊だけである。以下，掲載順に執筆者とテーマを紹介する。牧野英二「カント没後200年を迎えて」（欧米だけでなく，アジア各地でも行なわれた記念行事を紹介している），石川求「理性は光か」，中島義道「「統覚」と「私」のあいだ」，植村恒一郎「カントの時間論——世界分節の規則の二重性」，犬竹正幸「カントの自然観」，山根雄一郎「埋もれたア・プリオリ」，檜垣良成「カントとリアリティの問題」，新田孝彦「羅針盤としての定言命法——カント道徳哲学の意義」，木阪貴行「規範としての〈自然〉」，高橋克也「行為主体であることの不自由」，御子柴善之「カントと環境倫理」，福田俊章「「人格」の尊厳と「生きるに値しない」生——カントと生命あるいは医療の倫理」，宮島光志「カントのエゴイズム批判——哲学者が教壇でこだわりつづけたこと」，大橋容一郎「小中学生にもわかるカント『永遠平和のために』（2004年度版）」，寺田俊郎「カントのコスモポリタニズム——世界市民とは誰か」，加藤泰史「啓蒙・他者・公共性——「グローバルな公共性」の構築に向けて」，舟場保之「カント実践哲学のコミュニケーション論的転回へ向けて」，小野原雅夫「自由への教育——カント教育論のアポリア」，勝西良典「存在と意味をめぐる二つの態度——若きベンヤミンとカントの分かれる場所」，相原博＋平井雅人「カント 年譜と文献」，以上19本の論文と補足資料である。

最後に，特にここで付け加えるべきことがある。日本ディルタイ協会（Japanische Dilthey-Gesellschaft）が支援する『ディルタイ全集』（法政大学出版局，牧野英二・西村皓編集代表・全11巻＋別巻，2003年〜）の刊行が開始され，それを契機に日本でようやくカントとディルタイにかんする研究の機運が高まってきた。ディルタイ（Wilhelm Dilthey）は，アカデミー版『カント全集』の編集委員会委員長を務め，アカデミー版『カント全集』の4部構成，すなわち第1部：著作・論文（I–IX），第2部：往復書簡集（X–XIII），第3部：遺稿集（XIV–XXIII），第4部：講義録（XXIV–XXIX）の編集方針を決定した人物である。と

ころが，日本では長い間，カント研究の最も基礎的文献であるアカデミー版『カント全集』編者のディルタイとカントとの関連については研究されてこなかった。それどころか，日本カント協会やカント研究会では，そして日本哲学会等でも，カントとディルタイについて扱った論考は，個人研究発表を含めて，長い間皆無であった。この事実は，日本のカント研究の視野の狭さと研究領域の偏向という事態を物語っている。

日本ディルタイ協会編『ディルタイ研究』（Dilthey-Forschung, 1987年～）の第8号（1995年）で，カントとディルタイとの関連を本格的に考察した日本最初の論文が掲載された。牧野英二「カントとディルタイ——超越論的哲学と解釈学」である。次いで，第15号（2004年）には，〈シンポジウム報告〉として「ディルタイとカント——ディルタイのカント理解と批判をめぐって」，3本の論文が掲載されている。掲載順に，牧野英二「ディルタイによるカント評価をめぐって」，松山壽一「ディルタイとカントの自然哲学——カント自然哲学の発展史的理解と概念史的理解」，加藤泰史「ディルタイとカントの実践哲学——「他者理解」あるいは"Übertragung"をめぐるカントとディルタイ」である。さらに第17号（2006年）には，〈共同討論報告〉「道徳論の諸相と行方——カント，ショーペンハウアー，ディルタイ」にかんする論文，山本博史「カントの賞味期限と倫理学の行方」が掲載されている。その他『ディルタイ全集』第1巻（法政大学出版局，牧野英二編集・校閲，2006年）巻末の長文の「解説」（799–852頁）のなかでも，筆者は，カントの純粋理性批判・実践理性批判・判断力批判の見解とディルタイによる歴史的理性批判のプロジェクトとの関連に立ち入って説明を加えている。上記のディルタイ研究の側からカント哲学の再評価や哲学史におけるカントの位置づけの再検討が進んでいるが，カント研究者のディルタイ理解は，きわめて不十分であり，これらは，今後のカント哲学研究の課題に属する。

この時期の主要なカント研究書およびカント哲学を中心に扱った研究文献は，以下の通りである。

■主要なカント研究書：2001–2013年

北岡武司『カントと形而上学——物自体と自由をめぐって』（世界思想社，

2001 年, 250 頁)

柄谷行人『トランスクリティーク——カントとマルクス』(批評空間, 2001 年, 452 頁)

瀬戸一夫『コペルニクス的転回の哲学』(勁草書房, 2001 年, 236 頁)

石浜弘道『カント宗教思想の研究——神とアナロギア』(北樹出版, 2002 年, 255 頁)

円谷裕二『経験と存在——カントの超越論的哲学の帰趨』(東京大学出版会, 2002 年, 303 頁)

牧野英二『カントを読む——ポストモダニズム以降の批判哲学』(岩波書店, 2003 年, 335 頁)

村上嘉隆『カントの神と無神論』(教育報道社, 2003 年, 415 頁)

黒積俊夫『ドイツ観念論との対決——カント擁護のために』(九州大学出版会, 2003 年, 313 頁)

湯浅正彦『存在と自我——カント超越論的哲学からのメッセージ』(勁草書房, 2003 年, 285 頁)

牧野英二編『カント没後二〇〇年(特集)』(情況出版, 2004 年, 259 頁)

中島義道『カントの自我論』(日本評論社, 2004 年, 346 頁)

松山壽一『ニュートンからカントへ——力と物質の概念史』(晃洋書房, 2004 年, 215 頁)

金田千秋『カント美学の根本概念』(中央公論美術出版, 2005 年, 434 頁)

菊池健三『カントと二つの視点——「三批判書」を中心に』(専修大学出版局, 2005 年, 121 頁)

佐藤康邦『カント『判断力批判』と現代——目的論の新たな可能性を求めて』(岩波書店, 2005 年, 331 頁)

松井富美男『カント倫理学の研究——義務論体系としての『道徳形而上学』の再解釈』(溪水社, 2005 年, 311 頁)

岩城見一『〈誤謬〉論——カント『純粋理性批判』への感性論的アプローチ』(萌書房, 2006 年 4 月, 318 頁)

宇都宮芳明『カントの啓蒙精神——人類の啓蒙と永遠平和にむけて』(岩波書店, 2006 年 10 月, 284 頁)

坂部恵『坂部恵集〈1〉生成するカント像』（岩波書店，2006年11月，394頁）

鈴木晶子『イマヌエル・カントの葬列——教育的眼差しの彼方へ』（春秋社，2006年6月，278頁）

中島義道『カントの法論』（筑摩書房，2006年9月，259頁）

松山壽一『ニュートンとカント——自然哲学における実証と思弁』（晃洋書房，改訂版2006年1月，279頁）

廣松渉・牧野英二・野家啓一・松井賢太郎『カントの「先験的演繹論」』（世界書院，2007年5月，298頁）

牧野英二『崇高の哲学——情感豊かな理性の構築に向けて』（法政大学出版局，2007年9月，223頁）

中島義道『カントの自我論』（岩波書店，2007年10月，357頁）

山本道雄『カントとその時代——ドイツ啓蒙思想の一潮流』（晃洋書房，改訂版2008年2月，400頁）

角忍『カント哲学と最高善』（創文社，2008年10月，317頁）

中村博雄『カント批判哲学による「個人の尊重」（日本国憲法13条）と「平和主義」（前文）の形而上学的基礎づけ』（成文堂，2008年12月，399頁）

米澤有恒『カントの函』（萌書房，2009年9月，316頁）

芝崎厚士『近代日本の国際関係認識——朝永三十郎と『カントの平和論』』（創文社，2009年11月，314頁）

福谷茂『カント哲学試論』（知泉書館，2009年12月，352頁）

石井健吉『カントの永久平和論の研究　第1-4巻』（松風書房，2009年12月，162頁，197頁，204頁，131頁）

山本道雄『改訂増補版　カントとその時代』（晃洋書房，2010年7月，464頁）

犬竹正幸『カントの批判哲学と自然科学——『自然科学の形而上学的原理』の研究』（創文社，2011年9月，249頁）

杉田聡『カント哲学と現代——疎外・啓蒙・正義・環境・ジェンダー』（行路社，2012年4月，350頁）

有福孝岳・牧野英二編著『カントを学ぶ人のために』（世界思想社，2012年5月，411頁）

望月俊孝『漱石とカントの反転光学——行人・道草・明暗双双』（九州大学

出版会，2012 年 9 月，430 頁）

牧野英二『持続可能性の哲学への道——ポストコロニアル理性批判と生の地平』（法政大学出版局，2013 年 4 月，330 頁）

　上記の主要なカント研究書には，いくつかの特徴がある。第一に，日本で初めて『自然科学の形而上学的原理』の本格的な研究書が刊行された。第二に，カントの初期から最晩年の『遺稿』までの自我論や実在論の射程を照らし出そうとする研究傾向が強くなった。第三に，カントの時代の啓蒙思想家や周辺の哲学者に関する詳細な研究成果，カントとニュートン，ライプニッツ，ヴォルフとの比較考察等が挙げられる。第四に，現代的関心から，カント研究者や国際政治学の専門家による日本のカント平和論の研究，疎外・啓蒙・正義・環境・ジェンダー等のキーワードを手がかりにした研究書が刊行された。第五に，美学や教育哲学等の分野からのカント評価やカント批判等も見られ，日本におけるカント研究の水準の高さが現れており，その多様な観点からの研究成果の蓄積が見て取れる。

6　結語——その後の展開の概観

　第二次世界大戦敗戦後の日本におけるカント哲学の主要な研究成果は，概略以上の通りである。この時期の研究業績および論争点について，筆者は，次の主要な論点を明らかにした[28]。第一に，昭和時代・戦後のカント研究の再構築の動向にかんする議論である。第二に，平成時代のカント研究の多様化という現象を明らかにした。第三に，カント研究とポストモダンの流行現象や言語分析哲学との影響関係に言及した。特に 1990 年代以降の英米哲学および哲学的知の分散化がカント研究に及ぼした方法的影響に一瞥を投じた。第四に，21 世紀のカント研究の課題に目を向けたとき，ヨーロッパ哲学から英米系哲学中

---

(28)　カントとポストモダニズムとの関係とカント主義的立場からの著者によるポストモダニズム批判については，牧野英二『カントを読む——ポストモダニズム以降の批判哲学』（岩波書店，2003 年，韓国語訳，2009 年）を参照。

心の「心の哲学」への影響関係の移動や，カント哲学と日本思想との関連，正義論および政治哲学との関連性，さらに応用倫理学・環境倫理重視の状況や持続可能性の哲学の登場，アカデミーにおける哲学教育および哲学研究の位置づけ等の論点にも言及した。

本論考の締めくくりとして，本考察で紹介した日本のカント哲学の研究状況をカント哲学の体系および三批判書の体系的区分に即してまとめてみたい。

まず，理論哲学の領域では，カントの批判期前と批判期との思想的な非連続性と連続性とにかんする問題が指摘できる。初期のカント空間・時間論に対するニュートンの影響やライプニッツの影響をめぐる評価の相違，カントに対するヒュームやルソーの影響の内容，「1769 年の大いなる光」(grosses Licht vom 1769) をめぐる論争，そして 1770 年の教授就任論文以降，『純粋理性批判』の成立に至る過程で，超越論的演繹の思想の成立をめぐる解釈などである。この課題は，批判期における主著『純粋理性批判』や『プロレゴーメナ』等を中心にして，カントの時間・空間論，純粋悟性概念の演繹の妥当性，弁証論における誤謬推論や二律背反論，特に現象と物自体との関係，第三アンチノミーにおける自由と必然性の両立の可能性，神の存在証明に対するカントの批判の妥当性等の問題に引き継がれ，これらの問題が繰り返し論じられてきた。近年は，英語圏のカント哲学の影響もあり，心身問題の文脈から物理影響説の是非や第三誤謬推論の議論との関係，さらに自我論と心の自然化との関係や，カントの超越論哲学と還元主義との関係をめぐる議論も盛んになった。

また実践哲学の領域では，『人倫の形而上学の基礎づけ』および『実践理性批判』，そしてこれらの「批判的倫理学」の立場と『人倫の形而上学』との批判期倫理思想の連続性と非連続性の問題が問われてきた。さらにこれらの著作における定言命法と仮言命法との区別および整合性の関係，自由の実在性やその証明の妥当性，自由意志と選択意志との関係，道徳と法，不完全義務と完全義務との関係，最高善の多義性をめぐる問題等に論争点が集中する傾向が続いてきた。近年の日本では，ハーバーマスやアーペルらによる「討議倫理学」(Diskursethik) の流行も去り，他方，シェーンリッヒ (Gerhard Schönrich) 等による「討議倫理学批判」の紹介の影響も見られる。最近では生命倫理や環境倫理との関係から人権や動物の権利，自然環境と人間の善き生との関係を考察

する研究も盛んである。加えて，道徳的進化論と定言命法との関係も議論になりつつある。最先端の学問の一つである脳神経科学は，自覚的で合理的な主体，自律的な意志の主体という伝統的な人間観に対して否定的な見解を突きつけている。この学問が提起する問いに対して，カントの実践哲学・倫理学はどのように応答することが可能であろうか。これらは，カント研究の不可避の課題となっている。

　さらに美学・自然目的論・歴史哲学・法哲学・政治哲学・宗教論等の領域では[29]，趣味判断の演繹の妥当性，趣味および自然目的論の二律背反の問題，自然目的論と道徳目的論との関係，道徳と理性信仰との関係，歴史における自由と必然との関係，永遠平和論や世界市民主義の妥当性等が今日でも重要な論争点になっている。近年はフーコー（Michel Foucault）による「啓蒙」概念や，『人間学』の講義をめぐる論争，シュタルク（Werner Stark）とブラント（Reinhard Brandt）の『人間学』と道徳論との関係をめぐる対立する見解も見られ，また政治哲学との関連から公共圏や共同体論，「ロールズ（John Rawls）以後の正義論」をめぐる議論も盛んである。またカントとハンナ・アーレント（Hannah Arendt）の共通感覚論の関連をめぐる問題も論じられている。ポッゲ（Thomas Pogge）による正義論やセン（Amartya Sen）の「正義のアイデア」とカント哲学との結びつきを指摘する試みもあり，カント哲学の意義や課題はますます問いの射程を拡大しつつある，と筆者には思われる。

　最後に，本章の主題について，筆者の見解の結論を確認しておきたい。すでに第一章でも述べたように，三枝博音は，「日本においては，カントはそのありのままの姿が受け取られる運命を持たなかった」[30]，と否定的に総括した。筆者によれば，この三枝説には，本章で考察した歴史的・社会的な文脈のなかでカントのテクスト解釈が行なわれるという方法論的意識が欠けていた。また武村泰男は，「日本のカント研究はとみると，私は，明治以来のそれにそれこ

---

(29) 本章で立ち入れなかった諸著作から見たカント哲学研究の主要動向については，『現代カント研究』（6, 晃洋書房，1997年）以降（12, 2012年）までの諸巻，岩波版『カント全集』別巻（2006年）所収の佐藤労編「日本におけるカント文献目録（単行本編）」を参照いただきたい。
(30) 『三枝博音著作集』第三巻「近代日本哲学史」（中央公論社，1972年），186頁。

そ日本的なという積極的特徴を見出すことができなかったのである。〔…〕あえて言えば無特徴の特徴ということになるであろうか」(31)，と述べていた。筆者の見解によれば，武村説は，何が「日本的」であるかという前提的理解が欠けており，加えて約150年に及ぶ日本におけるカント研究論考の個別内容に拘泥しすぎたために，全体的な研究傾向や主要な相互的影響関係等の特徴や意義を見出すことができなかったのである。以上のように，筆者による第一章および第二章の考察全体は，三枝説および武村説が適切なカント研究史解釈ではないことを明らかにした。

　筆者の見解によれば，第一に，カント哲学と彼のテクストは，それが受容される歴史的・社会的現実のコンテクストのなかで生きる人間によって多種多様に読まれてきた。特に日本の哲学者・思想家は，明治期の近代化の過程でカントに出会い，その受容の仕方，訳語の選択などについて，絶えず試行錯誤に努めた。彼らは，決して東西の哲学の安易な「合流」や「融合」を求めたわけではなかった。第二に，こうした先達の学問的成果が中国や朝鮮半島のカント研究や他の研究分野の受容や翻訳にも影響を与えた。この点に，カント哲学およびカント研究の特徴と意義があり，日本という風土でカント文献が日本語に翻訳され多様に読まれることで，日本的なカント受容の特徴と課題も生まれるのである。第三に，150年間に及ぶ受容史をもつ日本のカント哲学研究の意義は，多くのカント研究者がつねに欧米の最先端のカント研究の成果や関連諸学の動向を精力的に摂取しようと努めてきた点にある。明治以降，日本のカント研究者によってなされてきた欧米の哲学研究の貪欲な受容・紹介・翻訳の努力には大いに敬意を表するべきである。第四に，筆者以降の世代は，カントの母国ドイツに留学し，ドイツをはじめ海外の国際学会での発表の機会を活用してきた。1970年代以降，ドイツを中心にした欧米のカント研究者の日本招聘の機会を積極的に利用し，近年では，一方的な欧米からの知識の移入から相互の共同討議のレベルに深まって来た。かつてはドイツ人や限られた欧米の研究者だけが

---

(31)　武村泰男「日本における『純粋理性批判』研究」(『理想』理想社，1981年11月，第582号，154–155頁）また，理想社版『カント全集』に連載された武村泰男氏によるカント文献にかんする月報に収録された記事は，筆者には有益であった。

行なってきたカント哲学の成立史や概念史の研究についても，日本のカント研究者が優れた業績を挙げるようになった。第五に，今日のカント研究は，テクストの内在的解釈に限定せず，多様な側面からカント研究とカント批判を試み，さらに応用倫理学の方法を用いて，最先端の科学的知見や科学技術の成果などにも目を向けて，カント哲学の今日的意義や存在理由を明らかにしようと努めている。こうした点からみれば，日本のカント研究者の研究水準は，本場ドイツの研究者と比肩しうるレベルに達した，とも言えるほど向上した。

　しかしながら，筆者によれば，今日の日本のカント研究には，次のような研究上の制限や課題が残されている。第一に，筆者より年少の研究者のなかにも，いまだに欧米のカント研究の翻訳・紹介がカント研究の役割である，と考えている者が存在する。第二に，また一定数の研究者は，哲学研究およびカント研究の目的がテクストの内在的解釈にあると考えている。これらの研究者の考えの前提には，カント哲学が哲学の王であり，カント以前・カント以後の研究は副次的な仕事に過ぎないという誤解ないし哲学および哲学史に対する不十分な理解が潜んでいる。第三に，カント研究に限らず哲学研究全体が高度に専門化し，カント哲学についても，理論哲学・実践哲学・美学などの特定領域研究の細分化傾向の影響により，カント哲学の全体像を学ばずに，カント研究を続ける中堅・若手の研究者が増えているのが現状である[32]。第四に，カント哲学研究の本来の意味や目的を十分自覚しないまま「研究のための研究」としてカント哲学の研究を続け，その研究成果を公表しつづけるカント学者が依然として少なくない。21世紀の日本社会で，何のために18世紀ドイツのカント哲学の

---

(32) 日本には，日本哲学会，日本倫理学会，美学会等の1000名の会員数を超える全国規模の学会がある。このような「哲学」「倫理学」「美学」の三区分に即した学会の編成自体が，日本の広義の哲学研究のあり方を狭め，同時にカント研究の分野についても，理論哲学・実践哲学・美学の「専門家」が輩出されることになった。この事実は，日本における哲学研究およびカント哲学研究のあり方を歪める結果を生じてきた。実際，カント理論哲学の研究者は『純粋理性批判』『プロレゴーメナ』だけを読み，カント倫理学の研究者は『人倫の形而上学の基礎づけ』や『実践理性批判』，『人倫の形而上学』だけを読み，カント美学の研究者は『判断力批判』の第一部門「美感的判断力の批判」だけを読んで，第二部門「目的論的判断力の批判」を読まないという逸話は，必ずしも過去の物語になったわけではないからである。

研究を行なうのか。またカント哲学の研究やその成果は，日本人やアジア人，そして人類にとってどのような意義や役割を果たしうるか。彼らには，こうした本質的な問題意識が欠けている。その結果，日本社会への関心や現実感覚のないカント研究者は，現代哲学の研究者だけでなく，知識人や一般の生活者から確実に「物好きの学問」として蔑視に近い眼差しで見られている事実も否定できない。第五に，多数の日本人研究者には，いまだに「欧米崇拝」，「アジア蔑視」の見方が根強く残っている。その影響により彼らは，優れた日本の先行研究の存在を無視し，もっぱら欧米の研究文献に目を向け，それらだけを引用するという研究態度が彼らには今なお残っている。これは，研究者倫理に悖る行為である。古来，「論語読みの論語知らず」という諺にみられるように，カントのテクストを長年研究しながら，カントの批判精神を身につけず，カントの良心論を講じながら良心に反する行ないを恥じないという「カント読みのカント知らず」ともいうべき「カント研究者」も，残念ながら絶えることがない。今日，カントの「理性批判」の試みは，ディルタイによる「歴史的理性批判」を経て，ウィトゲンシュタインの「言語批判」の営みやハイデガーによる「言語（logos）の存在」への批判的問いとも結びつき，多様な言語と文化圏のなかで，つねに新たな視点と方法によって読まれ，新たな批判的解釈によって，受容され続けている。

　21世紀の日本におけるカント哲学研究のさらなる発展とその存在意義は，これらの制限や課題を速やかに克服することにある。カント自身の表現を借用すれば，哲学およびカント哲学を学ぶ者は，哲学の「学校概念」（Schulbegriff）だけでなく，哲学の「世界概念」（Weltbegriff）を体得することが求められている。言い換えれば，カントの世界市民主義の思想を日本社会に根付かせることが必要である。そのためにも，東アジア・漢字文化圏のカント研究者相互の影響作用史の共有，情報交換，そして共同研究の場を活用することは大いに有益である，と筆者は確信する。

第二部

中国・香港・台湾における
翻訳・受容史

第一章

中国におけるカント研究

1949年まで

李 明 輝

1 中国におけるカント哲学の事始

　カント哲学の中国における受容と伝播については，すでに何人かの学者によって研究されている。たとえば，黄見徳ら四人の共著『西洋哲学の東漸史（西方哲学東漸史）』（武漢：武漢出版社，1991年），黄見徳が自ら著した『当代中国における西洋哲学（西方哲学在当代中国）』（武漢：華中理工大学出版社，1996年）と『二十世紀西洋哲学の東漸問題（二十世紀西方哲学東漸問題）』（長沙：湖南教育出版社，1998年），楊河と鄧安慶の共著『中国におけるカントとヘーゲルの哲学（康徳，黒格爾哲学在中国）』（北京：首都師範大学出版社，2002年）を挙げることができる。他にもいくつかの論文が散在している[1]。これらの著作

---

(1) これらの論文のいくつかを挙げれば，以下の通りである。
　1) 賀麟「カントとヘーゲル哲学の中国における伝播——カントとヘーゲルの哲学に関する紹介を回顧することを兼ねて（康徳，黒格爾哲学在中国的伝播——兼論我対介紹康徳，黒格爾哲学的回顧）」（賀麟『五十年来の中国哲学（五十年来的中国哲学）』，北京：商務印書館，2002年，78-129頁）。
　2) 陳兆福，陳応年「カント哲学の著作の解放までの出版と研究状況（康徳哲学著作在解放前出版和研究情況）」（『哲学研究』，第5期，1981年，77-79頁）。
　3) 楊河「20世紀カントとヘーゲルの中国における伝播と研究（20世紀康徳，黒格爾在中国的伝播和研究）」（『廈門大学学報』，第1期，2001年，49-56頁）。
　4) 黎業明「カントの著作の漢訳状況について（関於康徳著作的漢訳情況）」（『世界哲学』，第6期，2004年，4-12頁）。
　5) 丁東紅「中国における百年のカント哲学研究（百年康徳哲学研究在中国）」（『世界哲学』，

は，カントの著作の中国における伝播と翻訳，および中国の学術界におけるカント哲学の研究状況をかなり詳しく考察している。本論はこれらの研究成果を踏まえた上で，1949 年中国大陸の政権交代までの中国の学術界におけるカント哲学研究を探究しようと試みるものである。

　カント哲学の中国への伝来は，十九世紀末に遡ることができる。カント哲学が最初に中国に導入されたのは，主として日本語の著作を通してであった。筆者はここで康有為（1858-1927），梁啓超（1873-1929），章太炎（1869-1936），王国維（1877-1927），この四人を例に取り上げたい。康有為には，『諸天講』という著作がある。彼は 1886 年に，すでにこの本の初稿を完成した。1926 年，上海に天遊学院を創設したとき，康有為は門人のために，諸々の天文に関する論議を講じ，のちにこの講義の内容を整理して出版しようとした。しかし，翌年，彼はこの世を去ったため，この本は 1930 年に至ってはじめて世に出たのである。この書物は東洋と西洋のあらゆる天文学説を網羅した。その「地篇第二」の「地は気体の分出である（地為気体分出）」という章は，次のように記している。

　　ドイツのカントとフランスのラプラスは，星雲の説を説いている。彼らによれば，各天体はその成立前はただ朦朧としたガス体にすぎず，宇宙の間に浮遊して，その分子が互いに引き合っている。これは星雲ともいえるが，実は単なるガスの大きな塊である（徳之韓図，法之立拉士発星雲之説，謂各天体創成以前是朦朧之瓦斯体，浮游于宇宙之間，其分子互相引集，是謂星雲，実則瓦斯之一大塊也）[2]。

これはすなわち，カントとラプラス（Pierre-Simon Marquis de Laplace, 1749-1827）の「星雲説」である。しかし，ここではただカントの天文学説に言及しているだけで，まだその哲学には触れていない。

　　第 4 期，2009 年，32-42 頁）。
(2)　康有為『諸天講』（北京：中華書局，1990 年，14 頁）。引用文の原文の掲載は翻訳者によるものである。その漢字は，現代当用漢字に適宜変更した。

同書の「上帝篇第十一」の「ヨーロッパの哲学者の上帝論（欧洲哲学家之言上帝）」という章は，次のように述べている。

> カントはこう言っている。神〔中国語原文は「上帝」であるが，以下すべて「神」と訳出する〕の存在は，存在判断である。存在判断は，後天より起こり，また経験から起こる。われわれは経験の中にいるため，無であれば，もとより知る由もないが，有であっても，明確に主張することができない。したがって，存在の説にあっても，求めるべき経験による証明がないのである（康徳言之，上帝之存在，存在判断也，存在判断起于後天，起于経験，而吾人于経験之中，無固不可知，有亦不敢説，故在存在之説，無験証可求也）(3)。

カント（康徳）は前の引用文では，「韓図」という表記になっている。そうした人名表記の不統一からすれば，この書物は一挙に著されたのではないことが証明できるだろう。康有為がここで論及しているのは，カントが『純粋理性批判』（*Kritik der reinen Vernunft*）の「超越論的弁証論」のなかで，伝統的神学の神の証明に対して批判を加えている箇所である。より厳格に言えば，それは「存在論的な神の証明」（ontologischer Gottesbeweis）に対する批判であった。「存在論的な神の証明」は，中世のイギリス神学者アンセルムス（St. Anselm of Canterbury, 1033–1109）に由来しており，のちにデカルト（1596–1650），スピノザ（1632–1677），ライプニッツ（1646–1716）によって受け継がれ，用いられていた。簡潔に言えば，こうした証明は，神が「最も実在的な存在者」（ens realissimum）であるという定義から出発している。つまり，概念から「神」が必然的である存在を推論したのである。なぜなら，もし「神」が「存在」という属性を含んでいないならば，それはもはや最も実在的な存在者ではなくなり，したがって，「神」という概念と矛盾することになるからである。しかし，カントはこのように指摘する。このような証明の根本的な誤りは，「存在する」（existieren）という言葉を，事物の属性を表現する述語（Prädikat）と見なすこ

---

(3) 前掲書，168 頁。

とにある。実際，この言葉は「である」（sein）と同じようなものであり，つまり繋辞（Kopula）である。その働きは，概念と対象を結び付けることにあるが，概念の内容に対して何の役にも立たない。したがって，われわれがいかに概念によって神を定義するにせよ，われわれが次のような質問をすることには意義があることになろう。つまり，「このような存在者は存在しているのか」という質問である。概念が指示する対象の存在を断定するためには，ただ概念からの推論に依るべきではなく，直接的，あるいは間接的な経験に依るべきであろう。カントはこのような証明を，ある商人がその帳簿にいくつかのゼロを書き加えることによって，自己の財産が増えたとすることに喩えている[4]。康有為のここでの論述は，やや簡略ではあるが，大体間違っていない。

続いて，同篇の「神は必ず有る（上帝之必有）」という章では，康有為はこう書き記している。

> しかるに，ニュートンとラプラス派は，自らが推し進める引力論をもって，カントが神を神秘的な存在として尊ぶことを激しく攻撃した。これによって，神の地位は危うくなったのである（然奈端，拉伯拉室派以其所推吸拒力之論，大攻康徳之尊上帝為神秘，上帝幾為揺撼者）[5]。

ここでいう「奈端」は，すなわちイギリスの科学者ニュートン（1643–1727）のことであり，「拉伯拉室」（ラプラス）はすなわち，上でいう「立拉士」のことであり，「吸拒力」とはいわゆる「引力」（gravitation）のことである。この文章から見れば，康有為はあまりカントの思想を理解していないようである。なぜなら，カントの観点によれば，ニュートンの物理学とラプラスの天文学が構成した自然の世界は，「現象」（Erscheinung）の領域に属しているのに対して，神の存在と意志の自由，あるいは魂の永遠不滅は，同じく「物自体」（Ding an sich）の領域に属しているので，われわれは，一をもって他を否定することが

---

[4] 「存在論的な神の証明」に対する批判について，Immanuel Kant: *Kritik der reinen Vernunft*（以下は *KrV* と略称），hrsg. von Raymund Schmidt (Hamburg: Felix Meiner 1976), A592/B620ff.（A = 1781 年第一版，B = 1787 年第二版）を参照されたい。

[5] 康有為『諸天講』，170 頁。

できないからである。カントの批判哲学の主旨は，まさに知識と信仰の境界線を引くことにある。したがって，彼には，「私は信仰に場所を得るために，知識を放棄しなければならなかった」（KrV, BXXX）という名言があるのだ。

梁啓超とカント哲学については，黄克武の「梁啓超とカント」という論文がある[6]。この論文は両者の関係について詳しく論じている。以下の論述は，主にこれを参照している。梁啓超のカント哲学に関する紹介は主として，彼が1903年から04年にかけて，複数回にわたって『新民叢報』に載せた「近世第一大哲カントの学説」から窺うことができる[7]。梁啓超は論文につけた注のなかでこう述べている。「この論文は，日本人・中江篤介がアルフレッド・フイエの『理学沿革史』を翻訳したものをもとにして，他にも，イギリス人や日本人が著した本を十余冊参考にして，まとめて翻訳したものである（茲篇據日人中江篤介所譯法國阿勿雷脱之『理学沿革史』為藍本，復參考英人，東人所著書十餘種，彙譯而成）」[8]。現代人の考証によれば，この『理学沿革史』は，フランス人 Alfred Jules Émile Fouillée の "Historie de la Philosophie"（Paris: Librairie Ch. Delagrave, 1875）という著作であり，中江篤介とはつまり中江兆民のことである[9]。この論文は，カントの知識論，形而上学，道徳哲学，法哲学をそれぞれ紹介し，最後に『永遠平和のために』をもって結びとした。梁啓超は，しばしばその注解に仏教学や宋明儒学の概念を用いて，カントの思想を論述していた。これに対して，賀麟は次のように批評している。

　　梁啓超の論文は［…］客観的にカントを紹介しているわけではなく，彼

---

(6) この論文は，『中央研究院近代史研究所集刊』（第30期，1998年12月，101-148頁）に掲載されている。
(7) これは『新民叢報』の第25, 26, 28, 46/47/48号に掲載されている。のちに，『飲冰室文集』第3冊（台北：台湾中華書局，1983年）に収録されたが，第28号に掲載された「道学を述べることができれば，自由を証明することができる（申論道学可以証自由）」という箇所だけは，見落とされている。
(8) 『新民叢報』，第25号，1903年，5頁。
(9) 黄克武「梁啓超とカント」（前掲書，113頁）を参照。梁啓超が参考にした他の「イギリス人や日本人の著作」については，同論文（114-115頁）を参照。

自身の理解した仏教学，つまり唯識論と好き勝手に比較したものである。
カントはそのなかで，仏教学や王陽明の良知説によって牽強付会に扱われ，
甚だしくは曲解されている。その結果，彼のカントはドイツのカントでは
なく，中国化されたカントになっている。（梁啓超那篇文章［…］不是客
観介紹康徳，而是和他所了解的仏学唯識論任意加以比較，康徳在他那裡不
免被仏学，王陽明良知説所附会甚或曲解，可以説不是徳国的康徳，而是中
国化了的康徳。）⁽¹⁰⁾

しかし，この批評はあまりにも厳しすぎるものだろう。なぜなら，梁啓超は
この文章で，仏教学と宋明儒学を用いてカント哲学を解釈しているところを，
すべて注の形式で示していて，客観的に論述しているカントの思想と彼自身の
考え方の展開を一緒にしたわけではないからである。彼が展開した部分がはた
して「牽強付会，あるいは曲解」であるかどうかは，人々の判断に委ねるしか
ない。以下では，一例を挙げてその得失を考えてみたい。

カントは『純粋理性批判』の「超越論的弁証論」のなかで，「現象」（Erscheinung）と「物自体」（Ding an sich）の区別をもって，「自由」と「自然の必然性」
との「二律背反」（Antinomie）を解決することで，意志の自由を保とうとした。
梁啓超は注のなかで，こう述べている。

　　案ずるに，仏教では，いわゆる「真如」というものがあり，真如とは，
　　すわなちカントのいわゆる真我であり，自由性があるもののことである。
　　また，いわゆる「無明」というものがあり，無明とは，つまりカントのい
　　わゆる現象の我であり，避けてはならない理によって束縛され，自由性が
　　ないもののことである。（案仏説有所謂「真如」；真如者即康徳所謂真我,
　　有自由性者也。有所謂「無明」，無明者即康徳所謂現象之我，為不可避之
　　理所束縛，無自由性者也。）⁽¹¹⁾

---

(10) 賀麟「カントとヘーゲル哲学の中国における伝播——カントとヘーゲルの哲学に関す
　　る紹介を回顧することを兼ねて」，『五十年来の中国哲学』，95頁。
(11) 『新民叢報』，第26号，1903年，8頁。

彼は続いて，朱子の説とカント，仏教の説とを，次のように比較している。

　朱子は義理の性と気質の性とを分けている。彼は『大学』に注を入れて，こう述べている。「明徳なるものは，人の天に得て，虚霊不昧，以って衆理を具して万事に応ずる所のものなり。案ずるに，これは仏のいう真如であり，カントのいわゆる真我である。ただ，気禀の拘する所，人欲の蔽う所となれば，則ち時ありて昏す。案ずるに，これは仏のいう無明であり，カントのいわゆる現象の我である」。しかし，仏のいうこの真如というものは，一切の衆生がみな持っている体であり，一人一人が各自の真如を持っているのではない。しかして，カントがいうには，人はみな各自の真我を持っている。これは，その異なる所以である。ゆえに，仏は，一人の衆生が仏にならなければ，自分は絶対に仏にはならないと言ったのである。それは，その体が一つだからである。これは，それが済度の意味において，より博深切明だということを意味するのである。カント曰く，いやしくも善人になろうと欲して，斯くして善人になるのは，その体が自由だからである。これは，それが修養の意味において，より切実であり，入りやすいことを意味するのである。朱子のいう明徳は一体の相を指すことができないため，仏の教えには及ばない。その明徳は気禀の拘する所，人欲の蔽う所だから，自由の真我と不自由の現象我の境界を分別することができない。これがカントに及ばない理由である。（［…］朱子分出義理之性与気質之性，其注《大学》云：「明徳者，人之所得乎天，而虚霊不昧，以受衆理而応万事者也。案即仏所謂真如也，康徳所謂真我也。但為気禀所拘，人欲所蔽，則有時而昏。案即仏所謂無明也，康徳所謂現象之我也。」然仏説此真如者，一切衆生所公有之体，非一人各有一真如也；而康徳謂人皆自有一真我，此其所以為異也。故仏説有一衆生不成仏，則我不能成仏，為其体之為一也，此其於普度之義較博深切明。康徳謂我苟欲為善人，斯為善人，為其体之自由也，此其於修養之義亦較切実而易入。若朱子之説明徳，既未能指其為一体之相，是所以不逮仏也。又説此明徳者為気禀所拘，人欲所蔽，其於自由

之真我，與不自由之現象我，界限未能分明，是所以不逮康德也。）⁽¹²⁾

朱子と比べると、王陽明の学説のほうは、よりカントの道徳哲学に接近していると、梁啓超は考えている。彼はカントの道徳哲学と自由の論理を述べた後、次の注釈を付け加えている。

　案ずるに、カントのこの論説は、実は仏教の真如説と王陽明の良知説を兼ねて、両者を融合させている。陽明曰く、「未だ知ることあたわず、いかなる行を説かんや」。思うにこれは、知らなければ行動することができない、という意味である。カントのいうところは、すでに知っているならば、必ず行動することができるということだ。人々はみな知っているので、必ず行動することができる。その行なっているところでは、陽明のほうは、より確実であり、その学問の立ち入ったところでは、カントのほうはより明快である。（案康氏此論実兼仏教之真如説，王陽明之良知説而会通之者也。陽明曰：「未能知，説甚行？」蓋以為非知則不能行也。康徳之言，則以為既知則必能行，人人皆能知，故人人皆能行也。其下手工夫，則陽明似更有把握；其鞭辟近裡，則康徳似更為直截。）⁽¹³⁾

梁啓超は康有為と同じように、カント哲学に対して本格的なテクスト研究を行なったわけではなく、日本の著作の翻訳や紹介を通じて、それを理解していた。にもかかわらず、以上の引用から見れば、そのなかには人を驚かせるような洞察が含まれていることに気づく。カント哲学と宋明儒学について、均しく立ち入った研究を行なった牟宗三（1909-95）は、カントの「現象」と「物自体」の区別を用いて、知識の領域と超越の領域（価値の領域）の区別を示し、これによって、「二重の存在論（兩層存有論）」という思想の枠組みを構築した。牟宗三はさらに、『大乗起信論』の「一心は二門を開く（一心開二門）」――一つの「真心」によって、「心生滅門」と「心真如門」を開く――の説を借用し

────────
(12) 『新民叢報』、第26号、9頁。
(13) 『新民叢報』、第28号、1903年、4頁。

て，この枠組みを説明した。彼はまた，カントの「自律」(Autonomie)——意志の自由はすなわち，その自我の立法なり——の意味に依拠して，宋明儒学の系譜を分別し，陽明学は孟子の学の系譜を継承したものとし，朱子学は「別子を宗とす（別子為宗）」と判定したのである。筆者はかつて，「カントの実践哲学から王陽明の「知行合一」説を論ずる」[14]という論文で，カントの実践論と王陽明の「知行合一」説を詳しく比較し，両者の間に，一致点があることを指摘した。われわれがここで容易に気づくのは，梁啓超の文章が，上述した後世の研究に対して，その濫觴のような役割を果たしていることである。これもまた，梁啓超と当代の新儒学との思想の連関に注目した学者が早くから現れた理由でもある[15]。

章太炎は1906年に日本に滞在し，『民報』を編集しながら，日本の著作を通して幅広く西洋のさまざまな哲学者の哲学を吸収した。彼は『民報』第16号（1907年）に「五無論」を発表し，この論文で次のようにカントの「星雲説」に触れている。

　　世界は最初に形成されたとき，朦朧とした一つの気にすぎず，液体や固形のいずれにせよ，みな煙が集まったもののようであった。仏はこれを金臓雲と言い，カントはこれを星雲と言い，今の人はこれをガス体と言い，儒者はこれを太素と見なしている。爾後，その体は，だんだん凝結して熟乳のようになり，久しくして硬くなる。地球はこれによって，その形を現し，かくして衆生も次第に成長していくのである。（世界初成，溟濛一気，液質固形，皆如煙聚。仏謂之金臓雲，康徳謂之星雲，今人謂之瓦斯気，儒者則以太素目之。爾後漸漸凝成，体若熟乳，久之堅硬，則地球於是定位，次是乃有衆生滋長。）[16]

---

(14) 『中国文哲研究集刊』（第4期，415-440頁）に掲載されている。のちに，その改訂版が，王中江編『中国観念史』（鄭州：中州古籍出版社，2005年，507-529頁）に収録されている。
(15) 黄克武「梁啓超とカント」（前掲書，108頁）の注8を参照。
(16) 『太炎文録初編』（『民国叢書』，第3編，上海：上海書店，1991年，第83冊に収録さ

章太炎も，偶然康有為や梁啓超と同じように，カントの神の証明に論及した。彼は『民報』第 8 号（1906 年）に，「無神論」という論考を発表した。この論文は仏教の観点から，インドと西洋の「有神論」を批判したものである。章太炎はそこで，キリスト教の一神論，ヴェーダーンタ学派のブラフマー論，スピノザの汎神論，ハルトマン（Eduard von Hartmann, 1842-1906，章太炎は「赫而図門」と訳す）の「神即精神」にまつわる論説を批判してから，矛先を変えて，次のように述べている。

  有神論は，自らの成立根拠を持っているわけではない。しかして，抜け目のないカントであっても，なお神の有無は，認識の領域を超越していると言っているため，神がいるとは言えないし，神がいないとも言えない。これは千慮の一失というほかはないのである。（夫有神之説，其無根拠如此，而精如康徳，猶曰神之有無，超越認識範囲之外，故不得執神為有，亦不得撥神為無，可謂千慮一失矣！）[17]

カントは『純粋理性批判』のなかで，伝統的形而上学における三つの神の証明（存在論的証明，宇宙論的証明，目的論的証明）を反駁し，思弁的理性のみによって神の存在を肯定することはできないし，また否定することもできないとしている。しかし，章太炎はこう考えている。神は「比量」（推論）によって知られるものであり，「分別執」から出ている。神は「分別によって成り立っている以上，また分別によって破られる」[18]。しかし，カントはただ，これを知ることができない領域に帰属させているだけだから，「千慮の一失」というほかはないのである。

 章太炎から見れば，この「千慮の一失」は，有神論の可能性を残したのであろう。したがって彼はまた，『民報』第 9 号（1906 年）に「宗教論を構築する

  れている）の「別録」の巻 3（34 頁）を参照。
(17) 『太炎文録初編』，6 頁上。
(18) 『太炎文録初編』，6 頁下。

（建立宗教論）」という論文を発表し，上述した話を一歩進めてこう述べている。

　カントはすでに時間と空間を絶対無とみなし，神の有無についても，また有として断定しようとしない。その説は，『純粋理性批判』のなかにある。『実践理性批判』に至っては，カントは自由界と自然界の範囲がそれぞれ異なっているとし，徳を修めることをもって聖人となることを期待して来世の存在を要求するがゆえに，直ちに時間を無とすることができないし，また善業をもって幸せな結果を期待して主宰の存在を要求するがゆえに，神明を有として信ずることができると言っているのである。しかし，この自然界なるものを不易なものとしたならば，たとえ要求したとしても何の役に立とうか。幸福を得ることができないのを知りつつも，幸福を得ることを要求する者は，愚かな者でなければうそつきに違いない。カントはもとより，愚かな者でもなければ，うそつきでもないが，なぜその説を完璧にすることができないのか。（又如康徳既撥空間，時間為絶無，其於神之有無，亦不欲遽定為有，存其説於『純粋理性批判』矣。逮作『実践理性批判』，則謂自由界与天然界範囲各異，以修徳之期成聖，而要求来生之存在，則時間不可直撥為無；以善業之期福果，而要求主宰之存在，則神明亦可信其為有。夫使此天然界者，固一成而不易，則要求亦何所用？知其無得而要幸於可得者，非愚則誣也！康徳固不若是之愚，亦不若是之誣，而又未能自完其説。）[19]

　カントは『純粋理性批判』のなかで，西洋の伝統的な神の証明を反駁しているにもかかわらず，『実践理性批判』では，自らの「道徳的証明」を持ち出している。その証明過程はおおよそ，次のようにまとめることができる。われわれの実践理性は必ず，「最高善」，つまり「道徳と幸福」の一致を要求する。しかし現実の世界では，徳のある者に必ずしも福があるわけではなく，だからといって，実践理性の要求は虚偽・仮象ではあり得ない。このことは，われわれに対して，霊魂が来世においても存在し続けるということを「要請する」

---

(19) 『太炎文録初編』，11頁下。

(postulieren)。これによって，道徳と幸福は来世において一致することが可能となる。そうした「道徳と幸福」の一致を保証するために，われわれはまた，全知全能の存在者，つまり神の存在を「要請」しなければならない。

カントのそうした道徳的証明に対する章太炎の疑問は，以下の二点を含んでいる。第一に，もしカントが来世での霊魂の存在を認めるならば，時間は来世まで連続することができることになるが，そうすると，カントは時間の実在性を否定する理由もなくなるだろう。第二に，カントは自然界が例外なく自然の法則によって制限されるということを堅持するのだとしたら，たとえ実践理性が道徳と幸福の一致を要求しても，現実世界における道徳と幸福の不一致という事実を変えることはできないのだから，そうした要求には何の意味があろうか。実際には，この二つの疑問は的外れだと言ってよい。第一点について言えば，カントは時間を感性の主観的な形式と見なし，それが現象において実在性を持っていることを認めている。そのため，時間は「経験的実在性」（empirische Realität）を持っている。しかし，カントは同時に，時間が物自体に対して実在性を持っていることを否認し，つまり，それが「超越論的観念性」（transzendentale Idealität）を持っていることを認めているのである。この二つは一体両面の関係にある。カントにとって，来世での霊魂の存続は，物自体の領域に属しているので，時間はこの領域では実在性を持っていない。したがって，時間を「直ちに無とする」ことができるのである。さらに第二点について言えば，カントは次のように自己弁護することができるだろう。来世での霊魂の存続と神の存在は，物自体の領域に属しているのだから，現象界に属する自然界における道徳と幸福の不一致は，実践理性が道徳と幸福の一致への要求（あるいは期待）を否定するに十分ではないはずである。逆に言えば，現世での人間の道徳的な努力は，もとより道徳と幸福の完全なる一致を保証することができないが，少なくともこの目標に向かって突き進むことはできるのだと。誰がこの一致を得るのにカントの見解が役立たないと主張するのだろうか。

2　王国維のカント研究

前節で述べたように，カント哲学が中国に入った最初の段階では，中国の知

識人は主に日本語の著作の翻訳や紹介を通じて、カント哲学を理解していた。しかし、次の段階に至ると、直接ドイツ語によってカントの著作を読み始める。中には、ドイツに行ってカント哲学を研究する者まで現れた。この二つの段階の間には、王国維という過渡期の人物がいた。彼は日本の学者の著作を通じてカント哲学を理解しながら、他方ではカントの著作の英訳や日本語訳を読んでいた。彼はまた、カント哲学の概念や学説を借用して、中国の伝統的哲学におけるさまざまな問題を探究した。たとえば、カントの知識論の枠組みをもって、中国の伝統的人性論（彼の「論性」という論考を参照）を検討し、カントの理性に関する学説によって、「理」の問題（その「釈理」という論考を参照）を議論し、さらにカントの自由論を用いて、「命」の問題（その「原命」という論考を参照）を論究し、いずれもある程度の哲学的な深みを見せている[20]。

　王国維は日本語と英語に通ずるが、ドイツ語には通じないようである。羅振玉が1898年に上海に設立した東文学社は、近代中国最初の日本語専門学校であった。王国維はこの学校の最初の学生であり、当時、22歳であった。彼は二年半、この学校で日本語だけではなく、英語をも学習していた[21]。1902年2月、羅振玉の援助金によって東京に留学して、四,五ヶ月ほど滞在していた。

　王国維は、カント哲学を研究する過程で決して順調であったわけではなく、いくつかの困難を経ていた。その『静庵文集続編』の「自序一」において、王国維はこの過程について詳しく論述している[22]。それによれば、彼は前後合わせて四度にわたって、カント哲学の研究を行なっていたという。一度目は、彼が東文学社で学んだ時期であり、田岡佐代治の著作によってカント哲学への興味を引き起こされたという。しかし、当時は彼の日本語と英語の能力が足りず、なかなか研究を行なうことができなかった。二度目は、彼が日本から帰国した二年目の時期であり、つまり1903年のことであった。彼はカントの『純粋理性批判』を読み始めたが、「超越論的分析論」（"Transzendentale Analytik"）を

---

(20)　王国維とカント哲学の関係について、拙稿「王国維とカント哲学」（広州『中山大学学報』（社会科学版）、第6期、2009年、115-126頁）を参照されたい。
(21)　謝維揚・房鑫亮編『王国維全集』（杭州：浙江教育出版社、広州：広東教育出版社、2009年、第14巻、119頁）。
(22)　『王国維全集』、第14巻、119-120頁。

読んでも，全然理解できなかったという。それに代えて，彼はショーペンハウアー（Arthur Schopenhauer, 1788-1860）の『意志と表象としての世界』（*Die Welt als Wille und Vorstellung*）を読んだ。この本の第一巻の付録は，「カント哲学への批判」（"Kritik der Kantischen Philosophie"）である。王国維は，この付録を通じてはじめてカント哲学を理解することができたのだった。彼の三度目のカント哲学研究は，29 歳のときであり，1905 年のことであった。ショーペンハウアーのカント哲学批判によって，彼はもはや『純粋理性批判』の難しさを感じることがなくなった。王国維自身がいうには，『純粋理性批判』だけでなく，「その倫理学と美学をも読んでいた」。四度目のカント哲学研究は，この自序を書いたときであり，1907 年のことであった。上記の基礎によって，彼はよりカントの哲学を理解することができ，理解できない部分はさらに少なくなっていった。

上述のように，王国維は三度目にカント哲学を研究したとき，カントの「倫理学と美学をも読んでいた」という。それでは，彼はいったいカントの倫理学と美学に関するどの著作を読んでいたのか。これについて，王国維本人ははっきりと説明していないが，われわれは以下のような間接的な資料から推して知ることができる。『教育世界』の第 126 号（1906 年 6 月）に，「カントの詳伝（汗徳詳傳）」という署名のない翻訳原稿が掲載されている。文末には，翻訳者の跋語がある。「右はイギリス人であるアボットのカント小伝であり，彼が翻訳したカントの倫理学の著作の冒頭に掲載されている。（右英人阿薄徳之汗徳小伝，掲于其所訳汗徳倫理学上之著作之首者也。）」（93 頁）。この原稿は，王国維が翻訳したものと断定することができる[23]。この翻訳原稿を発表したのは，ちょうど彼が三度目にカント哲学を研究した 1905 年の翌年であった。跋語のなかで言及されている「アボット」（「阿薄徳」）は，アイルランドのカント専門家である Thomas Kingsmill Abbott（1829-1913）のことであり，いわゆる「彼が翻訳したカントの倫理学の著作」というのは，アボットの訳した *Kant's Critique of Practical Reason and Other Works on the Theory of Ethics* という本の

---

[23] 仏雛『王国維の哲学の翻訳原稿の研究（王国維哲学譯稿研究）』（北京：社会科学文献出版社，2006 年，207-224 頁）を参照。

ことである。この本の初版は，1813年に出されており，最後の増補改訂は1883年の第三版であった。王国維が依拠したのは，おそらく1889年の第四版，あるいは1898年の第五版であったろう。「カントの詳伝」は，アボットがその翻訳書の冒頭に載せた"Memoir of Kant"を選択して翻訳したものである。アボットのこの翻訳書には，次のカントの著作の翻訳が含まれている。

1）『人倫の形而上学の基礎づけ』（*Grundlegung zur Metaphysik der Sitten*, 1785）。
2）『実践理性批判』（*Kritik der praktischen Vernunft*, 1788）。
3）『人倫の形而上学』（*Metaphysik der Sitten*, 1797）第一部『法論の形而上学の基礎付け』の「序文」と「人倫の形而上学への序論」。第二部『徳論の形而上学の基礎付け』の「序文」と「徳論への序論」。
4）『単なる理性の限界内の宗教』（*Die Religion innerhalb der Grenzen der bloßen Vernunft*, 1793）第1巻の「人性における根本悪を論ずる」。
5）「人間愛から嘘をつく権利と称されるものについて」("Über ein vermeintes Recht aus Menschenliebe zu lügen", 1797）；
6）「俗語でいう『必要性には法則がない』を論ずる」("On the Saying 'Necessity Has No Law'")。これは，カントの『理論では正しいかもしれないが実践の役には立たない，という通説について』("Über den Gemeinspruch: Das mag in der Theorie richtig sein, taugt aber nicht für die Praxis", 1791）という論文の注解である[24]。テーマは，アボットが決めたものである。

これによって，われわれは次のように判断することができよう。日本語の資料の他に，王国維のカント倫理学理解は，主にアボットの英訳著作に依拠している，と。

続いて，筆者は王国維のカントに関する著作を論究してみたい。ここでまず指摘したいのは，いわゆる「王国維の著作」という表現がさまざまな意味を持っている，ということである。厳格な意味から言えば，これはもちろん彼が著

---

(24) *Kants Gesammelte Schriften*（Akademie-Ausgabe，以下では*KGS*と略称），Bd. 8, S. 300 Anm.

したもの，しかも署名入りの著作ということになる。哲学的な著作について言えば，すでに『静庵文集』(1905 年) と『静庵文集続編』(1907 年) に入っている関連論文はいうまでもなく，この類の著作に属している。これらの論文は，かつて大体『教育世界』に掲載されている。『教育世界』は，羅振玉が上海で創刊した機関誌であり，1901 年 5 月から 08 年 1 月まで，全部で 166 号を出している。王国維は最初から，この機関誌の編集事務に積極的に携わっているのみならず，またその投稿者でもあるため，そのほとんどの哲学関係の著作がこの機関誌に掲載されているのである。仏雛は『教育世界』のなかにある王国維署名の，およびその無署名の哲学論文を収集していたが，『静庵文集』や『静庵文集続編』に収録していない論文は，合わせて 44 本（署名があるのは 4 本，無署名は 40 本）ある。彼はこれらの論文を編集して，『王国維哲学美学論文輯佚』（上海：華東師範大学出版社，1993 年）を出版した。これら 44 本の論文のなかには，王国維が英語や日本語から翻訳したもの（編集して翻訳したものや選択して翻訳したものをも含めて）が少なくなかった。したがって，厳格に言えば，これらの論文は彼自身の著作とは言えず，あくまで翻訳作品にすぎない。われわれは，これらの翻訳論文と王国維が自らの思想を表現した論文とを区別しなければならない。

　本章は，王国維のすべての哲学論文や翻訳論文を検討するつもりはない。ここでは，彼のカント哲学に関する論文と翻訳論文とに検討の範囲を絞りたい。筆者は，これらの論文と翻訳論文を三つの種類に区分する。第一に，王国維の翻訳論文中，カント哲学に関係するもの。第二に，王国維自身の論文中，直接カント哲学に論及しているもの。第三に，王国維がカントの概念を借用して，中国哲学を論じた論文。第一種類の著作を取り上げると，次の通りである。

1. 「カントの哲学論（汗徳之哲学説）」（無署名。1904 年 5 月の『教育世界』第 74 号に掲載）
2. 「カントの知識論（汗徳之知識論）」（同上）
3. 「ドイツ哲学の大家・カント伝（徳國哲学大家汗徳傳）」（無署名。1906 年 3 月『教育世界』第 120 号に掲載）
4. 「カント詳伝（汗徳詳傳）」（アボット原著，訳者無署名。1906 年 5 月『教育

世界』第 126 号に掲載）

5. 「コロッツァ氏（Giovanni Antonio Colozza）の遊戯論（哥羅宰氏之游戯論）」（無署名。1905 年 7 月から 06 年 1 月まで，『教育世界』第 104–106, 110, 115, 116 号に掲載）
6. 『哲学概論』（桑木厳翼原著，訳者署名。『哲学叢書初集』［上海：教育世界社, 1902 年］に所収）
7. 『西洋倫理学史要』（ヘンリー・シジウィック［Henry Sidgwick］原著，訳者署名。1903 年 9–10 月『教育世界』第 59–61 号に掲載。後に，『教育叢書三集』［上海：教育世界社, 1903 年］に所収）

第二種類の著作は，次の通りである。

1. 「カント像賛（汗徳像賛）」（『静庵文集続編』に所収）
2. 「カントの事実およびその著作（汗徳之事實及其著書）」（無署名。1904 年 5 月『教育世界』第 74 号に掲載）
3. 「カントの倫理学と宗教論（汗徳之倫理学及宗教論）」（無署名。1905 年 5 月『教育世界』第 123 号に掲載）
4. 「近世の教育思想と哲学の関係を論ずる（述近世教育思想與哲学之關係）」（無署名。1904 年 7 月『教育世界』第 128–129 号に掲載）
5. 「ショーペンハウアーの哲学と教育学説（叔本華之哲学及教育学説）」（1904 年 4–5 月『教育世界』第 75/77 号に掲載。後に，『静庵文集』に収録）
6. 「古雅の美学における位置（古雅之在美学上之位置）」（『静庵文集続編』に収録）

第三種類の著作は，次の通りである。

1. 「孔子の美教育主義（孔子之美育主義）」（無署名。1904 年 2 月『教育世界』第 69 号に掲載）
2. 「性を論ずる（論性）」（1904 年 1–2 月『教育世界』第 70–72 号に掲載。後に『静庵文集』に収録）

3. 「理を解釈する（釋理）」（1904 年 7-9 月『教育世界』第 82/83/86 号に掲載。後に，『静庵文集』に収録）
4. 「原命」（1906 年 5 月『教育世界』第 127 号に掲載。後に『静庵文集續編』に収録）

　まず，王国維の第一種類の著作を検討してみよう。銭鷗の考証によれば，「カントの哲学論」と「カントの知識論」はそれぞれ，日本の学者・桑木厳翼（1874–1946）の『哲学史要』（東京：早稲田大学出版部，明治 35 年／1902 年）の第 6 編第 1 章「カントの理性批判」と，同章第 38 節「認識の対象」から訳出されている(25)。しかし，銭鷗は，『哲学史要』という著作が桑木厳翼自身の著作ではなく，ドイツの新カント学派の哲学者ヴィンデルバント（Wilhelm Windelband）の *Geschichte der Philosophie*（Freiburg i. Br. 1892）という著作から翻訳したものであることを，はっきりと説明していない。桑木厳翼は，かつて東京帝国大学，京都帝国大学の哲学教授であり，その思想の方向は，ドイツ新カント学派の西南学派（バーデン学派）を継承している。ヴィンデルバントはちょうど，この学派に属している。また，「ドイツ哲学の大家・カント伝」という論文は，日本の学者・中島力造が編集した『列伝体西洋哲学史』（下巻）（東京：冨山房，明治 31 年／1898 年）第 5 編第 2 章に依拠している。「カント詳伝」という論文は，すでに説明したのでここでは省略する。

　「コロッツァ氏の遊戯論」という論考でいう「コロッツァ氏」は，イタリアの教育者 Giovanni Antonio Colozza（1857–1943）のことを指す(26)。この論考は，日本の教育学者である菊池俊諦（1875–1967）が翻訳した『コロッツァ氏遊戯之心理及教育』（東京：育成會，明治 35 年／1902 年）から翻訳されたものである。

---

(25) 銭鷗「王国維と『教育世界』の無署名の論考」（『華東師範大学学報』（哲学社会科学版），第 4 期，2000 年，121 頁）。
(26) 仏雛が『王国維哲学美学論文輯佚』（424 頁）において，コロッツァをドイツの哲学者 Karl Groos（1861–1946）と誤認したため，その後の研究者は大体その誤りを踏襲し，菊池俊諦の本がコロッツァの著作から翻訳されたものであることを知らず，人の言ったことを繰り返して，誤りを重ねに重ねることになった。真に遺憾の至りである。また，仏雛の『王国維哲学美学論文輯佚』，および周錫山の『王国維集』は，なぜか，ただこの論文の序章を収録しただけである。

この本は，石川栄司編『続教育学書解説』の第一冊となっている[27]。実際，この本は，コロッツァの *Psychologie und Pädagogik des Kinderspiels*（Altenburg: O. Bonde, 1900）という著作から翻訳された。この本は，作者の許可によって，Chr. Ufer によってイタリア語からドイツ語に翻訳され，さらに菊池俊諦によってドイツ語から日本語に翻訳されたものである。王国維の翻訳文の第 1 篇「心理学から遊戯を解釈する」の第 8 節「遊戯の分類」は，カントの遊戯論に論及している[28]。また，この翻訳文の第 2 篇「教育史上の遊戯」の第 13 節は，つまり「カントの遊戯論」[29]である。この節は，カントの『教育学』講義（*Über Pädagogik*, 1803）に基づいて，カントの遊戯と教育の関係に対する考え方を紹介している。

桑木厳翼の『哲学概論』は，明治 33（1900）年に東京専門学校出版部によって出版されると，ただちに王国維によって中国語に翻訳された。この本の第 5 章「哲学の問題：（一）知識哲学」の第 16 節「認識の本質：実在論と観念論」は，カントの知識論，とりわけその「物自体」（Ding an sich）という概念に論及しており，この概念を「カントの学説の中で最も曖昧なもの」と見なしている。この本の第 6 章「哲学の問題：（二）自然哲学」の第 20 節「自然の理想――宗教哲学及び美学」もまた，カントの美学に論及している[30]。

『西洋倫理学史要』は，イギリスの哲学者シジウィック（1838-1900）の *Outlines of the History of Ethics for English Readers*（London: Macmillan, 1886）から翻訳されたものである。この本の内容は，四篇に区分されている。それぞれは，一「倫理学の概観」，二「ギリシャとギリシャ・ローマの倫理学」，三「キリスト教と中世の倫理学」，四「近世の倫理学，殊にイギリスの倫理学」である。王国維は第三篇を略して，他の三篇だけを翻訳している。その第四篇は，カン

---

(27) この本はもともと単行本であり，のちに石川栄司編『教育学書解説』増補改訂版（東京：育成會，明治 39 年／1906 年）に収録された。この翻訳書の出典は，陳瑋芬女史と張季琳女史が筆者の代わりに調べてくれた。この場を借りて両氏に感謝の意を申し上げたい。
(28) 『教育世界』第 105 号（光緒 31 年乙巳 7 月上旬第 13 期），51-52 頁。
(29) 『教育世界』第 115 号（光緒 31 年乙巳 12 月上旬第 23 期），34-36 頁。
(30) 桑木厳翼のこの著作の内容については，仏雛『王国維の哲学の翻訳原稿の研究』（3-34 頁）を参照されたい。

トの自由意志論に論及している[31]。

　第二種類の著作は，王国維自身が著したものであり，翻訳の作品ではない。そのうち，「カント像賛（汗徳像賛）」は，四言文体による論文であり，合わせて36行のカントへの賛辞がある。「カントの事実とその著書（汗徳之事實及其書）」は，カントの生涯と著作を簡潔に紹介しているものである。「カントの倫理学と宗教論（汗徳之倫理学及宗教論）」は，カントの倫理学と宗教哲学を簡潔に述べているものである。二つ目と三つ目の論考は，いずれも紹介の論考であり，カント関係の日本語資料や英語資料から取ったものであるため，王国維自身の観点とは言えない。「近世の教育思想と哲学の関係を論ずる（述近世教育思想與哲学之關係）」という論文は，ベーコン（Francis Bacon, 1561–1626）以来の西洋教育思想の発展を紹介しており，その内容のうち五つの段落がカントの教育哲学を紹介しており，論文の多くの分量を占めている。

　王国維が自分の観点を表しているのは，「ショーペンハウアーの哲学と教育論（叔本華之哲学及教育学説）」と「古雅の美学における位置（古雅之在美学上之位置）」という論文である。「ショーペンハウアーの哲学と教育論」は，もとよりショーペンハウアーの学説を紹介するものだが，王国維はこの論考ではカントの哲学を参照しながら，ショーペンハウアーの哲学的観点を紹介している。その理由について，王国維は次のように考えている。

　　　ギリシャからカントに至るまでの二千余年のあいだに，哲学はいかなる進歩を遂げてきたのか。カントから現在に至るまでの百余年のあいだに，哲学はまた，いかなる進歩を遂げてきたのか。そのなかでも，カントの哲学を紹介して論述し，その誤謬を正すことによって完結した哲学体系を構築した人は，ショーペンハウアーだけである。カントの哲学は，ただ破壊に止まっており，決して建設的とは言えない。彼は形而上学の不可能性に固執しており，知識論をもって形而上学に取って代えようとしたため，その学説はただ哲学の批評としか言えず，いわゆる真の哲学とは言えない。ショーペンハウアーは，始めはカントの知識論から思索を開始し，のちに

---

(31) 『王国維の哲学の翻訳原稿の研究』，73–76頁。

形而上学を構築してから、また美学と倫理学に完結した体系を与えた。しかし、ショーペンハウアーをカントの後継者と見なすより、むしろカントをショーペンハウアーの先駆者と見なしたほうが妥当であろう。（自希臘以來，至於汗徳之生，二千余年，哲学上之進步幾何？自汗徳以降，至於今百有余年，哲学上之進步幾何？其有紹述汗徳之説，而正其誤謬，以組織完善之哲学系統者，叔本華一人而已矣。而汗徳之学説，僅破壊的，而非建設的。彼憮然於形而上学之不可能，而欲以知識論易形而上学，故其説僅可謂之哲学之批評，未可謂之真正之哲学也。叔氏始由汗徳之知識論出而建設形而上学，復与美学，倫理学以完全之系統。然則視叔氏為汗徳之後継者，寧視汗徳為叔氏之前駆者為妥也。）[32]

　カントの知識論はもちろん、かつてない学識である。しかし、上述したように、それは破壊に止まっており、決して建設的とは言えない。あたかも、陳勝や呉広がただ帝王の先駆であるように。（汗徳之知識論，固為眩古之絶識，然如上文所述，乃破壊的，而非建設的，故僅如陳勝，呉広，帝王之駆除而已）[33]。

王国維から見れば、カントはショーペンハウアーの先駆者であり、ショーペンハウアーはカントが創設した基礎の上で、真の哲学を完成したのである。
　王国維はまた、一つの例を取り上げて、ショーペンハウアーがカントの学説を継承しながら批判したことを、次のように説明している。

　ここに至り、カントはヒュームの間違いを正して、経験の世界は超越論的観念性と経験的実在性を持っているとした。しかし、ショーペンハウアーに至っては一転して、一切の事物は実際、ショーペンハウアーから見れば、経験的観念性と超越論的実在性を持っている。したがって、ショーペンハウアーの知識論は一方から見れば観念論であり、他方から見れば実在

---

(32)　謝維揚・房鑫亮編『王国維全集』第1巻，35頁。
(33)　『王国維全集』第1巻，44頁。

論である。その実在論が昔の素朴な実在論と異なっていることは明らかである。(於是汗徳矯休蒙之失，而謂経験的世界，有超絶的観念性与経験的実在性者，至叔本華而一転，即一切事物，由叔本華観之，実有経験的観念性，而有超絶的実在性者也。故叔本華之知識論，自一方面観之，則為観念論；自他方面観之，則又為実在論。而彼之実在論与昔之素樸実在論異，又昭然若揭矣)[34]

「休蒙」とはすなわち，イギリスの哲学者ヒューム（David Hume, 1711–1776）のことである。カントは「現象」（Erscheinung）と「物自体」の区別に基づいて，時間と空間と範疇は現象に適用されるが，物自体には適用されないため，同時に「経験的実在性」（empirische Realität）と「超越論的観念性」（transzendentale Idealität）を持っていると主張した。したがって，彼の知識論の立場は「経験的実在論」であると同時に，また「超越論的観念論」でもある。ショーペンハウアーは，カントが主張した人間の認識不可能な物自体を意志と見なすことによって，カントの観点を転換させ，「超越論的実在論」は同時に「経験的観念論」であることを主張したのである。

「古雅の美学における位置」という論文は，カントの美学の基礎を踏まえた上で，さらに「古雅」の説を提出した。カントは『判断力批判』のなかで，二つの審美的判断，つまり「美」（das Schöne）についての判断と「崇高」（das Erhabene）についての判断を検討した。王国維は，「美」と「崇高」を，それぞれ「優美」と「壮大」と訳した。「古雅」という言葉だが，これは王国維が作ったものであり，カントの概念ではない。筆者は王国維自身の言葉を用いて，その主要な観点を以下の通りにまとめてみよう。

1) 「優美」と「壮大」はいずれも，形式の美であり，「古雅」はその次の段階の形式であり，つまり「形式の美の形式の美」である。
2) 「優美」と「壮大」はいずれも，芸術と自然の中に存在することができるが，「古雅」はただ芸術の中に存在しているだけである。

---

(34) 『王国維全集』第1巻，37頁。

3)「優美」と「壮大」についての判断はいずれも，先天的であるため，普遍的でもある。「古雅」についての判断は後天的，経験的であるため，特殊的，偶然的である。
4)「古雅」は一方では，「レベルの低い優美」であり，他方では，「程度の低い壮大」である。しかし，また「優美と壮大の間にあり，両者の性質を同時に持っている」。
5) カントは，「美術は天才の芸術である」と言っている。ただし，中程度の知恵以下の人でも，また修養によって，「古雅」を創造することができる。

この論考は充分に，王国維がカントの美学を熟知した上で論理を構築した能力を示している。

3　カント研究の深化

前節で述べたように，カント哲学が中国に入った最初の段階では，中国の知識界は主に日本語の著作の翻訳と紹介を通じてカント哲学を理解していた。その次の段階に至って，中国の知識人は，直接にカントの著作を読み始め，ドイツに赴いてカント哲学を研究するようになった。以下では，蔡元培（1868-1940），張君勱（1887-1968），鄭昕という三人を例に取り上げ，彼らがいかにカント哲学を研究し，またそれを踏まえた上で，いかに彼ら自身の哲学的観点を構築したかを説明していきたい。

蔡元培はかつて北洋政府の教育総長（1912），北京大学学長（1917-23）および中央研究院院長（1928-40）を歴任した，中国では有名な教育家である。1907年の夏，彼はドイツのベルリンにドイツ語を学びに行った。翌年の10月，ライプツィヒに移り，ライプツィヒ大学で勉強することになった。1911年11月，辛亥革命が成功を収めたため帰国することになったが，それまではライプツィヒ大学で，合わせて六学期在籍している。ライプツィヒ大学での在籍期間中，蔡元培は美学，美術史，心理学，文学史，哲学史，文化史，民族学などの講義に出席していた。現存の資料によれば，彼は第一学期では「カントから現代に至るまでの新哲学の歴史」という講義を，第六学期では，「カント哲学」

という講義を聴講したという(35)。その「直筆の年譜」に，彼はこう書いている。

　　私は授業では，美学，美術史，文学史などの講義をよく聴講していた。この環境で私は，音楽と美学の薫陶を受けたため，知らず知らずのうちに美学のほうに関心を向けるようになっていた。特にヴィルヘルム・ヴントの哲学史講義がよくカントの美学に対する見解を示し，美の超越性と普遍性を最も重視した。そのため，カントの原著を詳しく読むようになり，ますます美学関係のものが重要であることに気づいていたのである。（我於課堂上既常聴美学，美術史，文学史的講［演］，於環境上又常受音楽，美術的熏習，不知不覚的漸集中心力於美学方面。尤因馮徳講哲学史時，提出康徳關於美学的見解，最注重於美的超越性与普遍性，就康徳原書，詳細研読，益見美学関係的重要。）(36)

　蔡元培がここで触れた「ヴント（馮徳）」とは，すなわちドイツの哲学者で心理学者のヴィルヘルム・ヴント（Wilhelm Wundt, 1832-1920）のことである。ヴントは，ライプツィヒ大学で世界最初の実験心理学研究所を設立した。1913年10月，蔡元培は「第二回目の革命」が失敗したため，家族を連れてフランスに赴き，1916年10月北京大学の学長に就任するまで，ずっとパリの近郊に住んでいた。1916年，彼は『ヨーロッパ美学の論叢（歐洲美学叢述）』の編集と執筆に携わり，「カントの美学論（康徳美学述）」という論考を著した(37)。

　こうした背景のもと，蔡元培は有名な「美的教育をもって宗教に取って代える（以美育代宗教）」という主張を打ち出した。この主張は，彼が1917年4月8日に北京神州学会が主催する学術講演会で初めて提出したものであり，のちにその講演の原稿が「美的教育をもって宗教論に取って代える（以美育代宗

---

(35) 蔡元培がライプツィヒ大学で聴講した講義については，高平叔「蔡元培の生涯の概説（蔡元培生平概述）」（『蔡元培文集──自伝』，台北：錦繡出版公司，1995年，241-242頁）を参照されたい。
(36) 『蔡元培文集──自伝』，51頁。
(37) この論考の前半部分は，『蔡元培文集──美育』（台北：錦繡出版公司，1995年，60-68頁）に収録されている。その後半部分はすでに失われている。

教説)」というテーマで,『新青年』第3巻第6号（1917年8月1日）と『学芸雑誌』第1年第2号（1917年9月）に掲載されたのである[38]。その論説の主旨はおおよそ，以下の通りである。人類の精神作用は主として，知識，意志，感情の三者を含んでおり，最初は宗教によって扱われていた。しかし，社会文化の進歩に従って，知識の作用は徐々に宗教から離脱し，科学にその権利（地位）を譲った。それに続いて，近代の学者は生理学，心理学，社会学を応用して道徳倫理を研究し，また意志作用をして宗教から離脱させ，独立させたのである。これによって，宗教と最も密接な関係を持っているのは，感情の作用だけとされ，つまり，いわゆる「美的感覚」であるとされるようになった。しかし，美的教育は常に宗教の飾りとして使われている。そのため，宗教によって災いを蒙って，その薫陶の作用を失ってしまった。こうして，美的教育は逆に感情の刺激を重んずるようになった。なぜなら，あらゆる宗教は自らの教義を拡張し，異教を攻撃する傾向にあり，甚だしきは教義を守るため，共和時代にあって専制政権に迎合もしたからである。したがって蔡元培は，次のように結論づけている。

　　感情を刺激する弊害を鑑みて，専ら感情を薫陶する術を尊ぶのは，宗教を棄却して，これを代えるに純粋なる美学の教育をもってするに及ばない。純粋なる美的教育は，われわれの感情を陶冶し，高尚で純潔な習慣を持たせ，他人と自分の考え方や，利己的で人を損なう考え方を次第になくさせるものである。（鑒刺激感情之蔽，而専尚陶養感情之術，則莫如捨宗教而易之以純粋之美育。純粋之美育，所以陶養吾人之感情，使有高尚純潔之習慣，而使人我之見，利己損人之思念，以漸消沮者也）[39]

この講演の内容から，カント美学の影響を看取することは容易である。たとえば，蔡元培が「美」の普遍性や「美」の無関心性，あるいは「美」（das Schöne）と「崇高」（das Erhabene）について述べたりしたのは，すべてカント

---

(38) この論考は『蔡元培文集——美育』（69-75頁）に収録されている。
(39) 『蔡元培文集——美育』，72頁。

の『判断力批判』に由来する。

　1930年代に至ると，蔡元培はまた，何度にもわたって「美的教育をもって宗教に取って代える」説を唱えた(40)。その主旨はほとんど同じであり，ただそのポイントが人間の精神作用から教育の働きに転じただけである。蔡元培によれば，宗教は，最初は徳，智，体，美という四つの教育を含んでいた。しかし，徳，智，体は社会文化の発展とともに，次第に宗教から離脱して独立した。したがって，美的教育も最終的には，宗教から離脱して独立しなければならない。彼は「宗教を保留して，それを美的教育とする」という考え方に反対した。なぜなら，美的教育と宗教は本質的には対立しているからである。彼は両者について，次のように定義している。

　一，美的教育は自由であるのに対して，宗教は強制的である。
　二，美的教育は進歩的であるのに対して，宗教は保守的である。
　三，美的教育は普及的であるのに対して，宗教は制限的である(41)。

　そのほか，彼は「美的教育」という論文のなかで，美学がバウムガルテン（Alexander Gottlieb Baumgarten, 1714–1762）やカントの研究を通じて成立したことや，詩人シラー（Friedrich Schiller, 1759–1805）がその『人間の美的教育について』（*Briefe über die ästhetische Erziehung*）のなかで美的教育の作用を詳しく論じていることを紹介し，中国語の「美育」という言葉は，ドイツ語のästhetische Erziehungから訳出したことをも指摘している。これらの事実はさらに，カントの美学こそが，蔡元培の「美的教育をもって宗教に取って代える」説の思想背景をなしていることを裏付けている。

---

(40)　この期間では，蔡元培は「美的教育をもって宗教に取って代える（以美育代宗教）」（1930年12月），「美的教育をもって宗教に取って代える──上海キリスト教青年会での講演内容（以美育代宗教──在上海基督教青年會講演詞）」（1930年12月），「美的教育（美育）」（1930年），「美的教育と人生（美育與人生）」（1931年頃），「美的教育は宗教に取って代える（美育代宗教）」（1932年）などといった論文を書いている。これらはいずれも，『蔡元培文集──美育』に収録されている。
(41)　蔡元培「美的教育をもって宗教に取って代える」，『蔡元培文集──美育』，278頁。

張君勱は蔡元培と同じく,ドイツ留学の経験がある。彼は1913年5月にベルリンに到着し,1915年9月にドイツを離れるまで,ベルリン大学で学んでいた。しかし留学期間中,彼は哲学ではなく,主に政治学と国際法を専攻していた。ヨーロッパの戦争が終わってから,張君勱は1919年に,梁啓超とともにヨーロッパを訪問し(彼らの主な目的は,パリに行き,ヴェルサイユ条約締結のためにパリ講和会議に出席した中国代表団が,西洋列強によって中国に押しつけられた不平等条約に反対する行動に協力することだった),ついでに戦後のヨーロッパの情勢について考察していた。翌年の一月,張君勱は梁啓超,蔣百里と一緒にイェーナ (Jena) に行き,ドイツの哲学者オイケン (Rudolf Eucken, 1846–1926) を訪問した。オイケンと会ってから,張君勱はオイケンの「生命哲学」に非常に興味を持つようになり,イェーナに残ってオイケンに学ぶことを決めた。張君勱はイェーナ滞在中,オイケンの哲学を研究するのみならず,オイケンと共著で『中国とヨーロッパの人生問題(中國與歐洲的人生問題)』という本を出版した[42]。

張君勱はオイケンとの交流によって,ドイツの哲学者ドリーシュ (Hans Driesch, 1867–1941) の中国訪問を促した。1920年,梁啓超は講学社の名義のもとに,オイケンを中国訪問に誘ったが,オイケンは当時すでに年を取っていたため,旅の疲れに耐えないことを理由に,梁啓超からの誘いを断った。梁啓超は,その代わりにドリーシュを誘った。ドリーシュはその誘いに応じて,1922年10月に上海に到着し,九ヶ月間の中国の旅を始めた。その間,張君勱は同行することになり,通訳を担当した。1923年2月,ドリーシュが北京を訪問している間,張君勱は同月の14日に,清華大学で「人生観」というテーマで講演した。この講演で,張君勱は次のように,科学と人生観を五つの側面から対比的に述べている。

第一,科学は客観的であるのに対して,人生観は主観的である。

第二,科学は論理学の方法によって支配されているのに対して,人生観は直覚によって生じている。

---

[42] Rudolf Eucken/Carsun Chang: *Das Lebensproblem in China und Europa*. Leipzig: Quelle & Meyer, 1922.

第三，科学は分析的方法によって物事を扱うことができるのに対して，人生観は綜合的である。

　第四，科学は因果律によって支配されているのに対して，人生観は自由意志にもとづいている。

　第五，科学は対象の同じ現象から生じているのに対して，人生観は人格の単一性から生じている[43]。

　以上の五つの対比によって，彼はこう結論づけている。「科学がいかに発達していようが，人生観の問題解決は決して科学の及ぶところではなく，ただ諸人類自身に頼るのみである。(科学無論如何発達，而人生観問題之解決，決非科学所能為力，惟頼諸人類之自身而已)」[44]この講演の原稿は，『清華週刊』の第272期に発表された。同年4月，丁文江は『努力週報』の第48, 49期に，「玄学と科学――張君勱の「人生観」を評する――（玄学與科学――評張君勱的「人生観」）」という論考を発表し，張君勱の観点を激しく批判した。これを契機に，いわゆる「科学と人生観の論戦」を引き起こし，多くの著名な学者がこの論戦に巻き込まれたという。

　この論戦の経緯と得失について論じた学者は多くいたので，筆者はここでそれに立ち入るつもりはない。筆者が一番関心を持っているのは，張君勱の「人生観」という論考の思想背景である。もとより，その最も直接的な思想の源は，オイケンの哲学である。それは，「人生観」(Lebensanschauung) という言葉がオイケンに由来しており，彼には『偉大な思想家の人生観』(Die Lebensanschauungen der großen Denker, 1890) という著作があるからである。オイケンの哲学の核心的な概念は Leben であり，異なった文脈では，それぞれ「人生」，「生命」，あるいは「生活」というふうに訳されている。他にも，たとえばフランスの哲学者ベルクソン (Henri Bergson, 1859-1941) の影響も受けている。なぜなら，特に直覚と「生命の躍動」(élan vital) を強調するベルクソンの立場は，

---

[43] 張君勱等『科学と人生観（科学与人生観）』（済南：山東人民出版社，1997年），35-38頁。
[44] 『科学と人生観』，38頁。

ちょうどオイケンと同じように，主知主義（intellectualism）に反対しているからである。しかし，論者たちは往々にして，間接的であるにもかかわらずもっと影響が深い思想背景，つまりカント哲学の影響を見逃しがちである。「科学と人生観の論戦」が過ぎてからほぼ20年の後，張君勱は「私の哲学思想（我之哲学思想）」という論考を著し[(45)]，この論戦を回顧している。その冒頭で，彼は次のように論じている。「当時の「人生観」に関する論戦は，私の「人生観」という講演によって引き起こされたことを思い出す〔…〕そのとき，私はヨーロッパから帰ってきたばかりで，ベルクソンとオイケンの影響を受けて，「人類には思想と自由意志がある」という学説を鼓吹していた（回想當年「人生觀」論戰，起於我一篇「人生觀」演講。〔…〕時我方自歐洲返國，受柏格森與倭伊鏗之影響，鼓吹「人類有思想有自由意志」之学説。）」[(46)] それに続いて，彼はそれぞれ，自分の科学，哲学，形而上学に対する見解を論述している。哲学に関する論述では，次のように書いている。

　　二, 三百年来，西欧人は心理的には，ただ知識を重んずるのを知っているだけで，知識が進歩すればするほど，人類の幸福も止まるところを知らないと考えていた。しかし，二つの世界大戦の後，欧米人はただ知識だけに頼っては，幸福をもたらすに十分でないのを深く知ったため，こぞって科学の社会的な任務を討論し始めた。これを敷衍して言えば，知識の働きは，人間に利益をもたらすことにあり，人間に害を加えることにあるのではない。これによって，道徳の価値の重要性も，またあらためて世界に認識された。160年，170年前に，カントは『純粋理性批判』という書物を著して知識を批判し，また『実践理性批判』を著して，道徳の由来を説明した。カントは両者を重んじているので，儒家の仁と智を同時に重んずることや，仏教の悲と智を同時に修めることと一致している。カントは，近代の人のなかでこの主旨を認める最も優れた人である。（〔…〕二, 三百年來,

---

(45)　この論考は香港の『再生』（第4巻第17期，1953年7月15日）に発表されている。のちに，程文熙編『中西印哲学文集』（台北：台湾学生書局，1981年，上冊，37-62頁）に収録された。
(46)　程文熙編『中西印哲学文集』，上冊，38頁。

西欧人之心理上但知側重知識，且以為知識愈進步，人類幸福殆無止境。然自兩次大戦以還，欧美人深知徒恃知識之不足以造福，或且促成世界末日，於是起而討論科学之社会的任務。伸言之，知識之用，応帰於利人而非害人，則道徳価値之重要，重為世界所認識矣。経百六七十年前之康徳，除著『純粋理性』一書批判知識外，同時又有『実践理性』一書，説明道徳之由來。康氏二者並重，與儒家之仁智兼顧，仏家悲智双修之途轍，正相吻合。而康徳則為現代人中認定此宗旨之傑出者）

　私が最初に哲学への道を窺い知ったのは，オイケンとベルクソンを通じてであった。梁任公先生はヨーロッパを旅したとき，途中イェーナを訪れ，僅かな時間オイケンと面会したが，私はこれによって，オイケンの哲学を研究する興味を引き起こされた。それと同時に，年に一度パリを訪れ，ベルクソンの著作をも読んでいた。しかし，両氏の著作は，いわゆる生に力点を置き，理知主義に反対する立場に属しており，百年や二百年来のヨーロッパ哲学の系統における知識論を棄却して，まったく顧みなかった。そのため，私は最初に両氏の学説を研究したとき，心の中ではすでに物足りないものを感じ，これによって同時に，新カント学派が論究したカント像に依拠して，カントの著作を読み始めたのである。これは私の心中に潜んでいた態度であった。オイケンとベルクソンが主張した自由意志や行動や変転の哲学は，私の望むところであった。しかし，変化を知り，常態を知らず，流動を知り，沈潜を知らず，行動を知り，是非を弁別する智慧を知らなければ，まるで特異な山が聳え立つ山水画のようなものになり，聖人の道を放ってしまうのを免れない。オイケンはどこまでも精神生活を忘れず，またベルクソンも晩年に道徳の源泉に関する著作を著したが，両者はともに知識と道徳を，文化における静的で定まった要素とは見なしていなかった。（我初窺哲学門徑，從倭伊鏗，柏格森入手。梁任公先生遊欧，途經耶納，与倭氏匆匆一晤，引起我研究倭氏哲学之興趣。同時毎年一度去巴黎，兼読柏氏著書。然倭氏，柏氏書中，側重於所謂生活之流，帰宿於反理智主義，將一,二百年來欧州哲学系統中之知識論棄之不顧。故我初期治両家学説後，心中即有所不慊，乃同時読康氏著作於新康徳派之所以發揮康氏

者。此為我心理中潜伏之態度。倭氏，柏氏提倡自由意志，行動与変之哲学，為我之所喜，然知有変而不知有常，知有流而不知潜蔵，知行動而不知弁別是非之智慧，不免為一幅奇峰突起之山水，而平坦之康荘大道，擯之於視野之外矣。倭氏雖念念不忘精神生活，柏氏晩年亦有道徳來源之著作，然其不視知識与道徳為文化中之静定要素則一也。）(47)

　張君勱のこの告白は，以下のようなことを証明してくれる。彼がこの論戦で最も擁護しようとしたのは，「意志の自由」の論説であり，しかもそれはカント哲学まで遡ることができる，ということである。カント哲学によれば「意志の自由」は，その知識論と倫理学を繋ぐ最も重要な概念である。『純粋理性批判』では，カントは「意志の自由」の論理的な可能性を保つことによって，それを因果律の普遍的な効力と抵触するに至らしめることがないようにした。『実践理性批判』では，カントはさらに進んで，道徳法則の事実性によって，意志の自由に一種の実践上の実在性を与えようとした。張君勱はまさにこの点から，カント哲学と儒家思想との接点を見出したのである(48)。したがって，彼はかつて，以下のように明白に示している。

　　哲学なら，私はドイツの哲学が好きだ〔…〕いつも中国の儒家哲学を提唱していると，よく周りの人に言われる。私が中国の儒家思想を擁護していることは否認しない。これは本当のことだ。なぜなら，儒家思想はカント哲学と共通するところがあるからだ（哲学，我喜歡徳国的。［…］大家都認為我一向提倡中国儒家哲学。［…］説我維護中国儒家思想，卻是真的。因儒家思想与康徳哲学有相同之処。）(49)

---

(47) 『中西印哲学文集』，44-45 頁。
(48) 張君勱の思想におけるカントと儒家思想との関係については，薛化元『民主憲政と民族主義の弁証的発展——張君勱思想の研究（民主憲政与民族主義的弁証発展——張君勱思想研究）』（台北：稲郷出版社，1993 年），251-259 頁。
(49) 張君勱『社会主義思想運動の概観（社会主義思想運動概観）』（台北：張君勱先生奨学金基金会，1978 年），4-5 頁。

1949 年，中国大陸で政権が交代してから，政治の舞台を失った張君勱は，世界各地を飛び回って講義を始め，儒家思想の宣揚に努めるようになった。彼は英語で『新儒家思想史』[50]と『王陽明——十六世紀中国の唯心論哲学者（王陽明：十六世紀中國的唯心論哲学家）』[51]を相次いで出版し，さらに『義理学十講綱要』（台北：華国出版社，1955 年），『中日陽明学の比較（比較中日陽明学)』（台北：中華文化事業出版委員会，1954 年）などを刊行した。伝統儒学にかんして，張君勱は特に陽明学とカント哲学の親近性に注目した。たとえば，彼が英語で発表した「王陽明の哲学」という論文では，王陽明の良知学でいう「意」を，こう理解している。「彼が強調している「意」は「誠意」であり，彼のいわゆる「誠意」とカントのいわゆる「善の意志」の意味は非常に似ている。（他所強調的「意」是「誠意」，而他所謂的「誠意」與康徳所謂的「善的意志」，在意涵上極為雷同。)」[52] また，「王陽明の体系が強調しているのは，「意」と「知」の密接な連関である。このような哲学的論理の微細な部分は，カントの実践理性のなかでのみ見出すことができる。なぜなら，カントは，実践理性をほぼ意志とみなしているからだ。（王陽明的系統中所強調的是「意」與「知」的密切関連——這種哲学理論的細緻僅見諸康徳的実践理性之中，而康徳幾乎認為実践理性即是意志。)」と語っている[53]。これらの論述は，ごく簡潔で煩わしさのないものだが，かえって張君勱がカント哲学と陽明学を深く理解していることを示している。しかし，張君勱はただ単に「比較，類比（格義）」というやり方で，カント哲学と陽明学を簡単に比較したのではなかった。彼は同時に，両者の重要な違いをも見出した。

---

(50)　Carsun Chang: *The Development of Neo-Confucian Thought.* New York: Bookman Associates, 1957/1962. この書は中国語訳があり，1979 年，台北張君勱先生奨学金基金会によって出版された。

(51)　Carsun Chang: *Wang Yang-ming: Idealist Philosopher of Sixteen-Century China.* New York: St. John University Press, 1962. この書には江日新による中国語訳があり，1991 年，台北東大図書公司によって出版された。

(52)　Carsun Chang: "Wang Yang-ming's Philosophy", *Philosophy East & West*, Vol. 5, Nr. 1 (April, 1955), p. 11.

(53)　"Wang Yang-ming's Philosophy", p. 12.

その存在論的唯心論のゆえに、王陽明はカントの物自体（noumenon）と現象（phenomenon）の区別を認めないのみならず、また決して知識を、既存の実在の要素と心のそうした実在に対する構造として析出することはないだろう（つまり、彼は知識を、感覚や感性、あるいは知性のような形式として析出することはないだろう）。王陽明にとって、知的活動、またはその過程と、知っているものとは、同一の実在である。理は基本的な本質であり、心の活動を通じて認識されるものである。（由於其存有論的唯心論，王陽明並不承認康徳対理体（noumenon）与事相（phenomenon）之区分：也不将知識離析為既存実在之要素与心体於這種実在的組構（也就是説，他並不将知識離析為感覚与感性及知性之形式）。対王陽明而言，知的活動或過程与所知的東西是同一個実在；理是基本的本質，而理是透過心的活動而被認識）[54]

こうした張君勱のカント哲学と陽明学に対する見解は、のちに牟宗三の陽明学に関する解釈のなかで、さらなる発展を遂げている[55]。このこともまた、彼をして、梁啓超から現代の新儒家（特に牟宗三）に至るまでの重要な仲介者たらしめたのである。

ドリーシュの訪中は、中国にカント研究のブームを巻き起こした。1923年に北京を訪問したとき、彼は「カント以前の認識論およびカントの学術（康徳以前之認識論及康徳之学術）」というテーマで講演した。張君勱はその通訳を務めた。その講演原稿は、のちに『文哲学報』第3, 4期（1923年3月、10月刊行）に掲載された。翌年、ちょうどカント近去200周年に当たり、『学芸雑誌』第6巻第5期が、「カント哲学特集」という名目で20本の論文を掲載した。1925年、『民鐸雑誌』第6巻第4期もまた、「カント特別号」という名目で13本の論文を掲載した。

---

(54) Carsun Chang: *Wang Yang-ming: Idealist Philosopher of Sixteen-Century China*, p. 13f.
(55) 牟宗三『陸象山から劉蕺山まで（從陸象山到劉蕺山）』（台北：台湾学生書局、1979年、215–265頁）と『牟宗三先生全集』（第8冊、台北：聯経出版公司、2003年、177–218頁）を参照されたい。

鄭昕（1905-74）にも，蔡元培，張君勱と同じく，ドイツ留学の経験がある。彼は1927年にドイツのベルリン大学に留学し，二年後イェーナ大学に移って，新カント学派のブルーノ・バウフ（Bruno Bauch, 1877-1942）に師事した。1932年には学位を取って帰国し，北京大学の哲学系に勤めた。彼が中国語圏におけるカント研究に最も大きな貢献をもたらしたのは，『カントの学述（康徳学述）』（上海：商務印書館，1946年）という書物の刊行によってであった。もとより，その前にすでに丘陵の『カントの生活（康徳生活）』（上海：世界書局，1934年），范寿康の『カント』（上海：商務印書館，1934年），南庶熙の『カント』（上海：世界書局，1934年）が刊行されていたが，しかしこれらの著作は一般向けのものであって，決して学術性の高いものではなかった。鄭昕の『カントの学述』は，カント哲学を研究した最初の厳密な意味での専門書である。賀麟の指摘のように，「鄭昕先生は，わが国でカントに対して厳密な研究を行なった最初の研究者であり，またカント哲学をそのまま，専門的に，系統的に，また全面的な理解を通して紹介した人であった（鄭昕先生是吾国第一個対康徳作精深的研究，而能夠原原本本専門地，系統地，融会地介紹康徳哲学的人）」[56]。この書は，「カントの玄学に対する批評（康徳對玄学之批評）」と「カントの知識論（康徳論知識）」という二つの部分を含んでおり，最後に附録「真理と実在」が付せられている。

　この段階のカント研究には，以下のように，カントの原著から翻訳したものがある。

1. 周暹，尉礼賢（Richard Wilhelm）共訳：『人心能力論』("Von der Macht des Gemüths durch den bloßen Vorsatz seiner krankhaften Gefühle Meister zu sein")，上海：商務印書館，1914年
2. 瞿菊農訳：『カントの教育論（康徳論教育）』(*Kant über Pädagogik*)，上海：商務印書館，1926年
3. 胡仁源訳：『純粋理性批判』(*Kritik der reinen Vernunft*)，上海：商務印書館，1933年
4. 張銘鼎訳：『実践理性批判』(*Kritik der praktischen Vernunft*)，上海：

---

[56] 賀麟『五十年来の中国哲学』（北京：商務印書館，2002年），33-34頁。

商務印書館，1936 年
5. 唐鉞訳：『道徳形而上学の基礎づけ（道徳形上学探本）』（*Grundlegung zur Metaphysik der Sitten*），上海：商務印書館，1937 年
6. 關文運訳：『美と崇高の感情（優美感覺與崇高感覺）』（*Beobachtungen über das Gefühl des Schönen und Erhabenen*），上海：商務印書館，1941 年

そのほか，日本の学者・桑木厳翼の『カントと現代哲学』が，余又蓀によって中国語に訳されている（上海：商務印書館，1935 年）。この書物は 1967 年に台湾商務印書館によって再版され，台湾のカント研究に一定の影響を与えた。

4　結　論

カント哲学が中国に入って，すでに一世紀を越えている。本章は，1949 年までの中国の知識界がカント哲学を摂取した過程を，二つの段階に区分した。第一の段階では，カント哲学の導入は主として，日本語の著作を媒介とした。その比較的顕著な例は，たとえば康有為，梁啓超，章太炎，王国維などである。彼らのカント哲学解釈は往々にして，顕著な「比較，類比（格義）」の特色を持っている。つまり，中国の伝統哲学の概念と思想を借用して（特に儒家と佛教の概念と思想），カント哲学を解釈したのである。一つの文化が外来思想を吸収するとき，「比較，類比（格義）」という解釈の方法をもってするのは，ごく自然なことであり，また必要不可欠でもある。こうした状況は，仏教が後漢，魏，晋の時代に中国に入った諸時期のみならず，紀元一世紀から八世紀に至るギリシャ哲学の概念と思想によってキリスト教信仰を解釈したさまざまな「教父哲学」（patristic philosophy）にも見出すことができる。第二の段階に至ると，中国知識界はもはや，日本語著作の翻訳を通じてカント哲学を研究することがなくなり，直接ドイツ語の文献を通じてカント哲学を研究し始め，中にはドイツに留学してカント哲学を学ぶ者まで現れる。比較的著名な例は，たとえば蔡元培，張君勱，鄭昕などを挙げることができる。それぞれのカント研究のなかで，彼らは「比較，類比（格義）」を「比較研究」まで深化させ，中国の当時の状況と必要に応じて，さらに彼ら自身の観点と主張を打ち出したのである。

鄭昕は『カントの学述』の「弁言」のなかで，こう書き記している。「カン

トを超えたら，新しい哲学が生まれる可能性がある。カントを素通りしてしまえば，悪い哲学が生じてくるだけだ（超過康徳，可能有新哲学，掠過康徳，只能有壊哲学）」。カント哲学は，近代西洋哲学の発展の過程で独特な地位を占めているので，その後の西洋哲学の流派はその方向がいかなるものであろうが，いずれもカントが提示した哲学の課題を避けることができず，必ずやそれに対してある種の立場を取らなければならないのである。

(廖欽彬 訳)

第二章

中国大陸のカント研究

1949 年以降

李 秋 零

　梁啓超が 1903 年から 04 年に『新民叢報』に発表した論文「近世第一大哲カントの学説」から逆算すれば，中国学界におけるカント研究はすでに百年の歴史を持っている。1949 年以前，先輩学者たちの大きな功績によって，後世に模範的な翻訳や研究が残されただけでなく，多くの研究者たちが育成された。これらは，さらなるカント研究を推進する基盤となった。

　1949 年以降，中国大陸の学術環境に劇的な変化が生じた。カント哲学研究は，著しくイデオロギー的な形態の影響を受け，曲折した時期を通過した。概括的に言えば，1949 年から 78 年の間の時期を「静寂に近い」段階と呼んでよい。とりわけ，1966 年から 76 年の間に起きた「文化大革命」の期間が顕著だった。そして，1978 年より現在までの段階は「活気あふれる発展」の段階と呼ぶことができる。特に 2004 年以降，現在までのカント哲学研究の発展には著しいものがある。

1　静寂に近いカント研究

　1949 年に，中国大陸の政権が入れ替わり，共産党がマルクス主義を自らの指導的思想として，このイデオロギー的形態を一貫して学術研究の領域に持ち込んできた。「旧世代」と呼ばれた学者たちには「思想改造」が要求され，彼らの研究はマルクス主義によって導かれることになった。一方，旧ソ連の哲学研究の方法も哲学史の分野に持ち込まれ，ジダーノフ（Andrei Aleksandrovich

Zhdanov）の哲学史が哲学史研究の基準となり，哲学の階級性，唯物論と唯心論，弁証法と形而上学との対立が強調された。哲学史そのものがマルクス主義の合理性を顕す解釈の手段とされた。このような状況のなかで，マルクス主義の三つの思想的な源泉であるドイツ哲学が重要視されるようになった。ところが，ヘーゲル哲学に比べるとカント哲学の地位は著しく低下した。というのは，ヘーゲル系の哲学は唯心論に近いが，転倒した「弁証法」があり，それがマルクス主義に転用できると考えられていたからである。それに対し，マルクス主義ときわめて縁が深いはずのカント哲学が「超越論的唯心論」とされ，本来マルクス主義とは異質の「二元論」「折衷主義」「不可知論」といったレッテルが貼られて，批判の対象となってしまった。この段階で，中国大陸にはカント哲学の研究書がなく，数少ない論文もおおむね政治的な影響を受け，検討すべき中身は皆無だった。敢えて一例を挙げれば，カントの「物自体」概念には，カント哲学における唯物論的傾向を主張する研究があった。また，この頃カント哲学に興味を示した学者もいた。例えば，北京大学で教鞭を執った鄭昕仍は30年代から40年代にカント哲学を研究した。彼はカントの講義や翻訳を行なったが，著作を出版しなかった。

　とはいえ，この段階におけるカント研究の真の意義は翻訳にある。他の哲学作品に比べるとまだ限られていたが，カント哲学そのものからみれば多くの主著が翻訳されたため，大きな意義があるのである。この時期に，『道徳形而上学探本』（唐鉞重訳，1957年），『純粋理性批判』（藍公武訳，三聯1957年，商務1960年），『実践理性批判』（關文運訳，1960年），『カント哲学原著選読』（ジョン・ワトソン〔John Watson〕編，韋卓民訳，1963年），『判斷力批判』（宗白華，韋卓民訳，1964年）が翻訳・刊行された。注目すべきは，文化大革命の頃にも「課題組」と名乗る研究班がカントの『宇宙発展史概論』（1972年，後に全増暇訳，王福山校訂）を翻訳・刊行したことである。エンゲルスが，カントの天文学は形而上学的自然観を打開した，と述べたからだと考えられる。

　これらの訳書のなかで最も評価すべきは，藍公武訳『純粋理性批判』である。訳者あとがきによれば，翻訳は1933年から35年に完成したものであり，1949年以前の成果の一つと言ってよい。しかし，その刊行は1957年であり，学術的貢献と影響力は現在の段階まで及んでいる。藍による翻訳以前にすでに

胡仁源の翻訳（1931年）があったが，胡の哲学的素養が低く，この翻訳は信頼できるものには程遠い。藍は，カント哲学の研究者であり，カント哲学の真髄に迫る翻訳であったと言える。藍は，中国語圏のカント読者にとって便利な門を開いただけでなく，カント研究の基本概念の訳語も定めた。彼の訳書は「藍本」とも呼ばれているが，まさしく刊行後の三，四十年間，カント研究の〔手本として〕「藍本」の役割を担ったのである。

　この時期には，カント著作の翻訳の他に，『康徳的哲学』（B. X. アスモス〔Acmyc〕著，蔡華五訳，1959年），『康徳哲学論述』（ヘーゲル著，賀麟訳，1962年），『康徳哲学講解』（ワトソン著，韋卓民訳，1963年），『康徳〈純粋理性批判〉解義』（N. K. スミス〔Norman Kemp Smith〕著，韋卓民訳，1964年）などのカント哲学研究書も翻訳された。ちなみに，『康徳哲学講解』は，ヘーゲル『哲学史講演録』のなかにある「カント」章の中国語訳である。これらの訳書は後の中国大陸の学界におけるカント研究の重要参考文献となった。

　この時期になってようやくカント著作の翻訳は評価できるものになったが，批判すべき点も多かった。研究が進むと，これらの訳書の誤りが明らかになった。まず，言語からみれば，カントの著作は『可感界と可想界の形式と原理』などのラテン語論文を除いて，ほとんどがドイツ語で書かれたものである。当時の訳者たちはドイツ語ができなかったので，あるいは少ししかできなかったので，全員が英訳書から中国語に訳していた。翻訳という営みは，訳者が著者のテクストを理解する作業であるが，二つの言語を置き換えることは至難のわざであり，一致する意味を生み出すことはほぼ不可能である。それゆえ，訳書と原著との間には必ず距離があり，この距離を避けることはできない。ドイツ語から中国語に翻訳するのではなく，英訳から翻訳するのだから，まさに「英訳の制限を受け，英訳の問題から脱することができない。例えば，中国語訳とドイツ語原著との相違点が多い。誤訳，意味不明，正確性が欠如した箇所が目立ち，原著とはまったく違った意味になってしまったところも点在している」[1]のであり，両者の距離はむしろ拡大している。早期のカント研究や翻訳では，

---

(1)　楊祖陶「『純粋理性批判』中訳本序」，鄧曉芒訳，楊祖陶校『純粋理性批判』北京：人民出版社，2004年。

重訳はやむをえないことだった。しかし，もうひとつの問題は，翻訳者の言葉遣いにあった。藍公武が1930年代に翻訳した『純粋理性批判』は，漢文調と近代中国語調の割合が五分五分であり，現在の中国語とはかなり違っていた。また，翻訳そのものにも問題があった。ある程度の誤訳が存在することは否定できないのである。藍公武訳『純粋理性批判』を精査した韋卓民は，このように述べている。「英訳と対照してみれば，英訳の意味からはずれ，もしくは英訳を誤解した箇所が多かった」[2]。宗白華・韋卓民共訳『判斷力批判』に関しては，何兆武は「中国語訳に誤りが百出する。特に韋卓民が訳した後半の部分は英訳も誤っており，とても読めるものではない」と激しく批判した[3]。

　言語の問題とは別に，専門用語の翻訳にはさらなる根本的な問題がある。カントは自らの哲学体系を構築するとき，伝統的な哲学概念に新しい意味をもたらし，多くの新たな哲学概念を創出した。これらの新たな哲学概念には，中国語に一致する訳語がなかなか存在しない。カント哲学の翻訳者たちとカントのテクストを読む研究者たちは，それぞれ自分の理解に依拠して新しい訳語を作ったので，同じ一つの概念に多くの中国語の訳語があるという事態になってしまった。例えば，a prioriという概念に，「先天」「先験」「験前」という訳語がある。ErscheinungとPhänomenonは，カント哲学のなかで同じ意味で使われる場合があれば，違った意味で用いられる場合もある。藍公武は両方の概念を「現象」と訳し，韋卓民は「出現」と「現象」とに訳し分けた。また，同じ訳者であっても，訳語の統一性を守らなかった場合もあった。例えば，Neigungというカント哲学におけるきわめて重要な倫理学的概念があるが，関文運は『実践理性批判』のなかで共通する訳語を使用せず，この概念を「好悪」「愛好」「喜好」「情欲」と訳した。基本概念を不統一な言葉で訳してしまえば，読者と研究者に多くの不便を与えるだけでなく，時には致命的な誤解を招く。原文が表示されなければ，この概念はまったく理解できないであろう。

　以上，多くの問題点があったにもかかわらず，これらの翻訳は当時のカント

---

(2) 韋卓民「『純粋理性批判』中訳者前言」，載所訳『純粋理性批判』武漢：華中師範大學出版社，1991年初版；2000年校訂版。
(3) 何兆武「康德『論優美感和崇高感』訳序」，載所訳『論優美感和崇高感』22頁，北京：商務印書館，2001年。

研究の貴重な成果である。なお，出版物の話題とは別に，当時の中国の大学では，カント哲学の講義は途切れなく続いていた。熱心な研究者たちはなおカントの著作を読み続けており，次の時機を見て豊かな研究成果を発表できるよう努力していた。

2　活発に展開されるカント研究

1978 年は，中国大陸で開始された改革開放の年であり，同時に中国学術界の復興の年でもあった。その年の 10 月に安徽蕪湖で「全国西方哲学史討論会」が開催され，200 人余りが出席した。この会議の目的は，西方哲学研究の性質・対象・方法などの基本問題を検討することにあった。討論会の満場一致の結論とはならなかったが，ジダーノフ哲学史による定義の束縛から解放されること，唯物論と唯心論・弁証法と形而上学という対立を教条として認めないこと，対立と発展を人類の認識史の過程と見なし，対立したものが互いに影響や連動をすること，あらためて客観的に唯心論的哲学の地位と作用を評価すること，という議論の諸成果が得られた。この会議がきっかけとなり，中国大陸におけるカント研究に新しいページが開かれることになった。

ちょうどこの会議の二ヶ月前に，龐景仁訳『任何一種能夠作為科学出現的未来形而上学導論』（プロレゴーメナ）が商務印書館から刊行された。学問に造詣が深く，カント哲学を十分に理解している龐は，流暢な近代中国語でカントの思想を的確に表現しただけでなく，訳書のあとがきには，この書物と『純粋理性批判』との関係を詳しく説明し，また重要な概念の翻訳についても解説を加えた。そして，英語・フランス語・ドイツ語の項目一覧と，苗力田が翻訳したカントの 10 通の書簡も付け加えた。この書物は，『純粋理性批判』の入門であるという特殊性があり，長い間学生たちにとってカント哲学の殿堂への入り口であった。

1979 年に李澤厚の『批判哲学的批判——康徳述評』が出版され，カント哲学研究に大きな貢献をもたらした。この書物は，中国の学術界でカント哲学を全面的に研究した最初の単著である。李は美学と中国思想史の専門家であるが，「文化大革命」という困難な歳月に「五七幹校」という労働改造を強いられ，

その際にカントの『純粋理性批判』を繰り返し読み，当時の思索を後に一冊の本にまとめたのである。この書物のあとがきに書かれたように，著者が原稿を書いた時には「憤懣をぶちまける」気持ちがあったという。李はカント研究を通じてカントに共感を覚え，書物を執筆することで感情移入したといえよう。また当時，李はいくつかの重要な見解を示した。例を挙げれば，カントの超越論的哲学において人間が認識主体であることは，近代西洋の主体性哲学の重要な成果だということを意味する。また，「人間は目的である」というカントの思想を強調し，それがマルクス主義における人間の解放思想にも通じるものだという李の見解は，「文化大革命」の時に感じたものに著しく関わっているように思われる。この書物には，まだイデオロギーの痕跡が残っており，また著者のドイツ語の語学力にも限界があるが，畢竟，それは1949年以降中国大陸ではじめて全面的にカントを研究した著作であり，総体として伝統的研究の枠組みを突破し，可能なかぎりカント哲学を肯定した著作でもあった。1978年以降の多くの若者が李澤厚の書物を通じてカントに興味をもつようになったと言っても過言ではない。

　上述の訳書と研究書は，中国大陸における新たな時期のカント哲学研究の幕開けとなった。それ以降，中国大陸のカント哲学研究は盛んになり，21世紀になってからなお勢いが増している。

（1）この新時期に最も顕著なのは，カント著作の翻訳の増加であり，しかも過去の英訳依存から一変し，原文からの翻訳が重要視されるようになったことである。これは，ベテラン研究者の持続的な努力だけでなく，新しい世代の学者が参加したからこそ可能となった。翻訳の範囲も昔ながらの三大批判だけでなく，他の著作や書簡にまで及んだ。20世紀末に楊祖陶と鄧曉芒が翻訳した『康德三大批判精粋』は，後に三大批判の全訳となり，2004年即ちカント没後200周年の際にすべて刊行され，これがカント著作翻訳の第一の頂点となっている。楊と鄧とほぼ同時に，翻訳界で有名な苗力田が『アリストテレス全集』の翻訳を終え，弟子である李秋零と一緒に『カント著作全集』の翻訳をはじめた。苗力田は2000年にこの世を去り，その後全集の翻訳計画はほぼ李秋零一人で進められた。2003年に第1巻が刊行され，2010年に全巻が刊行された。

これがカント著作の翻訳の第二の頂点となった。ここになってはじめて，カントが生前に発表した著作がすべて中国語に翻訳されたのである。

では，この時期に単行本という形で出版されたカント著作の中国語訳をカント原典の出版年順に挙げておこう。

Allgemeine Naturgeschichte und Theorie des Himmels, 1755.
 全増嘏訳，王福山校『宇宙発展史概論』（上海：上海訳文出版社，2001年。同書は上海人民出版社1972年版の再版である）。

Beobachtungen über das Gefühl des Schönen und Erhabenen, 1763.
 曹俊峰・韓明安訳『對美感與崇高感的観察』（ハルビン：黒龍江人民出版社，1989年）
 何兆武訳『論優美感與崇高感』（北京：商務印書館，2001年）

Kritik der reinen Vernunft, 1781/1787.
 韋卓民訳『純粋理性批判』（武漢：華中師範大学出版社，1991年初版；2000年校訂版）
 鄧曉芒訳，楊祖陶校『純粋理性批判』（北京：人民出版社，2004年）
 李秋零訳『純粋理性批判』（北京：中国人民大学出版社，2004年；2012年再版の際に科学院版編者導言と注釋を付け加えた）

Prolegomena zu einer jeden künftigen Metaphysik, die als Wissenschaft wird auftreten können, 1783.
 龐景仁訳『任何一種能夠作為科学出現的未来形而上学導論』（北京：商務印書館，1978年）
 李秋零訳『任何一種能夠作為科学出現的未来形而上学導論』（北京：中国人民大学出版社，2013年）

Grundlegung zur Metaphysik der Sitten, 1785.
 苗力田訳『道徳形而上学原理』（上海：上海人民出版社，1986年；2002年重版）

李秋零訳『道徳形而上学的奠基』（北京：中国人民大学出版社，2013 年）

Metaphysische Anfangsgründe der Naturwissenschaft, 1786.
鄧曉芒訳『自然科学的形而上学基礎』（北京：三聯書店，1988；上海：上海人民出版社，2003 年修訂新版）
韋卓民訳『自然科学的形而上学初歩』（武漢：華中師範大学出版社，1991 年）

Kritik der praktischen Vernunft, 1788.
關文運訳『実践理性批判』（桂林：廣西師範大学出版社，2002 年。同書は商務印書館 1960 年版の再版である）
韓水法訳『実践理性批判』（北京：商務印書館，1999 年；2001 年第 3 次印本訂正あり）
鄧曉芒訳，楊祖陶校『実践理性批判』（北京：人民出版社，2003 年）
李秋零訳『実践理性批判』（北京：中国人民大学出版社，2012 年）

Kritik der Urteilskraft, 1790.
鄧曉芒訳，楊祖陶校『判斷力批判』（北京：人民出版社，2002 年）
李秋零訳『判斷力批判』（北京：中国人民大学出版社，2012 年）

Die Religion innerhalb der Grenzen der bloßen Vernunft, 1793.
李秋零訳『單純理性限度內的宗教』（香港：漢語基督教文化研究所，1997 年；北京：中国人民大学出版社，2003 年）。『純然理性界限內的宗教』（修訂版。北京：中国人民大学出版社，2012 年）

Metaphysik der Sitten, 1797.
沈叔平訳『法的形而上学原理』（著作の前半部分の翻訳。北京：商務印書館，1991 年）
張榮・李秋零訳『道徳形而上学』（北京：中国人民大学出版社，2013 年）

Anthropologie in pragmatischer Hinsicht, 1798.

鄧曉芒訳『實用人類学』（重慶：重慶出版社，1987 年；上海：上海人民出版社，2002 年増訂新版）

李秋零訳『實用人類学』（他二篇。北京：中国人民大学出版社，2013 年）

Immanuel Kants Logik, ein Handbuch zu Vorlesungen, 1800.
許景行訳『邏輯学講義』（北京：商務印書館，1991 年）

また，選集という形で出版されたカント著作の中国語訳もカント原著の出版年順に挙げておく。

韋卓民訳『康德哲学原著選讀』（ジョン・ワトソン編。武漢：華中師範大学出版社，2000 年。同書は商務印書館 1963 年版の再版である）

何兆武編訳『歷史理性批判文集』（北京：商務印書館，1990 年）

鄭保華主編『康德文集』（北京：改革出版社，1997 年）

楊祖陶・鄧曉芒編訳『康德三大批判精粹』（北京：人民出版社，2001 年）

瑜青主編『康德經典文存』（上海：上海大学出版社，2002 年）

曹俊峰訳『康德美学文集』（北京：北京師範大学出版社，2003 年。増訂版『美，以及美的反思：康德美学全集』北京：金城出版社，2013 年）

李秋零編訳『康德論上帝與宗教』（北京：中国人民大学出版社，2004 年）

趙鵬・何兆武訳『論教育学』（上海：上海人民出版社，2005 年）

李秋零編訳『康德書信百封』（上海：上海人民出版社，1992 年。2006 年再版の際訂正あり。なお，その間に一部の内容をイラスト付きで『彼岸星空——康德書信選』というタイトルで北京經濟日報出版社から 2001 年出版，2012 年再版）

2001 年に李秋零は『康德著作全集』の編集を始めたが，それは権威あるアカデミー版『カント全集』に基づいたものである。全 9 巻の編成：第 1 巻（2003 年）：前批判時期著作Ⅰ；第 2 巻（2004 年）：前批判時期著作Ⅱ；第 3 巻（2004 年）：『純粹理性批判』第 2 版。第 4 巻（2005 年）：『純粹理性批判』第 1 版，『未来形而上学導論』，『道德形而上学的奠基』，『自然科学的形而上学初始根據』。第 5 巻（2007 年）：『實踐理性批判』，『判斷力批判』。第 6 巻（2007 年）：

『純然理性界限內的宗教』,『道德形而上学』。第 7 巻 (2008 年):『学科之爭』,『實用人類学』。第 8 巻 (2010 年):1781 年以後の論文。第 9 巻 (2010 年):『邏輯学』,『自然地理学』,『教育学』。第 1 巻と第 6 巻の一部では別の訳者が翻訳し,李秋零が原文に基づいて校正を行なったが,その他のテキストはほぼ李秋零一人で訳出した。現在,李秋零は国家社会科学基金重大項目「『康徳往来書信全集』訳注」を担当しており,2016 年に完成させることを目指している。

また,この時期にはいくつかの海外のカント研究専門書が翻訳されており,比較的重要なものを出版年順に挙げておこう。賈澤林等訳『康徳傳』(古留加 [A. Gulyga] 著,商務印書館,1981 年),於鳳梧・王宏文訳『康徳的實踐哲学』(安倍能成著,福建人民出版社,1984 年),塗紀亮訳『康徳和康徳主義』(波波夫 [C. N. Popow] 著,人民出版社,1986 年),尚章孫・羅章龍訳『康徳生平』(福爾倫徳 [Karl Vorländer] 著,商務印書館,1986 年重版),孫鼎国訳『康徳』(瓦.費.阿斯穆斯著 [B. X. Acmyc],北京大学出版社,1987 年),周貴蓮・丁冬紅編訳『国外康徳哲学新論』(求実出版社,1990 年),韋卓民訳『康徳哲学講解』(約翰・華特生 [John Watson] 著,華中師範大学出版社,2000 年),鄭伊倩訳『康徳——生平、著作與影響』(赫費 [Otfried Höffe] 著,人民出版社,2007 年),黄濤譯『〈実践理性批判〉通譯』(劉易斯・貝克 [Lewis White Beck] 著,華東師範大学出版社,2011 年),高小強編譯『康徳〈実践理性批判〉術語通譯』(海因里希・納特克著 [Heinrich Ratke],四川大学出版社,2013 年)。

この時期のカント著作の翻訳は,前の時期と比べられないほど圧倒的に数が多いだけでなく,多くは直接ドイツ語から翻訳された。訳者の多くは,大学などの現場でカント哲学の教育と研究を実践しており,質はかなり高まってきた。同じ著作にいくつもの翻訳が刊行され,読み比べながら研究を進めることが可能となった。この時期の最も大きな問題は依然として訳語にある。鄧曉芒・楊祖陶がカントの三大批判を翻訳し,李秋零がカントの全著作を翻訳しながら,術語の統一に力を入れてきた。しかし,いくつもの重要な概念については,翻訳者の間に統一した訳がなく,研究者も自分なりの訳を提案している。例えば,a priori という術語を「先天」もしくは「先驗」に訳すべきか,transzendental を「超越論的」に訳すべきか。これらの問いに答えるには,研究から得た新たなアイディアもあれば,「約定まりて俗成る」という伝統もある。具体的に言

えば，ErscheinungとPhänomenonという対概念はカント哲学のなかで場合によって意味が違うが，藍公武は両方を「現象」と訳し，韋卓民はそれぞれを「出現」と「現象」，鄧曉芒は「現象」と「現相」，李秋零は「顯象」と「現象」と訳した。学術版『西方哲学史』では，李秋零がErscheinungを「顯象」と訳したのは「本来の意味に返した」と評価する一方で，「いままで定着してきた方法を顧慮して」[4]，「現象」という訳語を使用したという。言うまでもなく，翻訳そのものはある種の理解・研究であり，訳語の統一を要求すべきものでもなければ，実現できるものでもない。

⑵　翻訳が大いに盛んになったこの時期のカント哲学研究における成果もまた，喜ばしいものである。統計を見れば，1978年以来発表されたカントについての論文は3000本余りに達し，しかも毎年300本のペースで増えている。このデータには未発表の修士学位論文・博士学位論文は含まれていない。多くの研究書が出版されている昨今，おおよそ毎年5部のペースで論文数が増加している。筆者による不完全な集計であるが，この時期に出版された学術専門書は次の通りである。

　李澤厚『批判哲学的批判——康德哲学述評』（人民出版社，1979年）
　陳元暉『康德的時空觀』（中国社会科学出版社，1982年）
　鄭湧『批判哲学與解釋哲学』（中国社会科学出版社，1984年）
　李質明『康德〈導論〉評述』（福建人民出版社，1984年）
　張世英『康德的〈純粹理性批判〉』（北京大学出版社，1987年）
　謝遐齡『康德對本體論的揚棄——從宇宙本體論到理性本體論的轉折』（湖南教育出版社，1987年）
　『砍下自然神論頭顱的大刀——康德的〈純粹理性批判〉』（雲南人民出版社，1989年）
　陳嘉明『建構與範導——康德哲学的方法論』（社会科学文獻出版社，1992年，

---

[4]　葉秀山・王樹人主編『西方哲學史』第六巻，140頁注，南京，鳳凰出版社，江蘇人民出版社，2005年。

修訂版：上海人民出版社，2013 年）

張俊芳『康德道徳哲学研究』（東北師範大学出版社，1993 年）

張俊芳・馮文華『康德美学研究』（東北師範大学出版社，1994 年）

張志偉『康德的道徳世界觀』（中國人民大学出版社，1995 年）

馬新国『康德美学研究』（北京師範大学出版社，1995 年）

楊一之『康徳黑格爾哲学講稿』（商務印書館，1996 年）

範進『康徳文化哲学』（社会科学文獻出版社，1996 年）

楊祖陶・鄧曉芒『〈純粹理性批判〉指要』（湖南教育出版社，1996 年）

鄧曉芒『冥河的擺渡者――康徳〈判斷力批判〉導讀』（雲南人民出版社，1997 年）

謝舜『神学的人学化――康徳的宗教哲学及其現代影響』（廣西人民出版社，1997 年）

韓水法『康徳傳』（河北人民出版社，1997 年）

朱志榮『康徳美学思想研究』（安徽，合肥人民出版社，1997 年）

戴茂堂『超越自然主義――康徳美学的現象学詮釋』（武漢大学出版社，1998 年）

程志民『康徳』（湖南教育出版社，1999 年）

齊良驥『康徳的知識学』（商務印書館，2000 年）

李梅『權利與正義――康徳政治哲学研究』（社会科学文獻出版社，2000 年）

張能為『康徳與現代哲学』（安徽大学出版社，2001 年）

張政文『從古典到現代――康徳美学研究』（社会科学文獻出版社，2002 年）

溫純如『認知，邏輯與價值――康徳〈純粹理性批判〉新探』（中國社会科学出版社，2002 年）

俞吾金『從康徳到馬克思』（廣西師範大学出版社，2004 年）

黃裕生『真理與自由――康徳哲学的存在論闡釋』（江蘇人民出版社，2002 年）

李蜀人『道徳王国的重建』（中國社会科学出版社，2005 年）

鄧曉芒『康徳哲学講演錄』（廣西師範大学出版社，2006 年）

王兵『康徳前批判期哲学研究』（人民出版社，2006 年）

韓水法『康徳物自身学說研究』（商務印書館，2007 年）

侯鴻勳『康徳』（香港中華書局，2008 年）

趙廣明『康徳的信仰』（江蘇人民出版社，2008 年）

鄧曉芒『康德〈判斷力批判〉釋義』（三聯書店，2008 年）
韓水法『批判的形而上学――康德研究文集』（北京大学出版社，2009 年）
陳傑『内向指標――以康德批判哲学為進路的意義理論研究』（上海大学出版社，2009 年）
李欣・鐘錦『康德辯證法新釋』（同濟大学出版社，2009 年）
趙明『実践理性的政治立法――康德〈論永久和平〉的法哲学詮釋』（法律出版社，2009 年）
申扶民『自由的審美之路――康德美学研究』（中国社会科学出版社，2009 年）
胡友峰『康德美学的自然與自由觀念』（浙江大学出版社，2009 年）
郭立田『康德〈純粋理性批判〉文本解讀』（黒龍江大学出版社，2010 年）
鄧曉芒『康德〈純粋理性批判〉句讀』（人民出版社，2010 年）
盛志徳『牟宗三與康徳關於"智的直覺"問題的比較研究』（廣西師範大学出版社，2010 年）
韓志偉『追尋自由――從康德到馬克思』（中国社会科学出版社，2010 年）
李豔輝『康德的上帝觀』（北京師範大学出版社，2010 年）
易曉波『論康德的知性和理性』（湖南教育出版社，2010 年）
朱高正『從康德到朱熹――白鹿洞講演録』（浙江大学出版社，2011 年）
陶悦『道徳形而上学――牟宗三與康德之間』（中国社会科学出版社，2011 年）
王平『目的論視域下的康德歴史哲学』（上海交通大学出版社，2012 年）
宮睿『康德的想像力理論』（中国政法大学出版社，2012 年）
曹俊峰『康德美学引論』（天津教育出版社，2012 年）
鄧曉芒『康德〈道徳形而上学奠基〉句讀』（人民出版社，2012 年）
陶立霞『康德目的論思想研究』（黒龍江大学出版社，2012 年）
葉秀山『啟蒙與自由――葉秀山論康德』（江蘇人民出版社，2013 年）
劉睿『康德尊厳学説及其現実啟迪』（中国社会科学出版社，2013 年）
王建軍『康德與直觀』（北京師範大学出版社，2014 年）

これらの著作と同時期の論文を読めば，次の特徴を見出すことができる。
　第一に，それ以前の時期の研究成果を整理し出版したことである。1978 年以前の時期，あるいは最も困難だった「文化大革命」という時期においても，

カント研究は中断されず、多くの学者たちはなかなか研究成果を刊行できなかったものの、カントについて講義や研究を続けた。1978年以降、学術の雰囲気が変わり、先輩学者たちの研究成果や長い間利用した講義ノートが整理され、出版された。李澤厚・陳元暉・李質明・張世英・楊一之・楊祖陶・齊良驥等の作品は、長い年月で磨かれた基盤研究であり、この時期の出版物としては大変貴重なものである。

　第二に、新しい世代の学者が現れたことである。1977年に中国大陸における高校の入試が再開し、「文化大革命」時に勉強の機会がなかった若者が激しい入試を経て大学に入学した。この時期は、大陸の改革開放が始まったばかりであり、西洋からさまざまな新思潮が中国に入り、一時期西洋哲学の研究が顕著な学問となった。カント哲学そのものの魅力や、それと近代西洋思想との関係の深さに引かれ、多くの若い学生たちがカント哲学研究を選択した。大陸の学会では「文化大革命」の10年間に世代交代の問題があったが、学生たちが卒業後大学で教鞭を執り、カント哲学研究の主力となった。上述の論著は彼らの博士論文やその後の研究成果であった。

　第三に、カントに対する再評価である。この時期、学界はしだいにカント哲学からレッテルを取り除き、カントと伝統哲学・近代哲学との関係や、哲学史におけるその重要な地位を積極的に肯定した。80年代には、学術界に「カントは要るが、ヘーゲルは要らない」「ヘーゲルを離れ、カントに戻る」という呼び声もあった。また、何人かの学者が「コペルニクス的革命」は認識論だけでなく、倫理学・美学・宗教哲学にも同じ革命が存在しうる、と主張している。カントは伝統哲学が充分に展開した積極的成果の上で、「深い哲学的思惟をもって西洋の啓蒙哲学をさらに新たな理論のレベルに高め、近代の基本原則としての理性や自由を論じ、そして近代人と社会にとって貴重な哲学理念を提供した。哲学問題に関するカントの広い思索と洞察は、人類の思索の大切な資源になり、これからの哲学と文化に衰えず大きな影響を与え続けるだろう」[5]。ここに至ってはじめて、カントが「近世第一の大哲学者」という名に値するものと

---

(5)　葉秀山，王樹人主編『西方哲學史』第六巻，115頁，南京，鳳凰出版社，江蘇人民出版社，2005年。

されたのである。

　第四に，伝統的テーマが深化し，研究範囲が拡大したことである。カントの三大批判は多くの研究者の注目の的だったが，1978年以降の中国大陸学界でも例外ではない。しかし，それ以前の時期と比べると，カント研究では「メタ言説」という研究方式を放棄し，カント哲学のテクストそのものを探究するようになった。その特徴としては，カントの原文とその具体的概念について細かい分析をすることにあり，そのためテクスト解釈を中心とした作品，あるいは鄧曉芒式の「句読み」が出来たのである。それと同時に，カントの歴史哲学・宗教哲学・政治哲学・法哲学などが注目され始め，カントの前批判期の哲学まで研究されてきた。その他に，カント哲学と中国伝統思想との比較研究も話題になり，存在論・現象学などの研究もカント哲学研究と重なってきた。このような専門書はまだ少ないが，多くの論文が発表されており，その勢いがますます強くなっている。

　(3)　この時期の中国大陸におけるカント哲学研究について，もう一つのことを述べておきたい。それは国際カント学会との連携である。すでに1981年9月には北京人民大会堂で「カント『純粋理性批判』刊行200周年およびヘーゲル没後150周年学術会議」が開催され，国際カント学会の会長だったフンケ（Gerhard Funke）教授，国際ヘーゲル協会会長ベーヤー（Wilhelm R. Beyer）教授，国際ヘーゲル聯合会会長ヘンリッヒ（Dieter Henrich）教授が招待され，講演を行なった。また，齊良驥と李澤厚が中国大陸学界を代表し，会議で発表した。その後の国際カント哲学大会にも中国大陸の学者たちが参加し，海外の学者たちとともに直接対話と議論を行なった。多くの中国人学生が留学したなか，同時に海外の学者たちも中国で講演を行なった。このような学術交流のなかで，カント哲学はしばしば話題となった。2004年にカント没後200周年を記念し，北京大学外国哲学研究所と北京大学哲学系が「現代的視野のなかのカント道徳哲学」国際会議を開催した。英国・アメリカ・ヨーロッパの学者たちと中国の学者計20名が集まり，カントの道徳哲学について批評し，解釈し，また擁護した。また，カントの道徳哲学と他の哲学との関係や，カント道徳哲学における政治学的意味などについて熱い議論が交わされた。2006年に，中

国人民大学哲学院が中英米夏期哲学学院第 11 期「カント哲学」セミナーを開催し，英国・アメリカからの教員をはじめ，全国各地（台湾・香港を含む）・シンガポール・英国・カナダなどから約 40 名の受講生と 25 名の聴講生が三週間のセミナーに参加した。中国におけるカント哲学研究の発展に伴い，このような国際交流はますます強まるだろう。もちろん，中国大陸のカント哲学研究をいかに海外に紹介し，どのように国際的に影響を与えられるか，これらは今後の課題である。

(張政遠 訳)

第三章

戦後台湾のカント研究

李 明 輝

1 台湾におけるカント研究の主な推進者——牟宗三

　2010年に，中華民国の行政院国家科学委員会の人文学研究センターは，一つの研究計画「台湾地域の五十年来の哲学科の研究成果報告」を実現した。この計画は1949年から2000年までの台湾地域における哲学科の研究成果に対して全面的な評価を行なったものである。そのなかの二つの分担計画は，本論文のテーマにかかわっている。一つは，すでに亡くなった国立政治大学哲学系の張鼎国教授が担当する「カントとドイツ観念論の哲学」という分担計画であり，もう一つは，筆者と林維杰教授が共同で担当する「比較哲学の研究」という分担計画であった。張鼎国教授はそのために，二つの研究報告を提出した。すなわち「カントとドイツ観念論の哲学」に関する研究成果の報告とそれにかかわる学位論文の要旨であった。筆者と林維杰教授は「台湾地域の五十年来の比較哲学研究の論評」を提出した。他に，2004年に戴立仁が編集した「華人のカント哲学に関する研究資料」は『哲学与文化』（第31巻第2期，2004年2月）に掲載された。まず断っておきたいのは，本論文は上述の成果を参考資料にして完成したものだということである。筆者には，他人の功績をわがものにしようとする意図はない。

　戦後の台湾のカント研究に重要な役割を果たしたのは，牟宗三（1909-95）と黄振華（1919-98）であった。周知のように，牟宗三は現代新儒家の主要な代表者であり，カント哲学の概念と構造を広く借用して儒学を再構築した。台

湾の学術界はこれによって，カント哲学に広範な興味を持つようになったのである。厳密に言えば，牟宗三はカントの専門家のうちには入らない。なぜなら，彼はドイツ語に通じなかったからである。彼はただ英語の訳書によって，カント哲学を研究しただけであった。しかし，彼のカント哲学の応用はすでに専門家の哲学の領域を超えており，哲学的思考の領域に入っていた[1]。

牟宗三はまず，英語のテキストに基づいてカントの主要著作を中国語に翻訳した。『実践理性批判』と『人倫の形而上学の基礎付け』の中国語訳は1982年に，『カントの道徳哲学』という書名で台湾学生書局から出版された。『実践理性批判』の翻訳書には少なからず注解が施されており，彼はこれらの注解によって，頻繁に儒家とカントの観点を対比させ，その異同を論じた。翌年，『純粋理性批判』の中国語の翻訳書もまた台湾学生書局から出版された。牟宗三はこの訳書の冒頭に，89頁に達する長い文章「合目的性の原則を審美的判断力の超越的原則とする疑問と確認」を掲載し，カントの観点に対して疑問を提起した。彼はまた，カントの『単なる理性の限界内における宗教』の第一巻「人性における根本悪を論ずる」[2]と第二巻「善の原則による人の統治と悪の原則による人の統治との衝突」を翻訳した[3]。

牟宗三には，もっぱらカントの知識論を検討した『認識の心的批判』というモノグラフがある。この書は1949年に完成されたが，1956年と57年に至ってはじめて香港友聯出版社から，上・下の二冊として出版された。この書名から見れば明らかなように，この書物はカントの『純粋理性批判』についての著書である。牟宗三がこの書の「序言」で言っているように，この書物は「もう一つの『純粋理性批判』を書き直したものである」[4]。その主な目的は，カントの哲学的な思索によって，ラッセル（Bertrand Russell, 1872–1970）とヴィトゲン

---

[1] 拙稿「いかに牟宗三の思想遺産を継承するのか」（『思想』，第13期，2009年10月，台北，191-203頁）を参照されたい。
[2] この訳文は『原善論』（『牟宗三先生全集』，台北：聯経出版社，2003年，第22冊）に収録されており，その付録になっている。
[3] この訳文は最初に，『鵝湖月刊』（第12巻第12期，1987年6月と第13巻第1期，1987年7月）に掲載されている。のちに，『牟宗三先生訳述集』（379-420頁。『全集』第17冊）に収録されている。
[4] 『認識の心的批判』上（『全集』第18冊），(10)頁。

シュタイン（Ludwig Wittgenstein, 1889-1951）が理解している論理（ロジック）と数学を純粋知性に融合することである。1990年に台湾学生書局がこの書物を重版したとき，牟宗三は「再印刷に関する説明」のなかで，特に次のように記している。「私がこの書物を執筆したのは，ラッセルとヴィトゲンシュタインを意識していたからである。したがって，この書の読者は必ず『数学原理』（ラッセルとホワイヘッドの共著）を読んで，それなりの訓練を受けるべきだ。ヴィトゲンシュタインの『論理哲学論考』に至っては，私は最近，新たにそれを翻訳したばかりだ〔…〕それを読んだら，氏の学問を窺い知ることができる」[5]。

次に，牟宗三には，直接に儒学とカント哲学との対話を扱う著作が何冊かある。これらは『智的直覚と中国哲学』（1971年），『現象と物自体』（1975年），『円善論』（1985年），そして学生が授業での録音に基づいて整理した『中国哲学十九講』（1983年）と『中西哲学の対話十四講』（1990年）である。『中国哲学十九講』は中国哲学と西洋哲学との対比によって，中国の各学派の哲学（儒，仏，道の三家，法家，名家，玄学を含めて）の要旨を論述したものである。『中西哲学の対話十四講』はカント哲学と中国哲学との対比を通じて，中国哲学の基本的な方向を説明したものである。

『智的直覚と中国哲学』という書物のなかで，牟宗三はまずハイデガー（Martin Heidegger, 1889-1976）の『カントと形而上学の問題』（*Kant und das Problem der Metaphysik*）でのカント哲学の解釈にしたがって，「現象」（Erscheinung），「物自体」（Ding an sich），「智的直覚」（intellektuelle Anschauung），「先験対象」（transzendentaler Gegenstand）などといった概念の意味を明らかにした。そして，彼は次のように指摘している。「たとえカントが人間には知的直覚があるのを認めず，それを神のものとしたとしても，中国の伝統では儒，仏，道三教のいずれも人間がその所持している無限なる心（儒家の本心，良知，道家の道心，玄智および仏教の真常心）を体得することができるのを認めている。これは人間が知的直覚を持っていることを認めていることにほかならない」。彼は以上によって次のように結論づけている。「ただ人間が知的直覚を持っていることを認めてはじめて，カント哲学のうちに含まれているにもかかわらず，ついに構

---

(5) 前掲注，(7) 頁。

築できなかった『道徳の形而上学』を真に完成することができるのである。ハイデガーの「基礎的存在論」は，このような責務を背負うのに十分ではない」。

『現象と物自体』という著作のなかで，牟宗三はさらにカント哲学における「現象」と「物自体」の区分を検討することによって，その「二つの存在論」（すなわち「執（着）の存在論」と「無執（着）の存在論」），あるいは「現象界の存在論」と「本体界の存在論」の構造を打ち立てた。彼は特に次のように強調している。「カントは人間には知的直覚があるのを認めないため，「現象」と「物自体」の区別を確実に完成することができなかったのである」。

『円善論』という著作の前半部分では，彼はカントの「自律」（Autonomie）の原則をもって『孟子・告子上』篇のほとんどの章節，および「尽心篇」のいくつかの章節を解釈した。その後半部分で，彼はカントの「最高善」（円善）の問題に従って，儒，仏，道三教のなかの「円教」の形を説明し，これによってカントが『実践理性批判』で言っている「徳と福とがいかに一致するのか」という問題を解決しようとしたのである。

そのほか，牟宗三の『心体と性体』という三冊の膨大な著作（台北：正中書局，1968–69 年）は，宋明儒学を検討する著作だが，あらかじめカント的な分析の枠組みを設定している。この著作の第一冊の第一部「綜論」の第三章「自律道徳と道徳の形而上学」のなかで，牟宗三はカントの倫理学における「自律」の原則を詳しく論述している。しかし，それと同時に，彼はまたカント倫理学の不十分なところと儒家がカントより優れているところを指摘している。つまり，カントは人間の自由意志を一つの「要請」（Postulat）と見なしているため，「道徳の形而上学」（metaphysics of morals）しか構築することができず，儒家のように，良知という心体の直接的な体得に基づいて「道徳的形而上学」（moral metaphysics）を構築することができない，ということである。彼はさらに「自律」の原則によって，宋と明の儒学の内部における義理の系統をそれぞれ区別している。北宋の周濂渓，張横渠，程明道三者，その後の陸象山，王陽明という系統，および胡五峰，劉蕺山という系統が継承した孔，孟，《中庸》，《易伝》の義理の方向は自律の道徳を代表している。それに対して，程伊川，朱子という系統は，そこから分かれて出たのであり，他律の道徳を代表している。これは，彼が，朱子が「別子を宗となす」というように判定した理由であ

る。

　総じて言えば，牟宗三が儒家思想とカント哲学とを対話させた主な契合点は，およそ三点に概括することができる。すなわち，「一心，二門を開く」という思想の枠組みと，「実践理性が思弁理性より優れている」という観点と，「自律倫理学」の概念である[6]。

2　牟宗三の影響を受けたカント研究

　こうした牟宗三の研究方向に従って，さらに儒家思想とカント哲学の比較を進めたのは，李明輝と李瑞全と楊祖漢である。李明輝には，直接に儒家思想とカント哲学の比較に取り組んだ著作が三冊ある。それぞれ，『儒家とカント』（台北：聯経出版社，1990年。韓国語版，2012年），『カントの倫理学と孟子の道徳的思考の再建』（台北：中央研究院中国文哲研究所，1994年），『四端と七情——道徳の感情に関する比較哲学の探究』（台北：台湾大学出版センター，2005年。簡体字版，上海：華東師範大学出版社，2008年）。

　『儒家とカント』は論文集であり，以下の五つの論文によって構成されている。それぞれは，「儒家と自律の道徳」，「孟子とカントの自律倫理学」，「孟子の自律倫理学を再論する」，「孟子の四端の心とカントの道徳感情」，「カントの「幸福」概念から儒家の義理の弁を論ずる」である。『カントの倫理学と孟子の道徳的思考の再建』は，カント倫理学の問題意識と論証の策略を通じて，孟子の心性論が直面している質疑と誤解を明らかにしている。この著作は「暗黙知」（tacit knowing）と「理性の事実」（Faktum der Vernunft）という二つの概念によって，カントの『人倫の形而上学の基礎付け』（*Grundlegung zur Metaphysik der Sitten*）における論証の策略を再構築しようとしたものである。

　『四端と七情』は比較哲学に関する著作であり，ドイツ，中国，韓国の倫理学的思考に触れている。この書物はまず，カントの倫理学がシェーラー（Max

---

(6)　李明輝「牟宗三の思想における儒家とカント」（『現代儒学の自己転化』，台北：中央研究院中国文哲研究所，1994年，71-86頁）を参照されたい。簡体字版『現代儒学の自己転化』（北京：中国社会科学出版社，2001年，64-78頁）。

Scheler, 1874-1828) の倫理学を通して，現象学的倫理学に至るまでの発展過程とその内在的な論理の筋道（第一, 二章）を整理した。このような発展は，倫理学において一つの普遍的な意義を持った，基本的な問題にかかわっている。すなわち，われわれの道徳的価値に対する「把握」（Erfassung）というのは，いったいいかなる性質のものであるのか。そうした普遍的な思考の枠組みの下で，作者は中国と韓国の儒学における三つのケース，すなわち南宋の朱熹と湖湘学派の「仁」とに関する弁論（第三章），明末の劉宗周の孟子の「四端」と『中庸』の「喜怒哀楽」に関する独特な解釈（第四, 五章），および韓国儒者の李退渓と奇高峰，李栗谷と成牛渓の「四端」と「七情」に関する弁論（第六, 七, 八章）を探究した。

　李明輝が1994年に出版した『現代儒学の自己転化』という著作のなかの，「牟宗三の思想における儒家とカント」および「牟宗三の哲学における「物自体」の概念」という二つの論考もまた，そうした思考の方向に属している。そして2005年に出版した『儒家の視野における政治思想』（台北：台湾大学出版センター）[7]には，「心情倫理学（Gesinnungsethik），責任倫理学，儒家思想」および「心情倫理学，形式倫理学，自律倫理学」という二つの論文が収録されている。前者の論文は，カントの心情倫理学と，ウェーバー（Max Weber, 1864-1920）の責任倫理学と，儒家の倫理学との関係を論究したものである。後者の論文は，カント倫理学の三つのレッテルを解釈し，これによってカント倫理学が招いた誤解を解こうとしたものである。

　この他に，李明輝のドイツ語の著作，*Konfuzianischer Humanismus. Transkulturelle Kontexte*（『儒家の人文主義——異文化の脈絡』）[8]もまた儒家とカントの比較論文をいくつか収録している。

1. "Kants Philosophie im modernen China"（「現代中国におけるカントの哲学」）[9]。

---

(7)　この本の簡体字版は同年，北京大学出版社によって出版された。
(8)　Bielefeld: transcript Verlag, 2013.
(9)　この論文は李明輝「現代中国におけるカント哲学」（黄俊傑編『中華文化と域外文化の連携と融合』（一），台北：喜瑪拉雅研究発展基金会，2006年，89-134頁）を書き直したものである。

2. "Schöpferische Transformation der deutschen Philosophie. Das Beispiel der Interpretation des Begriffes 'Ding an sich' bei Mou Zongsan"(「ドイツ哲学の創造的な転化――牟宗三の「物自体」の概念に対する解釈を中心に」)(10)。
3. "Zur Religiosität des Konfuzianismus. Überlegungen im Anschluss an Kants Begriff der moralischen Religion"(「儒家の宗教性を論ずる――カントの「道徳宗教」の概念から出発した省察」)(11)。

楊祖漢の『儒家とカントの道徳哲学』(台北：文津出版社，1987年)には，儒家とカントの道徳哲学の比較論文が，三つ収録されている。「儒家哲学の観点からカントの道徳哲学を見る」という論文は，牟宗三の観点に基づいてカントの道徳哲学を論評したものである。「カントの霊魂不滅論を論ずる」という論文は，儒家の観点からカントの霊魂不滅論を批評したものである。「程伊川の才性論」はカントの人性論(「根本悪」の論説)をもって程伊川の才性論を論究したものである。

李瑞全の『現代新儒学の哲学的開拓』(台北：文津出版社，1993年)に収録されている二つの論文，「人性と行為の道徳的責任」と「福報と円善」も牟宗三の思考方向を継承している。ただし，そのなかに収録されている「朱子の道徳学の形の再検討」という論文は，牟宗三が朱子学を他律道徳の形に判定した方向を修正しようとし，朱子の道徳学を自律道徳の形に収めようとした。李明輝はこの論文に疑問を提起し，「朱子の倫理学は果たして自律の倫理学に収めることができるのか」(12)という論文を発表した。李瑞全はそれに対して，「謹ん

---

(10) この論文は李明輝「牟宗三の哲学における「物自体」の概念」(『中国文哲研究集刊』，第3期(1993年3月，547-574頁。李明輝『現代儒学の自己転化』，台北：中央研究院中国文哲研究所，1994年，23-52頁。簡体字版，20-47頁)を書き直したものである。
(11) この論文は李明輝「カントの「道徳宗教」から儒家の宗教性を論ずる」(以下の書物に収録されている。哈佛燕京学社編『儒家伝統と啓蒙の心理』，南京：江蘇教育出版社，2005年，228-269頁。李志剛・馮達文編『歴史から知恵を汲み取る』，成都：四川出版集団巴蜀書社，2005年，1-49頁。李明輝・林維杰編『現代儒家と西洋文化――対話と転化』，台北：中央研究院中国文哲研究所，2007年，15-70頁)を書き直したものである。
(12) 最初は『鵝湖学誌』(第4期，1990年6月，129-135頁)に収録され，のちに李瑞全『現代新儒学の哲学的開拓』(226-233頁)に収録された。

で李明輝先生の「朱子の道徳学の形の再検討」に対する批評に答える」[13]という論文で応答した。

3　黄振華のカント研究

黄振華は1974年に，*Über die Verbindung der theoretischen mit der praktischen Vernunft in der Philosophie Kants*（『カント哲学における理論理性と実践理性との関連を論ずる』）という論文で，ドイツのボン（Bonn）大学から哲学博士の学位を取得した。その博士論文の他に，彼が生前，1976年に自費で出版した『カント哲学論文集』という書物がある。彼が逝去した後，その弟子である李明輝はその著作を整理して『黄振華先生全集』を編集した。そのなかでは，カント哲学に関する著作が三冊ある。それぞれの著作名は，『カント哲学を論ずる』，『カント哲学と中西文化を論ずる』，『『判断力批判』訳註』である。

『カント哲学を論ずる』は李明輝によって編集され，2005年に台北時英出版社によって出版された書物である。この論文集には，論文10本と翻訳論文1本が収録されている。それらの論文名は，以下の通りである。

1. 「カント哲学・思想の発展を論ずる」
2. 「カントの先験哲学の序論」
3. 「カントの玄学に対する批判」
4. 「カントの道徳哲学の原理の分析」
5. 「カントの純粋実践理性の弁証論への批判」
6. 「カント哲学における「必然性」概念を論ずる」
7. 「カント哲学における「理性」という言葉の意味を論ずる」
8. 「デカルトとカントの宗教への反省と再構築から論ずる」
9. 「カントの教育哲学」
10. 「カントの美学」
11. 「カントの自己意識の論理」（Karen Gloy 著）。

『カント哲学と中西文化を論ずる』は比較哲学の論文集であり，これもまた

---

(13)　これもまた李瑞全『現代新儒学の哲学的開拓』（226-233頁）に収録されている。

李明輝によって編集され，時英出版社によって出版される予定である。この書物は，中国語の論文8本と英語の論文2本を収録している。それらの論文名は以下の通りである。
1. 「近代の西洋哲学における観念論の思想を論ずる」
2. 「カント哲学から孔子思想の今日の世界平和への意義を見る」
3. 「現代カント学派を創設した一人の哲学者——マルティン（Gottfried Martin）教授逝去三周年記念」
4. 「カント哲学から共産主義を見る——共産主義と根本悪を論ずる」
5. 「カントと儒家哲学」
6. 「カント哲学と仏教学」
7. 「カント哲学と『易経』」
8. 「カント哲学と『大乗起信論』の比較研究」
9. "A Kantian Interpretation of Confucianism in Regard to World Peace"
10. "From Kant to Confucius"

注目に値するのは，黄振華がカント哲学と儒学との比較研究だけでなく，前者と仏教学との比較研究をも行なったことである。

『『判断力批判』訳註』は講義の内容であり，合計30余万字にも達している。それは，黄振華が直接にドイツ語からカントのテクストを翻訳したものである。このテクストは，訳文と解説文とが入り混じっている形を取っている。この講義の内容は，弟子である李淳玲の整理による初稿が出来上がっているが，現在は鄭志忠によって校正されているところである。

4　カント哲学の論述と翻訳

次に，筆者はいくつかの統計の数字を提出して，台湾におけるカント研究の成果を示してみたい。まず，台湾の各大学院に提出されたカント哲学関係の博士，修士論文を見てみよう。2012年までに，関係のある博士論文は合わせて10本あり，修士論文は合計で97本ある。ここでは，年代順によって，博士論文の作者，その論文の題目，出身校や所属を列挙するに止める。

1984　鄭基良『王陽明とカントの道徳哲学の比較研究』中国文化大学哲学

研究所(大学院)

1992 陳錦鴻『カント哲学における実体と自己』輔仁大学哲学研究所

1994 王志銘『朱熹とカントの道徳哲学の比較研究』国立台湾大学哲学研究所

1995 洪翠娥『カント美学の論理』輔仁大学哲学研究所

1996 頼賢宗『実践と希望——カントの「道徳的信仰」とその争議——カント, フィヒテ, 青年ヘーゲルが倫理的神学およびその方法論の反省を論ずる』国立台湾大学哲学研究所

2006 郭騰淵『『単なる理性の限界内における宗教』, 『宗教的経験の諸相——人性の探究』, 『言い得ないものについてのことば——われわれの時代の神問題』三書における教育意義の研究』国立政治大学教育研究所

2007 林永崇『カントの道徳哲学から企業の公民観の正当化を論ずる』国立中央大学哲学研究所

2008 蔡幸芝『カント美学における構想力の研究』国立政治大学哲学研究所

2012 蘇彥榛『カント, 孟子, 荀子の人性論の比較研究』東海大学哲学研究所

2012 李宗澤『シェーラーと孔子の美育思想——シェーラーのカント批判から論ずる』国立政治大学哲学研究所

他に, 黄振華を除いて, 台湾人留学生のうち欧米でカント哲学関係の論文によって博士号を取得したのは9人で, ここでは年代順にその名前, 論文のテーマ, 学校名を, 以下のように列挙する。

1. Ju, Gau-Jeng(朱高正): *Kants Lehre vom Menschenrecht und von den staatsbürgerlichen Grundrechten*(『カントの人権と基本的な民権論』). Bonn 1985; Würzburg: Königshausen & Neumann 1990.

2. Lee, Ming-huei(李明輝): *Das Problem des moralischen Gefühls in der Entwicklung der Kantischen Ethik*(『カント倫理学の発展における道徳感情の問題』). Bonn 1986; 台北:中央研究院中国文哲研究所, 1994年

3. Kwong, Kam-lun(鄺錦倫): *Hegel's Critique of Kant's Morality*(『ヘーゲルのカントの道徳への批判』). University of Missouri-Columbia 1988.

4. Tai, Hua Terence(戴華): *The Objective and Subjective Deductions in*

Kant's Critique of Pure Reason（『カント『純粋理性批判』における客観的演繹と主観的演繹』）. Cornell University 1989.

5. Wang, Chin-hsien（王欽賢）: *Kants Lehre vom Gewissen*（『カントの良心論』）. Basel 1993.

6. Chen, Jau-hwa（陳瑤華）: *Kants Gottesbegriff und Vernunftreligion*（『カントの神概念と理性宗教』）. Bonn 1993.

7. Lai, Shen-chon（賴賢宗）: *Gesinnung und Normenbegründung. Kants Gesinnungsethik in der modernen Diskussion*（『心術と規範の論証——現代の議論におけるカントの心術倫理学』）. München 1998; Neurid: Ars Una, 1998.

8. Chen, Shih Chen（陳士誠）: *Freiheit und Zurechenbarkeit – Eine kritische Untersuchung der reinen Ethik Immanuel Kants*（『自由と責任追跡性——カントの純粋倫理学への一つの批判的探究』）. TU Berlin 2003.

9. Jeng, Jyh-Jong（鄭志忠）: *Natur und Freiheit. Eine Untersuchung zu Kants Theorie der Urteilskraft*（『自然と自由——カントの判断力理論の研究』）. Würzburg 2003; Amsterdam: Editions Rodopi B.V., 2004.

　さらに，国家図書館の「中華民国の機関誌論文の索引」で検索すると，哲学関係の論文は合わせて 398 本あり，他に翻訳論文は 30 本ある。これらの論文を，すべて台湾の学者の研究成果と見なすことはできない。そのなかには，中国大陸，香港，および海外の華僑の学者たちによる論文も含まれているからである。また，これらの論文（たとえば黃振華の論文）の多くは，のちにモノグラフや個人の論文集に収録されることになった。

　カントの著作の翻訳については，上述のように，牟宗三が英語訳本に基づいてカントの主要著作を翻訳・注解した。直接ドイツ語から翻訳したのは，黃振華の『『判断力批判』訳註』以外に，すべて李明輝によるものであった。その成果は以下の通りである。

1. 『視霊者の夢』（*Träume eines Geistersehers, erläutert durch Träume der Metaphysik*）。台北：聯経出版社，1989 年

2. 『人倫の形而上学の基礎づけ』（*Grundlegung zur Metaphysik der Sitten*）。台北：聯経出版社，1990 年

3. 『カントの歴史哲学論文集』。台北：聯経出版社，2002 年，増訂版，

2013 年
4. 『プロレゴーメナ』(Prolegomena zu einer jeden künftigen Metaphysik, die als Wissenschaft wird auftreten können)。台北：聯経出版社，2008 年
5. 『人倫の形而上学』(Metaphysik der Sitten)。台北：聯経出版社。近刊予定

『カントの歴史哲学論文集』は，カントの以下の論文を収録している。
1. 「世界市民的見地における一般史の構想」(1784 年)
2. 「啓家とは何か？という問いに対する答え」(1784 年)
3. 「ヘルダーの『人類歴史哲学の諸理念』第一，二巻についての批評」(1785 年)
4. 「人類史の憶測的起源」(1786 年)
5. 「理論上は正しいかもしれないが，実際には役立たない，という俗説について」(1793 年)
6. 「万物の終焉」(1794 年)
7. 「改めて提出する問題——人類は果たして絶え間なくよりよい境地に向かっているのか」(1797 年に著したもの。翌年に出版された『学部の争い』に収録された)
8. 『永遠平和のために——一つの哲学的な企画』(1795 年)

上に記した五つの翻訳のうち，後の三冊は，国家科学委員会が推進している「人文と社会科学の経典訳注研究計画」の成果である。これらはすべて訳者の「序論・解説」，注釈および参考書目を含んでいる。前の二冊は訳者の「序論・解説」と注釈を含んでいる。

二次文献の翻訳に関しては，以下の通りである。
1. Baumgartner, Hans Michael 著，李明輝訳『カント『純粋理性批判』入門』。台北：聯経出版社，1988 年
2. Cassirer, Ernst 著，孟祥森訳『ルソーとカントとゲーテ』。台北：龍田出版社，1978 年
3. Gardner, Sebastian 著，劉育兆訳『カントと純粋理性批判』。台北：五南図書，2009 年
4. Henrich, Dieter 著，彭文本訳『カントとヘーゲルの間——ドイツ観念論の講演録』。台北：商周出版社，2006 年

5. Jaspers, Karl 著，頼顕邦訳『カント』。台北：自華書店，1986 年
6. Körner, S. 著，蔡英文訳『カント』。台北：長橋出版社，1978 年
7. Kroner, Richard 著，関子尹訳『カントとヘーゲルを論ずる』。台北：聯経出版社，1985 年
8. Kühn, Manfred 著，黄添盛訳『カント——一人の哲学者の伝記』。台北：商周出版社，2005 年
9. Scruton, Roger 原著，戚国雄編訳『哲学の鐘——カント』。台北：時報出版，1983 年
10. Scruton, Roger 著，蔡英文訳『カント』。台北：聯経出版社，1984 年
11. Wenzel, Helmut Christian 著，李淳玲訳『カントの美学』。台北：聯経出版社，2011 年
12. Walker, Rolph 著，賀瑞麟訳『カント』。台北：麥田出版社，1999 年

このなかでは，第 9 と第 10 は，同じ Roger Scruton の英語の著作 *Kant*（Oxford: Oxford University Press, 1982）をもとにした，異なった翻訳書である。戚国雄の翻訳書には，さらに『純粋理性批判』，『人倫の形而上学の基礎づけ』，『判断力批判』の部分翻訳が含まれている。第 11 は，ドイツ人の学者 Helmut Christian Wenzel（中国語の名前は「文哲」）の英語の著作 *An Introduction to Kant's Aesthetics: Core Concepts and Problems*（Oxford: Blackwell, 2005）の翻訳である。文哲は長く台湾で教えており，現在は国立台湾大学の哲学系の教授である。彼には，もう一つの著作がある。それは，彼が 1999 年にドイツのヴッパータール大学に提出した博士論文に基づいたドイツ語の著作 *Das Problem der subjektiven Allgemeingültigkeit des Geschmacksurteils bei Kant*（『カントにおける趣味判断の主観的普遍妥当性の問題』）（Berlin: Walter de Gruyter, 2000）である。彼は中国語で論文を書くことができないため，その論文は主にドイツ語や英語によるものであり，欧米の哲学機関誌に発表されている。

最後は，筆者が収集したカント哲学に関するモノグラフであり，上述したものを除いて，合わせて 18 冊ある。

1. 朱高正『カント四論』。台北：台湾学生書局，2001 年
2. 呉康『カント哲学』。台北：中華文化出版事業委員会，1955 年（台北：台湾商務印書館，1973 年）

3. 呉康『カント哲学簡篇』。台北：台湾商務印書館，1967 年
4. 李淳玲『カント哲学問題の現代的思索』。嘉義県：南華大学社会学研究所，2004 年
5. 林顕栄『カントの法律哲学』。自費出版，1969 年
6. 孫振青『カントの批判哲学』。台北：黎明文化事業，1984 年
7. 高広孚『カントの教育思想の研究』。台北：台湾商務印書館，1968 年
8. 張雪珠『道徳原理の探究――カント倫理学の 1785 年に至る発展』。台北：哲学と文化月刊雑誌社，2005 年
9. 労思光『カント知識論の要義』。香港：友聯出版社，1957 年。『カント知識論の要義新編』。香港：中文大学出版社，2001 年
10. 鄭基良『王陽明とカントの道徳哲学の比較研究』。台北：文史哲出版社，2013 年
11. 盧雪崑『意志と自由――カントの道徳哲学の研究』。台北：文史哲出版社，1997 年
12. 盧雪崑『実践の主体と道徳の法則――カントの実践哲学の研究』。香港：志蓮浄苑出版部，2000 年
13. 盧雪崑『カントの自由の学説』。台北：里仁書局，2009 年
14. 盧雪崑『物自体とヌーメノン（Noumenon）――カントの形而上学』。台北：里仁書局，2010 年
15. 頼賢宗『カント，フィヒテ，青年ヘーゲルの倫理神学論』。台北：桂冠書局，1998 年
16. 鄺芷人『カントの倫理学原理』。台北：文津出版社，1992 年
17. 張雪珠『哲学者の神論――アリストテレス，トマス，カント，ヘーゲルの神の論証』。台北：唐山出版社，2013 年
18. Chang, Hsüeh-chu Maria（張雪珠）: *Die Einheit der Wirklichkeit. Kants Gotteslehre in metaphysischer Perspektive*（『現実性の統一――形而上学的な視野におけるカントの神学論』）. Frankfurt/M.: Peter Lang, 1996.

5　カント哲学の台湾における発展

　本論文は紙幅の関係で，これらのモノグラフの内容を一々紹介することができない。ここでは，労思光（1927-2012）と李淳玲の著作を紹介するにとどめる。労思光の『カントの知識論の要義』が取り上げるに値するのは，著者の理路が明晰のみならず，この書が現在に至っても，中国語の読者のカント知識論に対する理解に役立つ重要なものだからである。さらに著者自身は，独創性のある哲学者でもあるため，そのカント研究はその思想発展に深く影響を与えている[14]。労思光は，この書物の「序言」で，「根源問題の研究法」，すなわち「一つの体系の根源的問題からその全体を把捉する」という方法を提起している。彼の考え方によれば，カントの知識論の根源的問題は，つまり「本体（Noumena）の知識は果たして可能なのか」という問題である。のちに彼が『中国哲学史』（三巻）を書いたとき，その第一巻の「序言」は，「根源的問題の研究法」に対してさらなる論述を展開し，しかもそうした研究法をその中国哲学史の研究に応用したのである[15]。また，その《中国哲学史》全体のうちには，カントの影響が至るところで見られる。たとえば，その第二巻のなかで，彼は『中庸』，『易伝』を漢代の哲学と規定し，漢代の儒学の発展を，「心性論を中心とした哲学」から離れて現れた「宇宙論を中心とした哲学」[16]と見なしている。このような考え方は，明らかにカントが「道徳神学」（Moraltheologie）と「神学的道徳学」（theologische Moral）を区別したことから影響を受けており，しかも主体性の哲学の角度から後者[17]の影響を退けている。労思光はそうした

---

(14)　関子尹が再編した『カント知識論の要義新編』（香港：中文大学出版社，2001年）には，「労思光教授が若いころカントの哲学の著作に論及した一覧表」（211-212頁）が附されている。そこから労思光がカント哲学を受容した過程を見出すことができる。

(15)　林麗真等「労思光『中国哲学史』の検討」（『中国文哲研究通訊』，第1巻第2期，1991年6月，103-131頁）を参照されたい。

(16)　労思光『新編中国哲学史』（台北：三民書局，1987年，増訂再版，第二巻，7-9頁）を参照されたい。

(17)　Kant, *Kritik der reinen Vernunft*（以下は *KrV* と略称する）, hrsg. von Raymund Schmidt (Hamburg: Felix Meiner, 1976), A632/B660 Anm.（A＝1781年第1版，B＝1787

観点を，自分の宋明儒学の研究にまで徹底させている。彼はこう考えている。

> 宋儒は孔，孟に戻ることを宗旨としているが，その孔，孟の学説に対する理解には，なお大きな誤りがあった。これは，すわなち「心性論」の特性を深く弁明しなかったことと，形而上学と宇宙論を同一視したことである。ここにおいて，北宋の儒者はきわめて早い時期から，形而上学と宇宙論のシステム（あるいは両者を混合したシステム）の構造に力を注いでいた。これによって，孔，孟の言っている「心性の問題」を，そうしたシステムの中に安置しようとした。宋明儒学の論理は，かくして最初から孔，孟の立論の主旨と根本的な距離を有していたのである[18]。

李淳玲もまた牟宗三の弟子であり，牟宗三の指導の下で，国立台湾大学哲学研究所で修士号を取得した。その後，アメリカに赴いて医学を学び，医学免許のある鍼灸師になった。彼の『カント哲学問題の現代的思索』という著作には，「カントの認識論から伝統的漢方医の二十一世紀における可能な方向を探究する」と「カント哲学から「哲学」としての「伝統的漢方医」と「科学」としての「伝統的漢方医」という二つの側面を見る」という二つの論文が収録されている。それは，カントの知識論によって伝統的漢方医を位置づけようとしたものである。その観点はきわめて独特である。カントは純粋理性の「構成的原理」（konstitutives Prinzip）と「統整的原理」（regulatives Prinzip）を区別している[19]。このような区別に基づいて，李淳玲はこう考えている。伝統的漢方医に

年第2版）
[18] 労思光『新編中国哲学史』，第3巻上，76頁。この点について，牟宗三と労思光の考え方は異なっている。牟宗三の考え方によれば，『中庸』，『易伝』，宋明儒者の形而上学と宇宙論は「宇宙論を中心とした哲学」ではないため，これらのシステムはカントのいわゆる「神学的道徳学」に属しておらず，一種の「道徳的形而上学」（moral metaphysics）でなければならない。換言すれば，『中庸』，『易伝』の作者と宋明儒者は道徳の心性論の基礎に，その形而上学と宇宙論を構築したのであり，別に特定の形而上学や宇宙論（たとえば天人相応説）に基づいて人間の道徳を規定したのではなかった。牟宗三の考え方については，彼の『心体と性体』（一）（『牟宗三先生全集』，第5冊，34–38頁）を参照されたい。
[19] *KrV*, A508ff./B536ff.

よる，陰陽・五行の論理によって構築した学説は，「類比」の原理によって発展してきたが，しかし「類比」の原理は単に「統整的原理」にすぎず，「構成的原理」ではない[20]。

それに引き換えて，現代（西洋）医学は，基本的に「数学，物理学，化学といった，直覚と機械的因果の構造原理に従って開拓されたものであり，しかも経験的な実在の物質的基礎を持っているものである」[21]。彼女はこう指摘している。伝統的漢方医は「哲学的な漢方医」から「科学的な漢方医」に転化しなければならない。その際，根拠とする原理はもはや陰陽・五行の論理ではなく，「定性定量」の範疇化の過程でなければならない，と[22]。彼女はさらにこう説明している。伝統的漢方医の経験と実践は，すでにそうした「定性定量」の経験知をたくさん蓄積している。たとえば，鍼灸学でいう穴の位置を測る人体の測量，漢方処方学でいう薬剤の量を測る単位，甚だしきは，陰陽・五行自身の数量化など。伝統的漢方医は将来，これらの経験科学に属している部分を，「科学的な漢方医」を開拓する基礎にし，これによって，普遍的な医学の一部分になることができる，と[23]。しかし，他方では，彼女はまたこのように強調している。もしわれわれが「全体性」と「生命全体」の観点から心身の関係に関する特殊な学問を論じたいと思っても，それはただ「哲学的な漢方医」の側面にとどまるのみで，僅かに統整的原理の働きを持っているだけである。だとすれば，それは一つの科学的な医学，あるいは病理学として見なされることはないであろう，と[24]。最後に，彼女は次のように結論づけている。

> 伝統的漢方医は独自の「弁症（症状を弁別する）」の方法を持っているが，体系的な「病理学」を発展させたことは一度もない。はっきり言えば，従来の漢方医は，一度も科学の範囲に入ったことがなかった。それは，中国

---

(20) 李淳玲『カント哲学問題の現代的思索』，201 頁。
(21) 前掲注，214 頁。
(22) 前掲注，257 頁。
(23) 前掲注，257-258 頁。
(24) 前掲注，258 頁。

人が他に別の医学科学を持っているわけではないからだ[25]。

　2004年9月，カント逝去200周年を記念するために，国立政治大学哲学系は「カント哲学会議」を主催した。32名の西洋学者と台湾学者を招いて講演してもらったり，論文を発表してもらったりした。そのなかには，Manfred Baum, Otfried Höffe, Gernot Böhme および勞思光などといった有名学者もいた。この会議は論文集を出版していないが，『国立政治大学哲学学報』第13期（2005年）以降は，続々とそれらの論文の一部を掲載していた。

　以上は，筆者が簡潔に戦後の台湾のカント研究を回顧した内容である。これによって，以下では，いくつかの結論を述べてみたい。もし，われわれが清末以来の中国学術界全体のカント哲学の受容過程[26]を見るならば，戦後台湾のカント研究はまさに，そうした過程の継続にほかならない。ほとんどの仕事は，カントの著作の翻訳とカント哲学の紹介に集中している。これらの翻訳と紹介の仕事は主としてカントの三大批判書と『人倫の形而上学の基礎づけ』に集中しており，あまりカントの初期思想，およびその晩年の法・政治哲学，歴史哲学，教育哲学には触れていない。蔣年豊は，かつて「牟宗三とハイデガーのカント研究」[27]と「カントとロールズ——公共の道徳感と現代社会」[28]という二つの論文を発表した。彼はまた，「海洋文化の儒学」という構想を提案した[29]。その構想によって，彼は現代新儒家の「儒学が民主を切り開く」論説を肯定しているが，新儒家が未だ十分にカントの法・政治哲学の資源を生かしきれていないと批評している。「法・政治の主体を建設する」過程には欠陥があるため，彼は「カントからロールズまで」の発展をもって，この欠陥を補おうとしたの

---

(25)　前掲注。
(26)　拙稿「現代中国におけるカント哲学」（前掲書，89-134頁）と「王国維とカント哲学」（広州『中山大学学報』，社会科学版，2009年第6期，115-126頁）を参照されたい。
(27)　この論文は『西洋哲学との対話』（台北：桂冠図書，2005年，45-64頁）に収録されている。
(28)　この論文はその著作『テキストと解釈（二）——西洋の解釈学の観点』（台北：桂冠図書，2000年，33-58頁）に収録されている。
(29)　彼の論文「海洋文化の儒学はいかにして可能なのか」（蔣年豊『海洋儒学と法政の主体』，台北：桂冠図書，2005年，241-254頁）を参照されたい。

である⁽³⁰⁾。しかし，残念なことに，彼が1996年に逝去したとき，未だその構想は完成されていなかった。筆者の近年来のカント研究も，そうした方向に発展している。

　また，注目に値するのは，1970年代以前，台湾の学者は主に英訳書を通じてカント哲学を受容していた。黄振華の影響によって，1980年代以降，台湾の学生は次から次へと，ドイツにカント哲学を学びに行った。これによって，ドイツ語は台湾学術界がカント哲学を受容する基本的な媒介となっているのである。筆者は1977年から81年までの間に，国立台湾大学哲学研究所に在籍していた。そのときは，黄振華先生の指導の下で，修士号を取得した。彼は筆者にドイツ語の文献で研究するよう，厳しく指導していた。それに引き換え，今日の中国大陸を見てみると，少なからぬカント哲学関係の論文（博士論文も含めて）が，未だレベルの異なった中国語の訳書を使っている。

　論理の発展に至っては，牟宗三，黄振華，労思光の影響下で，カント哲学は中国哲学と文化を解釈するときの重要な参照体系になっている。それと同時に，また現代新儒家の重要な思想の資源にもなっている。これは，カント専門家である鄭昕の「カントを超えたら，新しい哲学が生まれる可能性がある。カントを素通りしてしまえば，悪い哲学が生じてくるだけだ」⁽³¹⁾という言葉を裏付けるものである。

　　　　　　　　　　　　　　　　　　　　　　　　　　（廖欽彬 訳）

---

(30)　拙稿「「海洋儒学」と「法・政治の主体」についての省察」（中山大学西学東漸文献館主編『西学東漸研究』，第一輯，北京：商務印書館，2008年，200-215頁。林維杰編『テキストの解釈と社会的実践──蔣年豊教授逝去十週年記念論文集』，台北：台湾学生書局，2008年，1-25頁）を参照されたい。
(31)　鄭昕『カントの学述』，台北：先知出版社，1974年，「弁言」，1頁。

第三部

韓国における翻訳・受容史

第一章

韓国におけるカント哲学研究の由縁と展開

白 琮 鉉

1 韓国におけるカント哲学研究の由縁

　18世紀後半のカトリックの伝来とともに，キリスト教の教理と関わる哲学理論が断片的ではありながらも紹介されていなかったわけではないが，韓国の人々が「哲学的」な関心から西洋哲学思想を探究したのは，20世紀の初めに至ってからのことである。その時初めて出会ったのがカント（1724–1804）の哲学思想と，当時流行っていた新カント学派の思潮であった。李定稷（1841–1910）の『燕石山房稿』の「未定文稿別集」に収められた「康氏哲学説大略」の執筆時期を1905年頃と推定[1]するなら，韓国人によるカント研究はカントの死後100年ほど経ってからのこととなるが，これはおよそ西洋哲学が韓国に流入してきた時点と同じである。李定稷の著述は，韓国人による西洋哲学関連の最初の撰述と見ることができる。
　西洋哲学思想のなかでもカント哲学に対する韓国人の関心は，ただ時期的に

---

[1] 李定稷の原稿は128頁あったというが，現在伝わっていない（『石亭李定稷遺藁』第2巻，金堤文化院編，2001年参照）。李定稷は1903年から数年間北京に滞在していたと知られているが，彼の撰述は梁啓超『飲氷室文集』（上海）などからの二次資料に基づいたものと推定される。梁啓超は，まず《新民叢報》第25・26・28号（1903年）などに発表し，その後『飲氷室文集』十三所収の「近世第一大哲康徳之学説」のなかで，カントの知識理論と政治哲学を約20頁にわたって記した。

190　第三部　韓国における翻訳・受容史

早かったというだけでなく，最も多くの研究および紹介書への結実[2]としても表れた。そのような結果になったのにはそれなりの理由があったはずだが，そのうちいくつかの重要な点について考えてみる。

　第一に，西洋哲学が日本と中国を経由し韓国に入ってくる初期の日・中両国の西洋文化の受容事情と，それにまつわる韓国の国際政治的・社会文化的な状況のことがある。20世紀前半韓国の社会文化に強く影響を及ぼした日本の，ドイツとの国際政治上の特殊な関係が思想文化の交流にもそのまま反映されており，西洋近代の教育制度の導入に引き続いて行なわれた西洋文物の教育によっても，ドイツ哲学が自然な形で流布されたのであった。その中心にカント哲学があった。その結果，1945年以後数十年間にわたって韓国の大学で必須教

---

[2]　筆者が20世紀初頭以来の西洋哲学の韓国流入の歴史を整理しつつ，1915年から95年までに韓国で発表された西洋哲学関連の論文著作，計7,245件を対象哲学者別に分類してみた結果（白琮鉉『ドイツ哲学と20世紀韓国の哲学』哲学と現実社，1998/2000年〔増補版〕，37頁参照），その頻度数で一位を占めたのはカントであったが，依然としていまもその順位に変動はないように思われる。

哲学者＼年度	1915〜45	1946〜59	1960〜79	1980〜95	小計
カント	8	14	158	411	591
ヘーゲル	8	15	100	323	446
ハイデガー	2	7	100	168	277
プラトン	1	5	68	178	252
マルクス	4	2	14	193	213
フッサール	1	1	34	138	174
ニーチェ	3	6	47	102	158
アリストテレス	1	1	37	93	132
ヴィトゲンシュタイン	0	0	15	97	112
ヤスパース	1	3	35	59	98
キェルケゴール	0	3	44	43	90
デューイ	0	5	30	53	88
ハルトマン	0	6	21	47	74
ラッセル	1	5	25	34	65
ベルクソン	2	2	8	46	58
デカルト	0	0	18	32	50
ハーバーマス	0	0	1	48	49
サルトル	0	6	11	31	48
ポパー	0	0	5	41	46
ホワイトヘッド	0	5	12	28	45

養教科目として開設された〈哲学概論〉の内容の相当部分が，カント哲学の紹介と解説となったのである。

　第二に，カント哲学の有する，韓国人たちの考え方との親近性がある。韓国人たちはカントの自発的人間主体性，人格倫理，万民平等，市民社会，国際平和の思想に相当の親和性を感じたように見られる。それに 500 年にわたる朝鮮時代の性理学的倫理思想に慣れていた韓国人たちは，新時代の「拒むことのできない」思想として近づいてきた「西洋」思想のうち，カントの道徳哲学から儒教思想との類似性を発見することによって——掘り下げて研究してみたら，その根幹のところで両思想は相異なることが明らかになっただろうが，いわば皮相的な当時の理解のレベルで——「東洋人」の文化的な敗北感を振り捨て，安堵しつつそれに近づくことができたのである。

　第三に，カント哲学の持つ「西洋哲学」の代表性がある。19 世紀以降，世界文化の多様な流れと韓国社会の文物制度の変化の必要性とによって，西洋思想が韓国文化に流入するのは，ほとんど自然なことであった。そのような大きな流れのなかでは，西洋哲学の受容もまた，ほとんど当たり前のことであっただろう。ところで，およそ「西洋」文化とはギリシャ・ローマの伝統とキリスト教，そして近代の数学的自然科学と政治経済思想および制度をその核として持つものであり，このことを最も包括的に代弁する哲学が，他でもないカント哲学であったと言える。カント哲学のこのような位相は，東洋と西洋の思想界で同じであろうが，西洋の古代中世文化の影響力のためというより，近代文化の波及力によって西洋哲学を新しく習うことになった韓国では，近代思想を代表するカント哲学がかくもより大きく注目されたのであろう。

　第四に，カント哲学の政治的な中立性がある。啓蒙主義哲学としてのカント哲学は，当時の西洋伝統思想文化のなかでは——彼の著述の一部が出版禁止されるほど——「革命的」なものであったが，一世紀も経ってから宗教・政治的な背景が異なる韓国に入ってきたカント哲学は，すでに「穏やか」なものとなっていたのである。左右イデオロギーの緊張のうちにある 20 世紀の韓国社会では，カント哲学は，対峙する平等の原則と自由の原則を掲げる左右どちらにも受容できる——もちろんそのためどちらから見ても「核心要員」にはならず，見方によっては「機会主義的」とも取れる——比較的「安全な」哲学思想であ

った。

　第五に，カント哲学は，韓国語に訳されたときに理解されやすかった。哲学思想は自然言語で表現されるだけに，解釈の可能性が豊かである反面，模糊とした面がないわけではなく，そのためそれが外国語に訳されると，すこぶる難解で，場合によっては誤解されやすくなる。ところが，カント哲学の言語は韓国語で理解されるのにほとんど何の問題もないだけでなく，ある場合にはかえってドイツ語の模糊とした意味をより明確に表してくれる。このことは，韓国文化のなかでカント哲学がよく理解される次元を超えて，再生産の素材になることができることを意味している。これこそカント哲学が韓国で今後さらに活発に研究されるであろう要因なのである。

2　韓国におけるカント哲学の受容と研究過程

　このようにして受容されたカント哲学は，「西洋哲学を学ぶための教科書」の役割を果しつつ，韓国の社会文化の形成に陰に陽に少なからぬ影響を及ぼした。

　これまでの韓国人たちによるカント哲学の研究・紹介・受容過程は，大きく四つの時期に分けることができる。大韓民国樹立以前の 20 世紀前半期にあたる最初の 40 年間は「自然な受容の時期」（1905–44 年），続く 40 年間は「能動的な受容の時期」（1945–84 年），その後の 15 年間は「深化研究の時期」（1985–99 年），そして 2000 年以降は「反省的な再生産の時期」と特徴づけられる。

(1)　自然な受容の時期（1905–44 年）

　最初の 40 年間が「自然な受容の時期」と言われる所以は，韓国人たちが国際情勢に巻き込まれ十分反省する暇もないまま，当時韓国に流入する西洋文物の主な通路である日本と中国から押し寄せてきた「西洋哲学」を受容する過程で，その当時日本と中国でも好まれたカント哲学にたやすく接することができたと見られるからである。政治的な主権を喪失したその時期の韓国の人々の関心を大きく引いたのは，カントの道徳理論と永遠平和思想であった。次の三つの著述が示すカント哲学の理解と活用はそのよい例である。

韓龍雲（1879-1944）『朝鮮佛教維新論』（1910 年）
　李元燮訳『朝鮮佛教維新論』（雲舟社，1992 年）。特に 21-24 頁参照
全秉薫（1857-1927 ?）『精神哲學通編』（北京：精神哲學社，1920 年）
　復刊：明文堂，1983 年
崔鉉培（1894-1970）『朝鮮民族更生の道』（1930 年）
　復刊：正音社，1962 年。特に 189-194 頁参照

なお，むしろこの時期に注目すべきは，カント哲学への理解がそれほど深くなかったのにかかわらず，その影響力が哲学界だけに止まらず，より理解が深まった後の時代よりも一段と広く，韓国社会の文化領域一般に，例えば宗教改革論，政治論，文学批評にまで及んだことである。このような事態は，一方では文化史における「哲学」の位相変遷の実例として，もう一方では「よく知らないとより偉大に見える」というような事例の一つとして見ることができるかもしれない。

(2) 能動的な受容の時期（1945-84 年）
「能動的な受容の時期」と言える 1945 年以後の 40 年間は，もちろん与えられた所与の範囲内においてではあるが，韓国哲学界が自発的な選択によってカント哲学を積極的に受容・研究・伝播した時期と言えよう。

1945 年 8 月，第二次世界大戦の終了後，韓国に多数の大学が設立されはじめるなかで，大学には哲学科もやはり多数設置された。それのみならず，大学にアメリカ式の教科課程が編成される傾向が強まり，ほとんどすべての大学には教養科目として〈哲学概論〉などが設けられるようになり，韓国では 1970 年代の初めまで，「哲学」が多くの大学生たちの必須履修科目になったのである。そしてそのとき多くの「教科書」の『哲学概論』が出版された。カント哲学はその内容の核心を成した[3]。

カント哲学の故郷であるドイツの大学で，カント哲学にかんする主題で韓国

---

(3) 白琮鉉『ドイツ哲学と 20 世紀韓国の哲学』（哲学と現実社，2000 年），66 頁以下参照。

初めての博士号を授与された研究者が出たのも，その頃である．

　徐 同 益, "Das Problem der metaphysischen Deduktion bei Kants Nachfolgern", Ruprecht-Karls-Univ. Heidelberg, 1958. 7. 28.

なおこの時期には，早いうちに「大学生」および社会指導層の人士たちを国際レベルの——すなわち西洋文化的な観点からの——「教養人」として養成すべきであるという社会的要求に応じて，「総論」的な性格の研究および講義が主流を成していた．

すでにカント哲学を主題とする100種以上の論文著作が発表された後の1970年代の初期には，カント哲学を専門とする博士が国内外で多数輩出した．

　孫鳳鎬, "Science and Person: A study on the idea of philosophy as rigorous science in Kant and Husserl", Vrije Universiteit Amsterdam, 1972.
　李奭熙『カントにおける先験的人格性と人格の成立』(SEOUL：中央大学校, 1974年)
　韓端錫『カントの「純粋理性批判」における物自体の概念』(東京：東京大学, 1974年)

カントが逝去して210年を経た2014年春までに，韓国の大学では，カント哲学を専攻した修士は429名，博士は89名輩出されたが[4]，そのうち修士は1949年を起点にすると1984年までに72名，博士は1974年を起点にすると1984年までに11名輩出した．

なお，カントの原著を基にした最初の韓国語訳の出版は，以下のものである．

---

(4) この時までに修士を輩出した大学は51校であり，博士を輩出した大学は21校である．修士を多く輩出した大学を順に見ると，ソウル大学校68名，高麗大学校37名（博士は6名），西江大学校25名（博士は5名），延世大学校24名（博士は1名）などであり，博士を多く輩出した大学を順に見ると，ソウル大学校16名，慶北大学校11名（修士は22名），全北大学校8名（修士は7名）などである．

朴鐘鴻・徐同益共訳『形而上学序論』（韓国翻訳図書株式会社／文教部，1956 年）

これに引き続いて，この時期にようやくカントの主要著述の韓国語訳が刊行されることによって，カント哲学は学界を越えて一般文化界にまで本格的に普及するようになったのである。

崔載喜訳『純粋理性批判』（東亞出版社，1969 年／博英社，1972 年）
──訳『実践理性批判』（青丘出版社，1957 年／博英社，1974 年）
鄭鎮訳『道徳哲学原論』（乙酉文化社，1970 年）
徐同益訳『永遠平和のために』（世界の大思想 6：カント，徽文出版社，1972 年）
李錫潤訳『判断力批判　附　判断力批判第一序論』（博英社，1974 年）
申玉姫訳『理性の限界内の宗教』（梨花女子大学校出版部，1984 年）

(3)　深化研究の時期（1985-99 年）

「深化研究の時期」と言える 1985 年以後の 15 年間は，多数の単行本の研究書の刊行とともに，国内外でカント哲学専攻の博士たちが大挙輩出した時期である。1958 年に一人の博士が出た後，27 年が経った 1985 年になってようやく再びドイツの大学を出身とする博士が出るようになり，その後の 20 年間で，何と 32 名も数えたのである。その時まで，ドイツ以外の地域の外国博士は 9 名（アメリカ 4 名，オランダ 2 名，日本 1 名，フランス 1 名，オーストラリア 1 名）であった。

白琮鉉, "Phänomenologische Untersuchung zum Gegenstandsbegriff in Kants 'Kritik der reinen Vernunft'", Albert-Ludwigs Univ. Freiburg/Br., 1985. 7. 5.
姜榮安, "Schema and Symbol: A study in Kant's doctrine of schematism", Vrije Universiteit Amsterdam, 1985.

彼らは 1990 年に「韓国カント学会」（1990 年 12 月 8 日「韓国カント哲学会」として発足，1994 年 12 月 8 日「韓国カント学会」に改称）を創設し，活発な研究

活動を展開した。この学会に先立って，1960年代の初めに嶺南地域（慶尚道地域）の学者たちが「韓国カント学論」（1963年11月9日）を結成し，一時〈カント〔逝去〕第160周年記念学術発表会〉（1964年4月23日，東亜大学校）を開催するなど，活発な活動を広げてもいた。しかしながら，この学会は2年後「韓国哲学研究会」（1965年），また「大韓哲学会」（1983年）に広げられ，カント哲学専門学会の性格を失ったのである。新しく創立された「韓国カント学会」は，カント哲学を専門とする修士号以上を持つ研究者だけを正会員とした学会である。1995年には学会誌である『カント研究』を創刊し，2000年からは半年ごとに定期発刊することによって本格的に研究成果を結集し，多様な企画事業を行なった。

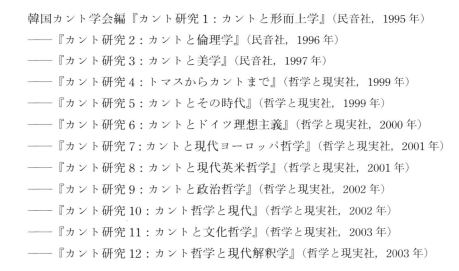

韓国カント学会編『カント研究1：カントと形而上学』（民音社，1995年）
――『カント研究2：カントと倫理学』（民音社，1996年）
――『カント研究3：カントと美学』（民音社，1997年）
――『カント研究4：トマスからカントまで』（哲学と現実社，1999年）
――『カント研究5：カントとその時代』（哲学と現実社，1999年）
――『カント研究6：カントとドイツ理想主義』（哲学と現実社，2000年）
――『カント研究7：カントと現代ヨーロッパ哲学』（哲学と現実社，2001年）
――『カント研究8：カントと現代英米哲学』（哲学と現実社，2001年）
――『カント研究9：カントと政治哲学』（哲学と現実社，2002年）
――『カント研究10：カント哲学と現代』（哲学と現実社，2002年）
――『カント研究11：カントと文化哲学』（哲学と現実社，2003年）
――『カント研究12：カント哲学と現代解釈学』（哲学と現実社，2003年）

「韓国カント学会」は2004年に至って，学会誌である『カント研究』を，第13集から特定の出版社に依存せず直接発行しはじめた。このことによってテーマに制限されない会員たちの自由な研究が発表の場を持つようになったのである。

この時期は「各論」中心の研究書もまた多数刊行されたが，分野別専門研究書の例を挙げると，以下のようになる。

金鎔貞『カント哲学──自然と自由の統一』（有林社，1978 年／曙光社，1996 年）

文成學『認識と存在』（曙光社，1991 年）

金光明『カント判断力批判研究』（理論と実践社，1992 年）

韓慈卿『カントと超越哲学──人間とは何か』（曙光社，1992 年）

白琮鉉『カント実践理性批判論考』（星泉文化財団，1995 年）

姜榮安『自然と自由の間』（文芸出版社，1998 年）

金相奉『自己意識と存在思惟──カント哲学と近代的主体性の存在論』（ハンギル社，1998 年）

金珍『カント　単なる理性の限界内の宗教』（蔚山大学校出版部，1999 年）

まさに「韓国のカント学界」と称して言いすぎにはならないほどの専門研究者が輩出し，テーマごとに複数の研究者によって深みのある学術的な討論の場が開かれた時期であった。だが，この時期からカント哲学が韓国の社会文化全般に及ぼす影響力が減退した。その理由としては，社会における哲学の影響力の減退という文化一般の現象以外にも，カント研究者たちが社会文化全般に対する識見よりは微細なテーマの詮索に重きを置くようになったためであると言えよう。

(4)　反省的な再生産の時期（2000 年以降）

2000 年に至って韓国のカント学界は，次第に「哲学者」の声を聞くようになったと言える。この頃から，多数の学者たちが「総論」的な視野を持ちつつも「各論」を広げたり，各論の深みを失わずに概観しつつ，これに基づき各自の哲学的主張を本格的に開陳していったのである。このことから学界は，「反省的な再生産の時期」に入ったと評価できよう。次の諸著作は，そのような例として挙げることができよう。

白琮鉉『存在と真理──カント〈純粋理性批判〉の根本問題』（哲学と現実社，2000/2003 年［補正版］，2008 年［全訂版］）

姜榮安『道徳はどこから来るのか――カントの道徳哲学』（ソナム，2000 年）
李忠進『理性と権利――カント法哲学研究』（哲学と現実社，2000 年）
金珍『カントと生態思想』（哲学と現実社，2003 年）
白琮鉉『現代韓国社会の哲学的問題――倫理概念の形成』（哲学と現実社，2003 年）
金泳來『カントの教育理論』（学志社，2003 年）
金光明『カント美学の理解』（哲学と現実社，2004 年）
金碩洙『カントと現代社会哲学』（ウルリョク，2005 年）
韓慈卿『カント哲学への招待』（曙光社，2006 年）
金英泰『道徳神学と道徳信仰』（全南大学校出版部，2006 年）
文成學『カント倫理学と形式主義』（慶北大学校出版部，2007 年）
姜榮安『カントの形而上学と表象的思惟』（西江大学校出版部，2009 年）
白琮鉉『時代との対話――カントとヘーゲルの哲学』（アカネット，2010 年）
金惠淑『カント――境界の哲学, 哲学の境界』（梨花女子大学校出版部，2011 年）
白琮鉉『カント　理性哲学 9 書 5 題』（アカネット，2012 年）

　なお，このような深化された各論あるいは反省的な総論研究の成果をもとに，純粋なハングル世代によるカントの主要著作の再翻訳と新翻訳が刊行されることによって，カント研究者相互間の研究交流とともに，一般読者たちとカント思想について多岐にわたって意見を分かち合う場が設けられた。あらゆる翻訳は誤訳であるとか反逆であるとかといった恐れもあるが，ともかく相異なる言語の持ち主相互の疎通のために翻訳作業は不可欠なことである。世界の数多くの言語は，その相違点にもかかわらず，人間の言葉であるだけに普遍性を持っており，それゆえに通訳が可能である。それのみならず，それぞれの特長と長い体験の歴史を持っているため，古典は翻訳されることによって新しく解釈されるのであり，その作業を通じてより豊富な意味を得たりもする。本来の意味にいささか変質が生じるとしても，翻訳を通して思想を交流し合うということは，それぞれ異なる言語を使う民族同士の理解を広げ，そのことによって人類共同の文化形成の基盤を作ることになる。

李漢龜『永遠平和のために』（曙光社，1992 年）
──『永久平和論〔改訂版〕』（曙光社，2008 年）
──『カントの歴史哲学』（曙光社，1992/2009 年〔改訂版〕）
李南元『実用的な観点から見た人間学』（蔚山大学校出版部，1998 年）
──『カントの形而上学講義』（蔚山大学校出版部，1999 年）
趙寛晟『カントの教育学講義』（哲学と現実社，2001 年）
白琮鉉『実践理性批判』（アカネット，2002/2009 年〔改訂版〕）
──『人倫の形而上学定礎』（アカネット，2005 年）
──『純粋理性批判 1・2』（アカネット，2006 年）
──『判断力批判』（アカネット，2009 年）
──『理性の限界内の宗教』（アカネット，2011 年）
──『人倫の形而上学──法論の形而上学的原理・徳論の形而上学的原理』
 （アカネット，2012 年）
──『形而上学序説』（アカネット，2012 年）
──『永遠平和のために』（アカネット，2013 年）
李在溶『美と崇高の感情に関する考察』（チェックセサン，2005 年）
崔昭仁『感性界と知性界の形式と原理』（イージェイブックス，2007 年）
──『形而上学の進歩／発見』（イージェイブックス，2009 年）
呉珍錫『俗説について』（図書出版 b，2011 年）
──『諸学部の争い』（図書出版 b，2012 年）

　このように多数の翻訳書が複数出たのち，2013 年の春，すでにカントの主要著作を訳注し刊行した白琮鉉と同学は，既存の翻訳と注を発展させて韓国語版『カント全集』の編纂・発行に取り組んだ。この編纂事業は訳者たちと〈大宇財団〉および〈韓国学術協議会〉，そして出版社〈アカネット〉の協力が産んだ結果であり，民間レベルの学術事業の成功した事例と言えよう。
　カントが発表したすべての論著と生前出版された講義録，そして死後編集された書簡集と遺稿集を韓国語で翻訳し，10 年企画事業として 2014 年から刊行されるようになった韓国語版『カント全集』の編成は，以下の通りである（＊は，2014 年 8 月現在，既刊）。

第一巻　前批判期論著Ⅰ
第二巻　前批判期論著Ⅱ
第三巻　純粋理性批判Ⅰ*
第四巻　純粋理性批判Ⅱ*
第五巻　形而上学序説*
第六巻　人倫の形而上学定礎*
第七巻　自然学の形而上学的原理
第八巻　実践理性批判*
第九巻　判断力批判*
第十巻　理性の限界内の宗教*
第十一巻　永遠平和のために*
第十二巻　人倫の形而上学*
第十三巻　諸学部の争い
第十四巻　批判期論稿及び諸短篇Ⅰ
第十五巻　批判期論稿及び諸短篇Ⅱ
第十六巻　実用的な観点からの人間学*
第十七巻　論理学
第十八巻　地理学
第十九巻　教育学
第二十巻　書簡集Ⅰ
第二十一巻　書簡集Ⅱ
第二十二巻　書簡集Ⅲ
第二十三巻　遺稿Ⅰ
第二十四巻　遺稿Ⅱ

　このような民間レベルのカント全集の刊行計画とは別に，崔昭仁の主導によって〈韓国研究財団〉が支援する韓国語版『カント全集』の編纂事業もまた進行中であり，近いうちに韓国のカント学界は二種の全集を持つようになるだろう。一哲学者の著作を語族がまったく異なる外国語に訳すことは，すでに原典

の解釈が成されていることを意味するので，訳者別に選択する用語からして，相互に異なる可能性が大きい。また「全集」を標榜する以上，その全集内ではカント全著作の訳語は貫かれるはずであり，それは学派的な性格を帯びると言ってもよいだろう。

カント哲学に対する学派的な解釈が出るというのは，韓国ではカント哲学の再生産的な活用の土壌が作られることを意味しており，このことによって，カント哲学の滋養分は「韓国の」哲学の形成要素になるだろう。

3　韓国におけるカント哲学の再生産的な活用の可能性

1900年代の初めにカント哲学が入ってくるようになり，韓国の人々に特別な関心を引いたときもすでにそうであったのだが，その後もカントは韓国ではまず「道徳哲学者」としての意味を持った。2004年の春まで，韓国の大学に提出されたカント哲学に関する博士学位論文 61 篇の主題を分けてみると，『純粋理性批判』など理論哲学に関するものが 23 篇，『実践理性批判』など道徳哲学に関するものが 30 篇，『判断力批判』に関するものが 6 篇，その他 2 篇である（修士論文の場合，その比率は 123：106：43：36 である）。世界的には『純粋理性批判』などの理論哲学に関する研究がカント研究の中心を成しているのが一般的な状況だが，同じ期間に外国の大学で博士学位を取得して帰国した韓国人 42 名の論文のテーマ別の分布が 23：8：3：8 であることと比べてみると，このことはとても特異な様相を示している。仏教や性理学の受容とその活用についてもそうであったように，純然たる思弁や理論を空疎と見なし，「実践」に対する論説を重視する韓国人たちの性向をここからも確認できよう。韓国人たちのこのような性向は，ある側面では韓国の学問の真の発展を塞ぐ要因でもある。とはいえ，このようなカントの道徳哲学への関心は別の観点から見ると，過去 100 年間の韓国社会の倫理的な状況がそれほど芳しくなかったことを反映しているとも言えよう。

長い間韓国社会の倫理の主流を成してきたのは，仏教的・儒教的な要素であった。ところが，この「自然主義的」な伝統倫理の根幹を成しているのは「報恩」である。それに 20 世紀に入ってキリスト教が幅広く伝播することによっ

てキリスト教の「超自然主義的」な「誡命」が道徳原則として波及したのだった。このことによって韓国は，世界の三つの宗教の倫理要素が均一に影響を及ぼす社会になった。なお，現代社会のどこにでも見ることができるように，韓国社会でも「善」の価値を「利」の価値に対置させる功利主義と，初めから善の価値を無効にしてしまう物理主義が広まる一方である。このような状況が韓国社会の倫理的概念を混乱させ，非倫理的な状況を加速化させることになった。このような状況に問題を感じた場合，結局一つの普遍的倫理尺度を立てなければならなくなるが，その途には旧倫理の復元の可能性もあれば，新倫理の樹立の可能性もある。そこで，ある人々は儒教的倫理の新しい解釈を試みている。

　しかし，儒教的「報恩の倫理」は，「親しさ」と「温情」を伴い，「情の深い世の中」を願う韓国の人々の心情に見合うものではあるが，普遍的な社会倫理として機能するのには相当限界を持っていることがすでに十分露見されている——儒教倫理は近親主義，位階主義，縁故主義を煽るのである。超越的絶対者と来世に対する信仰を前提にするキリスト教倫理もまた，現世主義的な性向がとても強い韓国社会では，「普遍性」を得ることは容易ではないと見られる。そのため，カントの「人格主義的」で自律的な「義務の倫理」は，韓国社会の倫理の根幹を立てるのによい方案の一つになることができよう。ただし，「義務」という言葉自体が「西洋的」なものであり，韓国社会には新しいものであって，またそれは「冷たく重い」ものであるため，依然として韓国の人々は「情が冷める」感じを受けるので，韓国社会に根付くのには相当年月が必要であろう。とはいえ，20世紀後半以降，韓国社会の文化様相の全般的な変移とともに，すでに韓国の人々の情緒にも少なからぬ変化が見られることを考えると，「義務の倫理」が根付くことが不可能であるとは思わない。この「義務の倫理」こそ韓国社会の普遍的な倫理化に大きく役立つと思う。

　もう一つ，韓国的な学風の上でできる作業は，カントの批判哲学の精神を生かしつつ，理念論としての形而上学を発展させることである。

　周知の通り，超越論的観念論であり経験的実在論であるカントの現象存在論が形而上学に残す問題は多い。それは何よりも理論理性が自分自身の純粋な認識能力を検査した結果，感性的なものから超感性的なものへと超えて行き，知識を拡張する能力が自分自身にはないことを確認したことから始まる。真理と

虚偽が分けられる知識の領域は現象の存在の世界に限る。要するに，自然現象を超えた世界に対する知識体系としての「形而上学」は，カントの理論哲学の体系内には居場所がない。そうすると，人間の生にとって真理・虚偽の区別よりもより価値があるかもしれない善さ・美しさ・神聖さ・平和などに対する探究と，人生の意義，究極的な目的，永生の可能性に対する探究はどこから期待できるのであろうか。専ら経験科学的な探究以外には残っていないのではないか。

カントは理性の使い方を理論的使用と実践的使用に区分しただけでなく，さらに反省的な使用の方法まで提示した。そして，科学的な探究の目標である真理の価値以外にも，「形而上学的」諸価値を探究し続けたのである。しかし，彼にとってそのような諸価値は，それ以上認識の対象とはならず，希望と信仰と憧憬，一言で言えば理想の目標であった。そのため，われわれがカントから「真の形而上学」について語ろうとすれば，彼の理想主義について触れるしかない。それは理性主義，合理主義の頂点に立っているカントから，浪漫主義，非合理主義を見出すことである。

カントの「理性批判」が形而上学を破壊したと見たヘーゲルは，カント以来人々が「形而上学のない洗練された連中」[5]になってしまったと嘆いたが，形而上学をこれ以上真理価値的，理論的知識の体系として見ることができないと批判したことは，形而上学を無効にしたことになるだろうか。

カントは「理論理性批判」を通して自然世界が実際何であるかを学的に明らかにした。しかし，「実践理性批判」を通しては，自然存在者ではなく理性的存在者として人間が理想的に何であるべきかについて明らかにし，「判断力批判」を通して，自然内での人間が何でありうるかを反省的に規定しようとした。「宗教理性・歴史理性の批判」を通しては，長い年月にわたって人間が何であることを期待してもよいのかを探索した。これらすべては，「人間が何であるか」に対する哲学的探究の一環であった。そしてこれらが，明らかに彼の「形而上学」の内容を成していた。ところが，このような究明と探究に体系の完全性への「理性の建築術」や「信仰」，「希望」，「臆見」が介在していたとして，

---

(5) Hegel; *Wissenschaft der Logik I*, GW 11, Hamburg 1978, S. 5.

つまり真偽の区別が容易な純然たる知識以外のものが混在していたとして，形而上学は「万学の女王」の座を失うことになるのであろうか。

カントの現象存在論は，これまで真理の知識体系であろうとした形而上学に，善と美と聖と和，そして完全性の価値体系への転換を模索するようにしたのではないだろうか。それならば，形而上学は知性的知識内のうちにではなく，理性の理念のうちで自分自身の座を探究すべきではないだろうか。

認識は感覚経験の世界，すなわち自然をありのままに捉えることを目標とする。しかしながら，人間の心性は客体との関係における認識だけでは満たされない。人間はなぜ認識のみならず実践をするのか。人間はなぜ獣のように行動せず「人間らしく」行為しようとするのだろうか。なぜ人間は受容するだけではなく創作し労働するのか。人間はなぜ草木と獣たちの連鎖から離れ，技術を発揮しようとするのだろうか。人間はなぜ自然を環境としてだけ見るのではなく，鑑賞し，自然のなかで畏敬と戦慄を覚え，芸術作品を産み出すのだろうか。人間の「想像力は即ち，現実的な自然が彼に与えた材料から，言うなればまた別の自然を創造し出すのにとても強力な力を持っている」(『判断力批判』，§49：B193 = V314)。われわれ人間は，現象世界としての自然からは発見できないある理想に自分自身を合わせようとし，自然に対する感覚的経験がわれわれに与える素材を加工して自然を別のあるもの，言うなれば自然を超えていくあるものに改造していくのであり，そこに人間性を見出す。まさにこの地点から，形而上学は自分自身の座を得るべきではないだろうか。

それゆえに，カントが理性批判を通して厳密な学としての形而上学が可能ではないことを露見させたのだとしたら——われわれはこの功績を認め，彼の言葉に耳を傾けるべきである——，その時崩れた形而上学とは，真理の学問であろうとした従来の形而上学であろう。そして従来の形而上学の空しさとは，超感性的言語として用いるべき形而上学が，当初感性的言語として読まれることを企図したために生じたのではないだろうか。もはや超感性的世界の学としての「真の」形而上学は，その体系が自然世界と符合するか否かといったことからその学問性が評価されてはならず，人間の感性に向かう理性の「最上の関心」(『実践理性批判』，A217 = V120)に照らして評価されるべきではないだろうか。そのとき，真の形而上学はもはや存在論の拡張ではなくなり，理念論あ

るいは理想論となろう。このような理念論の展開は，韓国の学風のなかでもすばらしい結実を収めることができると期待される。それは結局，カントの理性批判の精神を生かして感性と知性，そして理性の理念間における役割分担と均斉に基づいた「合理性」概念を創出する作業になるだろう。さらに，それはすべてのことを知識の物差しに合せて価値評価しようとする近来の文化形態に対し，真・善・美を区別し，それぞれ固有の価値を認めることのできるものが，「真」によって統一性を洞察する作業になるだろう。

（李美淑 訳）

参考文献

白琮鉉『ドイツ哲学と 20 世紀韓国の哲学』(哲学と現実社，1998/2000 年〔増補版〕)
――「韓国哲学界のカント研究 100 年（1905〜2004）」(『カント研究』第 15 集，韓国カント学会，2005 年，335-416 頁)。
Paek Chong-Hyon, "The Reception of Western Philosophy & Philosophy in Korea", in: Korean National Commission for Unesco, *Korea Journal*, Vol. 39, No. 1 (Spring 1999), pp. 5-20.
――, "The Reception and Development of German Idealism", in: Korean National Commission for Unesco, *Korea Journal*, Vol. 39, No. 1 (Spring 1999), pp. 61-85.

第二章

韓国におけるカントと東洋哲学の比較研究

韓 慈 卿

1　はじめに

　20世紀初めに韓国に西洋哲学が本格的に伝来したとき，韓国の知識人たちの思想や人間観・世界観は大概儒教的であったはずであり，彼らの心の底には儒教か仏教，あるいは道家的なものが流れていただろう。そのため，韓国におけるカント哲学の受容の歴史は，韓国人が自らの東洋思想に基づいて，カント哲学をどのように受容・解釈し評価したかの歴史になるだろう。またその歴史のなかには自分自身の内的な思想基盤である東洋哲学と，外部から受容されたカント哲学とを比較検討する比較哲学的な研究が含まれるべきであろう。

　ところが，20世紀の初めから，韓国知識界の現実はそれほど理想的ではなかった。西洋化した日本によって武力で占領されることによって，韓国の社会・政治・経済体制とともに教育制度も西洋風に変わり，教育の内容もまた西洋学問に変わることによって，われわれの思想的な連続性は断絶してしまったのである。亡国の悲しさと怒りは自己否定に繋がり，多くの人々は自分自身の思想的な基盤と歴史性を忘却したまま西洋学問を受容し，またそれをもってひたすら現実変革に専念するばかりであった。当時としてはそのことがより急務であったろう。しかし，解放以後も状況はそれほど変わらなかった。科学技術の導入と資本主義と民主主義の確立が最優先の課題として浮き彫りにされ，西欧思想の後を追うことに汲々としたのであり，そのような傾向は今日までも続いている。韓国ではほとんどの哲学研究者たちが西洋哲学の研究に没頭してお

り，このことは今日韓国の大学の哲学科の教科課程だけを見てもたやすく確認することができる。

このように20世紀以後の韓国における哲学研究は西洋哲学の方に傾いているが，そのなかでも特にカント研究が最も活発である。その理由としては，韓国への西洋文物の流入経由地である中国と日本でカント研究が重視されたことが考えられる。白琮鉉はその他に，次のようなことにも注目している。

> カント哲学が韓国人たちの考え方と親近性を持っているためであろう。韓国人たちはカントの自発的な人間主体性，人格倫理，万民平等，市民社会，国際平和の思想に相当の親和性を感じたように思われる[1]。

韓国にカントを専門とする研究者が多い理由を，韓国人がカント思想から感ずる親和力に見出すとしたら，この親和力の正体とは果たして何であろうか。東洋あるいは韓国思想のうち具体的にどのようなものがカント思想と類似性を持っており，またそれらの間にはどのような相違点があるのだろうか。本章では，このような類似点と相違点を自覚しつつそれらを研究対象にし，具体的に比較哲学的な論議を展開した研究成果を検討することにする。

韓国でカントを対象にした本格的な比較哲学的論議が始まったのはそれほど昔ではない。それは，韓国哲学界で東洋哲学に関心が寄せられるようになった1980年代に入ってからのことであり，せいぜい30余年前のことである。ところが，その時期はすでに韓国が思想的な断絶を経験した後になる。思想的断絶を経験する前，われわれ韓国人の心性に韓国あるいは東洋哲学の精神がそのまま生きていたとき，われわれ韓国の人々はカント哲学をどのように受け入れ，どのように評価したのだろうか。以下，2節では20世紀初めの韓国思想家たちによるカントへの言及に基づき，論者なりの東西思想の比較の地平を描きたいと思う。そのように確保された比較の地平の上に立ち，その次の20世紀後

---

(1) 白琮鉉「韓国哲学界のカント研究100年（1905〜2004）」（『カント研究』第15集，韓国カント学会編，2005年）。彼の研究結果によれば，韓国の西洋哲学関連の研究成果のうち断然一位はカント関連の論文著作であるという。彼は上記の理由以外にも「カント哲学が韓国語でもとてもよく理解できるからであろう」とその理由を付け加えている。

半から始まった具体的な比較哲学的な論議について考察してみる。カントを道家あるいは韓国の東学と比較したいくつかの研究を除くと，ほとんどの研究はカントを仏教と比較するか，そうでなければ儒家と比較した。そこで，3節ではカントと仏教の比較をまとめ，4節ではカントと儒教の比較をまとめてみる。そして，最後の5節でそのような比較哲学の持つ意味と限界とはどのようなものかについて考えつつ，論を結びたい。

2　カントと東洋思想比較の地平

　韓国人の精神のなかに伝統的な韓国思想が生きていたとき，韓国人はカント思想をどのように理解し批判したのだろうか。そのことを視野に入れると，われわれは韓国思想とカント思想の根本的な類似性と相違性が何であるのか，もっとよく見出すことができる。全秉薫（1857-1927）は『精神哲学通編』のなかで，カント哲学の核心を以下のようにまとめている。

　　西洋哲学者カントは言う――私の精神は必ずしも色身とともに生滅するものではない。［色身より］もっと高等な性命があり，すなわち本質であり真我である。真我はいつも時空の外に超然として自立し自由で活発なものとして，他の物によって引かれたり縛られたりしない[2]。

　全秉薫は，カント哲学の核心が時空的規定性を超えた自由である人格（真

---

(2) 「西哲康德曰，吾人精神當必不如色身俱生滅。復有高等性命者，卽本質也，卽眞我也。眞我者常超然自立於時間空間之外，爲自由活潑之一物，非他之所能牽縛」（全秉薫『精神哲学通編』，序論 2）。
　　カント哲学を唯識仏教と比較しつつ東洋に紹介した人は梁啓超である。梁啓超は1903年から04年まで日本で『新民叢報』にカントの紹介文を9回連載した。そこで彼はカントの自然必然性に束縛された現象的自我と自由である超越論的自我の区分を，仏教における無明と真我の区分として解釈した。ただし，仏教はすべての人間が皆同一の真如本体を持っていると見るのに対し，カントは各自個別的な真我を持つと主張したことから仏教より劣ると評価した。韓国の全秉薫と韓龍雲は梁啓超を通してカントについて知るようになり，梁啓超が指摘したカントの限界が結局西洋学問における修行の欠如のためであると判断した。

我）の発見にあると見る。制約された内的現象としての経験的自我と現象を超えた無制約者としての超越論的自我（transzendentales Ich）の区分，そしてその超越論的自我を道徳的自由主体として解釈したことを高く評価したのである。とはいえ，東洋哲学の観点から見たとき，カントは次のような限界を持つと言う。

> 西洋哲学はすでに精神が不滅する真我の境地に至った。しかし，未だ玄牝を運用し陽神を出現させる妙を成すには至らなかった。そのため，真我の真面目を見ることができなかった[3]。

　時空を超えた真我の存在を主張するものの，その真我の真面目を直観することはできなかったというのである。全秉薫の言う「玄牝運用」と「陽神出現」は，道家的性命の修行である。修行の欠如によって真我の境地を直接直観することができなかったことが西洋哲学の限界だというのである。全秉薫がカント哲学の核心であるという真我の存在をカントはどのように論証し，またその論証にはどのような限界があるのかを，もっと具体的に考察してみる。

　カントは，人間の認識が認識条件——感性的直観形式の時間と知性的思惟形式の範疇，そしてその二つの結びつきである先験的〔a priori〕総合原則——によって規定されるということによって，われわれが日常的または科学的に認識する対象世界は私たち自身の認識条件によって制約された現象（Erscheinung）にすぎないということ，を明らかにする。

　このようなカントの洞察は，自我に関して二つの含蓄を持つ。第一は，「自我の二重性」である。つまり，自我は認識対象（現象）であるだけではなく認識主体でもあるので，認識対象としては規定された現象に属するもの（経験的自我）であるが，認識主体としては規定された現象を超えた存在，すなわち無規定的無制約者（超越論的自我／意識一般）であるということである。このことはすなわち，超越論的自我（真我）の自由，現象超越性を意味する。第二は，

---

(3) 「西哲學已到精神不滅眞我之境也。然尙未透玄牝運用陽神出現之妙。故不能見眞我之眞面目也」（全秉薫『精神哲学通編』，序論2）。

「真我の認識不可能性」である。つまり，人間の認識能力の限界によって，人間は自分自身に対しても現象としての自我だけを認識することができるのであり，現象を超えた自我自体については認識できないのである。人間は無制約的主観（自我自体）と無制約的客観（世界自体）と無制約的主客包括者（神）に対しては，理論的な次元の認識を持つことができない。これがカントによって明らかにされた理論理性の限界である。無制約者に対するわれわれの理性的思惟はアポリア（二律背反）に達するだけである。これらは理論的に知られるのではなく，実践的な次元でわれわれの道徳性を実現するための前提としてただ要請されることができるというのが，カント道徳哲学の結論である。この二つの含蓄を東洋哲学と比較してみよう。

　第一の含蓄である「自我の二重性」，すなわち時空的に規定された個別的で経験的な自我（現象）と現象超越的で普遍的で超越論的な自我（無制約者）の区分は，西洋哲学では18世紀カントに至って初めて明らかになったものである。それに対し，東洋哲学では哲学が出発したときからすでに知られていたものである。儒学の小体（耳目之官）と大体（心之官），人心と道心，気質之性と本然之性，私心と公心（天地之心），七情と四端の区分がそれであり，仏教の識と心，表層意識（第六意識）と深層心（第八阿頼耶識），相（現象）と性（本性），用（現象）と体（無制約者）の区分がそれである。東洋は初めからわれわれが経験する対象世界を自体の存在ではない現象として見るのであり，その根拠を西洋のように現象外在的なイデアや神として見るのではなく，現象内在的な心（宇宙心，天地之心，真如心，一心）として見たのである。現象の事物は表層から見ればそれぞれの個別者であるが，深層から見ればすべて一つの心，真我として繋がっているというのが東洋思想の核心である。

　第二の含蓄である「真我の認識不可能性」は，東洋哲学の観点から見れば，修行論が欠如した西洋哲学の限界を表すものである。東洋哲学は初めから現象の根拠（無制約者）を天地之心や真如心などの「主体」として理解し，その境地を人間が修行を通して証得できる境地として見なした。したがって，東洋哲学は必ず聖人になり仏になる修行論を含む。それに対し，西洋哲学は現象の根拠を人間の外のイデア（思惟対象）や神（信仰対象）などの「対象」と見なしたため，人間が自らその境地に進むことができると考えることができなかった。

カントがようやく現象の根拠を人間内の無制約者（真我）として発見したが，彼は人間に「非対象的自己証得」の道，「知的直観（intellektuelle Anschauung）」が可能であることを否定した。カントは対象意識の第六意識よりもっと深層にある心の活動，第八阿頼耶識，虚霊不昧あるいは空寂霊知の心を知らなかったのである。だからカントは人間の内に経験的自我を超える超越論的自我があると主張しつつも，その自我に対しては自ら認識することができないと言った。本性を主張するものの，その本性の自覚である見性を否定したわけである。

東洋哲学は最初から対象認識の方式では心自体（真我）を認識できないということを知っていたので，真我に対する分別的対象認識ではない無分別的自己証得の道を模索しつつ，工夫論あるいは修行論を説いてきた。全秉薫のいう道家の性命修行，儒家の未発工夫，仏教の参禅修行などはすべて真我の証得，本性の悟り，見性あるいは知的直観を成就するための修行法である。韓龍雲は，真我は対象的思量分別では知ることができず，もっぱら自己証得の修行を通してのみ明らかになるということを次のように説明している。

> 理致の至極複雑で至極微妙なものは思量の比較によっては把握できない。いわんや心は智慧の上に位置し智慧に命令し左右するものであるので，命令を受ける智慧をもってどうして越権してかえってその心を究明するのであろうか。したがって心は最初から智慧によって究明できるものではない。なお，別に心の上に存在しこの心を解明できる何かがあるのでもないので，やむをえずその心の本体を静かに養い自ら自体を明らかにするしかない。それゆえに，言語と思考を捨てて一気に一体の因縁を絶ち，一大事公安を最後まで追窮して一朝にして豁然と悟ると，心全体の大きな作用のうち明らかにならぬものもなく，根本的な心理問題が氷が解けるように解かれるようになる。まとめれば，参禅は体であり哲学は用であり，参禅は自ら明らかにするのであり哲学は研究であり，参禅は頓悟であり哲学は漸悟である。参禅の要は寂寂惺惺が正しい[(4)]。

---

(4) 「理之至複雑至玄微者，不可以思量計較得。況心者，位乎智慧之上，命令智慧而左右之者也。以被命令之智慧，豈可越權而反究其心哉。故心者非智之可究者。且別無一物位乎

人間の心は思慮分別的知性の判断によって知ることができるのではなく，かといって人間の心の外にある他の存在が知ることができるのでもなく，ただ心が自らを参究して寂寂惺惺を維持することによって明らかにすることができる，ということである。このような東西思想の基本的な違いを念頭に置き，以下では韓国におけるカントをめぐる比較哲学的な考察をまとめてみる。

3 カントと仏教

(1) カントと仏教一般

カントと仏教を直接比較し，両者間の共通点と相違点を明らかにする比較哲学的な研究の歴史は，韓国ではそれほど長くはない。筆者が確認したところによれば，1981 年，申玉姫の「釈迦とカントにおける自我の問題」がその出発点を成す。彼女は釈迦の無我論とカントの誤謬推理論とが双方とも実体論的自我観の誤謬とアポリアを指摘しつつ新しい自我観を確立したものであると主張しつつも，なお残る釈迦とカントの違いを次のようにまとめている。

> 対象的思考を超越したところで開かれる非対象的無分別智の実現を訴える釈迦とは異なり，カントにとっては日常的意識の主客図式を超える非日常的で超感性的な直観のようなものが認められない。彼にとって主客図式は人間的な意識作用の避けられない根本構造なのである[5]。

そうして，釈迦は無分別智を得る「体験の真理」へ進んだのに対し，カントは超感性的（知的）直観を否定することによって結局「信仰の真理」へ進んだ

心理之上而能解釋此心者。則自不得不靜養其心之本體而自明。故息言絶慮，頓斷一切因緣，究竟此一大事公安，一朝豁然開悟，則心之全體大用，無不明矣而。根本的心理問題，於是乎氷釋。質而言之，參禪體也，哲學用也。參禪自明也，哲學研究也。參禪頓悟也，哲學漸悟也。可以一言而收，參禪之要者曰寂寂惺惺是也」（韓龍雲『朝鮮佛教維新論』6,「參禪」）。

(5) 申玉姫「釈迦とカントにおける自我の問題」（『哲学』第 16 巻，韓国哲学会編, 1981 年）。

というのが彼女の分析である。対象的で現象的な自我を超えた真我に対する接近方式が根本的に異なる，ということを明らかにしたのである。

　1990年代に入って金珍がカントと仏教を比較分析した論を多数発表した。「カントと仏教——カント哲学と仏教思想の体系内的連関性についての考察」（1991年）[6]，「カントの要請理論と仏教」（1992年）[7]，「無記のカント主義的解釈」（1999年）[8]などの論文と『カントと仏教』（2000年）[9]という著書がそれである。彼は仏教の無我説（主体否定）と輪廻説（主体想定）が相互矛盾的にアポリアを成すと見て，その問題をカントの要請概念をもって解決しようとする。また，釈迦の無記は形而上学的実在に対する理論的認識不可能性をいうが，それでいて輪廻をいい涅槃をいうのは自己矛盾であると主張する。彼はカントが霊魂不滅や神の存在を理論理性の次元では認識することができないが，実践理性の次元における要請で説明したように，カント式の要請概念を持ってくると仏教のアポリアも解決できると主張する。さらに，金珍は「カントと仏教哲学における修行の問題」（2001年）[10]，「頓悟漸修的修行のカント主義的構造」（2001年）[11]でカントの道徳法を仏教の仏性と，カントの道徳的心性の革命を頓悟と，善への前進を漸修と比較しつつ，カントを仏教修行論にまで拡張して解釈している。しかしながら，カントの倫理説を仏教の修行論と同一次元に置くことができるのであろうか。金珍の著書『カントと仏教』に対する書評である「仏教の自我観に対するキリスト教的接近の限界」（2001年）[12]のなかで，韓慈卿はこの問いを提起しつつ，西洋式の倫理学と東洋式の修行論の根本的な違いを力説したことがある。崔仁淑は「カントと仏教の実践哲学」（2005年）[13]のなかで，カントは人間を自然的傾向性と絶対的自由意志の二つの根源から説明するのに対し，仏教は一切の存在を縁起という一つの法則によるものと

---

(6) 『哲学』第36巻所収，韓国哲学会編，1991年。
(7) 『哲学と現実』第12巻所収，哲学文化研究所編，1992年。
(8) 『哲学研究』第72集所収，大韓哲学会編，1999年。
(9) 金珍『カントと仏教』（哲学と現実社，2000年）。
(10) 『哲学論叢』第24集所収，セハン哲学会編，2001年。
(11) 『哲学論叢』第25集所収，セハン哲学会編，2001年。
(12) 『今日の東洋思想』第4号所収，芸文東洋思想研究院，2001年。
(13) 『カント研究』第15集所収，韓国カント学会編，2005年。

して見ると論じている。

(2) カントと中観仏教

カントを中観思想と比較した研究の基盤には，1995年に金星喆が翻訳したムルティ（T. R. V. Murti）の1954年の著書『仏教の中心哲学――中観体系に関する研究』[14]がある。この書は中観の論理を深く分析し，巻末でそれをカントを含めた西洋の弁証法と比較している。金種旭は著書『龍樹とカント』（2002年）[15]のなかで，龍樹とカントが双方とも，実在論的傾向を批判し，人間の認識の限界を論じつつその限界を超える実践的克服を提示したと論ずる。ただ，その実践的克服が龍樹にとっては般若波羅蜜に基づいた慈悲行であるのに対し，カントにとっては道徳性に基づいた神と霊魂不滅の要請あるいは実践的信仰であるという違いがあることを明らかにする。朴鍾植は「カントの『純粋理性批判』とナーガールジュナの『中論』の比較研究――カントの誤謬推理と二律背反を中心に」（2011年）[16]，「カントの二元論とナーガールジュナの二諦説研究」（2011年）[17]などの論考でカントの現象と物自体，理論と実践の二元論を中論の世俗諦と勝義諦，知識と智慧の二諦説と比較する。彼はその二つが同一の論理的構造を持っており，双方とも，言語の限界と矛盾および逆説の論理を明らかにするためのものであると論ずる。カント思想と中観論理をより深く論じたものとしては，金相日の著書『元暁の判比量論比較研究――元暁の論理から見たカントの二律背反論』（2004年）[18]がある。これは，カントの二律背反論を元暁の不二と円融の論理で分析したものである。

(3) カントと唯識仏教

認識論あるいは存在論的な次元におけるカントと仏教の比較は，韓慈卿の

---

[14] ムルティ『仏教の中心哲学――中観体系に関する研究』（金星喆訳，経書院，1995年）。
[15] 金種旭『龍樹とカント』（雲舟社，2002年）。
[16] 『哲学研究』第119集所収，大韓哲学会編，2011年。
[17] 『東アジア仏教文化』第8集所収，東アジア仏教文化学会，2011年。
[18] 金相日『元暁の判比量論比較研究――元暁の論理から見たカントの二律背反論』（知識産業社，2004年）。

「経験世界の仮象性――世親とカントの比較」(2009 年)[19]に見出すことができる。カントと世親が二人とも現象世界を意識と分離できない意識の産物と見なすということ，そしてこのとき意識は表層的対象意識または第六意識ではなくより深層の超越論的統覚の活動または第八阿頼耶識にあたるということを明らかにしている。そうすると，そのように現象世界を形成するために，それ自体は現象の因果必然性から自由である超越論的自我，絶対自我，真心は，果たして自己自身を認識することができるだろうか。韓慈卿は「目が目を見ることができるだろうか――円測の唯識とカントの超越論的観念論の比較」(2012 年)[20]のなかで，仏教は心の自己自覚性である「空寂霊知」または「本覚」に基づきそのような本覚を証得する修行を強調するのに対し，カントは「知的直観」を否定することによってそのような心の証得の可能性を否定しているとする。

4　カントと儒教

韓国では，カントと儒学を直接比較した論文が出始めたのも 1980 年代のことである。韓国におけるカントと儒教の比較研究は，主にカント倫理学を中心に行なわれている。この比較研究も大体三つの方向に分けることができる。一つは，カントを原始孔孟儒学または荀子と比較する研究，もう一つは，カントを朱熹性理学と比較する研究，三つ目は，カントを韓国における四端七情論争と関わらせ韓国の性理学者である退溪と栗谷と比較する研究である。

(1)　カントと孔孟・荀子

カントを孔孟儒学と比較した研究の始まりは，韓榮春の「孟子とカント良心理論の比較研究」(1992 年)[21]である。彼はカントと孟子倫理説の共通点を良心説に見出す。金炯徹・文炳道は「儒家とカントの道徳判断方法論の比較研究――恕と定言命法を中心に」(2003 年)[22]のなかで，カントと孔孟二人ともが

---

(19)　『カント研究』第 23 集所収，韓国カント学会編，2009 年。
(20)　『仏教学報』第 62 巻所収，仏教文化研究院編，2012 年。
(21)　『韓国行政史学誌』第 1 巻所収，韓国行政史学会編，1992 年。
(22)　金炯徹・文炳道「儒家とカントの道徳判断方法論の比較研究――恕と定言命法を中心

倫理学的相対主義を克服すべき普遍妥当な道徳原理を定言命法と恕の原理として提示したと主張する。そして李燁は「私心から公心へ——カントの道徳形而上学と儒教思想における天人合一の唯一の可能性」（2005年）[23]のなかで，無私性の道徳的命令として叡智界に進むカントの倫理説が，公心を回復し天人合一に進む儒教思想と異ならないと明らかにしている。さらに，黃淳佑は「『実践理性批判』と『論語』における道徳的動機に関する研究」（2010年）[24]と「『実践理性批判』の自己愛の断絶の意味から読んでみた『孟子』の四端」（2010年）[25]のなかで，カント倫理説が傾向性あるいは自愛を克服し道徳法則に対する尊敬だけを強調することは，すなわち『論語』では恥と慎みを維持しつつ仁の道徳法則に対する敬を強調することと同じであると論ずる。

　カントと孔孟を比較する際には大概彼らの共通点を強調するとしたら，カントを荀子と比較する際には，主に互いの相違点に注目する傾向がある。秦熙權は「東西洋の法理解——カントの法と荀子の礼を中心に」（2000年）[26]では，法哲学的観点からカントと荀子を対比させる。カントの法が近代的理性あるいは近代的市民社会の法概念に対応するものとして，人間が自分自身の個人的所有と自由を守るために作り出したものであるとしたら，荀子の礼は法（規定）以前に存在する義や道が制度化された，あるがままの生の秩序であるとされる。それに対し，李章熙は「カントと荀子——自律性の概念を中心に」（2001年）[27]のなかで，カント倫理学が近代機械論的自然観への対応であるように，荀子の道徳哲学もまた古代中国の自然主義への対応として，両方自律性を強調しているという。ただ，カントは倫理と自然を存在論的に分けるのに対し，荀子は道徳性の確立の際に人間の自発的な努力を強調しつつも，道徳と自然間の連続性を確保しようとしたところに違いがあると論ずる。金光徹もまた「道徳に

　　　に」（『哲学』第77巻，韓国哲学会編，2003年）。
(23) 『カント研究』第15集所収，韓国カント学会編，2005年。
(24) 『カント研究』第25集所収，韓国カント学会編，2010年。
(25) 『哲学研究』第116集所収，大韓哲学会編，2010年。
(26) 『東洋社会思想』第3集所収，東洋社会思想学会，2000年。
(27) 『時代と哲学』第12集所収，韓国哲学思想研究会編，2001年。

おける自律性と感情の役割——荀子とカントの比較」（2010 年）[28]のなかで，荀子の「人為的作用」をカントの「理性の自律性」と比較しつつ，両方の道徳のなかで感情とともに自律性が強調されていると主張している。

(2) カントと中国性理学

韓国でカントが性理学と比較されるとき，研究者たちは大概牟宗三の 1968 年の著書『心体と性体』を念頭に置いているだろう。この本は韓国では 1998 年に梁承武・千炳敦によって総論が翻訳された後，2012 年黄甲淵・金基柱たちによって全訳された[29]。劉東桓は「カント哲学の儒学的再解釈——牟宗三の道徳形而上学を中心に」（1998 年）[30]のなかで，牟宗三がどのように西洋近代理性の体現者カントを批判的に受容しつつ儒家精神と結びつけ，新しい「道徳形而上学」を構築したのかについてよく説明している。金永健もまた「牟宗三の道徳的形而上学とカント」（2004 年）[31]のなかで，カントの自由意志と因果律，道徳と科学の隔たりを牟宗三が儒家思想を通してどのように克服しているのかについて説明している。とはいえ，彼は「牟宗三の知的直観とカントの審美性」（2009 年）[32]のなかで，カントが否定した知的直観を牟宗三が人間の無限の心性能力として肯定しつつ展開した道徳形而上学は，科学的世界観と衝突してしまうと批判しつつ，むしろカントの崇高美の感情が科学と道徳，理性と感性の二元性を克服できる道であると論ずる。同じく劉欣雨もまた「牟宗三のカント哲学と儒学比較」（2009 年）[33]のなかで，牟宗三がカントを越えて良知と知的直観に基づき確立しようとした道徳形而上学は現代の科学的世界観の物理主義をあまりにもたやすく処理してしまった限界があると指摘する。趙南浩もまた「牟宗三の陽明学研究に関する批判的検討」（2012 年）[34]で，牟宗三が

---

(28) 『哲学論集』第 23 集所収，西江大学校哲学研究所編，2010 年。
(29) 前者は芸文書院から刊行され，後者は昭明出版から刊行された。
(30) 『時代と哲学』第 9 巻所収，韓国哲学思想研究会編，1998 年。
(31) 『神学と哲学』第 6 巻所収，西江大学校神学研究所，2004 年。
(32) 『東洋古典研究』第 34 集所収，東洋古典学会，2009 年。
(33) 『カント研究』第 24 集所収，韓国カント学会編，2009 年。
(34) 『哲学論集』第 29 集所収，西江大学校哲学研究所編，2012 年。

主張する陽明学の良知は神秘主義的であると批判する。陽明学の修行工夫は道教と仏教に基づいた主観的で神秘的な悟りに依存しつつ儒家的人倫性を肯定したものであるが，牟宗三はこの文脈を度外視したため，現代的な再解釈を難しくさせるという。

(3) カントと朝鮮性理学

カントは道徳の自律性を主張するにもかかわらず，理性と感性，叡智界と現象界（感性界）の二元性を離れられなかった。その理由は，彼が道徳法則だけを理性の領域に置き，感情は身体的傾向性の感性領域に限定させ，道徳性と傾向性（自然性）を対立するものとして置いたからである。それに対し，儒学は四端のような道徳的感情を認めることによってそのような二元化から離れている。結局問題は人間の感情をどのように理解すべきかに狭く限定される。身体的傾向性によって起こる受動的感情以外に，人間には果たして自律的で道徳的な感情があるのだろうか。あるとしたら，その道徳的感情と身体的感情は互いにどのような関係にあるだろうか。ところで，この問いはまさに朝鮮の性理学者たちが長い間激論を繰り広げてきた四端七情論争の核心的な問いである。道徳的感情（四端）と身体的傾向性に基づいた感情（七情）が互いにどのように分けられ，またどのように関わるのかが論争の要である。したがって，カントを韓国儒学と比較する人々は，大概朝鮮の性理学者たちの四七論争を意識しつつ論議する。しかしながら，結論は研究者自身の観点の違いによってそれぞれ異なる議論となる。

河永哲は「退溪の性理学とカント哲学の比較研究」（1986年）[35]のなかで，カント思想を朝鮮の四七論争から明らかになる退溪の思想と比較している。彼はカントの物自体を退溪の「理の本体性」と比較し，カントの「理性の自由」を退溪の「理の自発性（活動性）」と比較することによって相互間の共通点に注目する。それに対して奇宇卓は「カントの人間学を通してみた人性の探究――李栗谷の心性論との比較研究」（2008年）[36]で，退溪が互発を主張するこ

---

(35) 『退溪学と儒教文化』第14巻所収，慶北大学校退溪研究所編，1986年。
(36) 『大同哲学』第45集所収，大同哲学会編，2008年。

とによって気を主宰しないといけない理の役割を弱め，気の動的な役割の意志の問題も看過したのに対し，栗谷の理通気局説は理をもっぱら気の所従来としてだけ認めることによってその役割を十分に浮き彫りにし，気は外の物に感じて清であれば善であり濁であれば不善になるので中節という実践意志の重要性を強調したということから，カントの「心性の革命」と類似していると論ずる。奇宇卓は，退溪より栗谷の方が人間の心性をより正しく理解し，カントにより接近していると見るのである。しかし，梁明洙は「カントの動機論に照らしてみた退溪の理発」（2008年）[37]で，カントの叡智界と感性界の区分を退溪の理の世界と気の世界の区分と比較し，カントの道徳法則への尊敬の感情と快不快の感情の区分を退溪の四端と七情の区分と比較しつつ，相互間の類似点に注目している。ただし，退溪の理は宇宙的理性あるいは宇宙的徳のような側面があるので，理発はただ道徳法則の意志規定であるより，もっと深層の作用であると言っている。

　このように，カントを韓国の性理学者と比較するとき，研究者はいつも四七論争を念頭に置くものの，カントを誰とどのように関わらせ，どのような結論に至るのかは研究者自身の観点によって相互に異なっているということが分かる[38]。

---

(37)　『退溪学報』第123集所収，退溪学研究院編，2008年。
(38)　カントを道家思想と比較した研究としては，カントの二元論的自然観と道家の一元的自然観を対比した李瑛淑の「カントと道家の自然観」（『哲学と現実』第38集，哲学文化研究所編，1998年），カントの超越論的統覚と老子の虚静を並立させる黄淳友の「カントと老子の根源的認識」（『カント研究』第23集，韓国カント学会編，2009年），カントと老子の自我をともに現象の中と外，内在と超越の間で自分自身を省察する境界的主体として明らかにする孟柱満の「カントと老子──境界と間の哲学──間の存在論と境界的自我」（『カント研究』第24集，韓国カント学会編，2009年），カントと荘子の自然観と美学を比較した盧垠妊の「荘子とカントにおける美概念──実践美と反省美」（『東洋古典研究』第34集，東洋古典学会編，2009年），カントの美学を通して道家の物我一如を解明する金永健の「道家哲学とカントの審美性」（『哲学論集』第20集，西江大学校哲学研究所編，2010年）などがある。

　カントと東学の比較研究は，呉文煥の「東学とカントの道徳論比較」（『東学学報』第8号，東学学会編，2004年）に見ることができる。彼は東学の「吾心即汝心」をカントの善意志と比較し，東学の「事人如天」を他人を目的として接するようにとするカントの道徳法則と比較しつつ両者間の共通点と相違点を明らかにしている。

5 おわりに——格義西洋哲学を夢見つつ

　西洋哲学史のなかでコペルニクス的転回の意味を持ったカントの洞察は，われわれが認識する世界はまさに私たち自身の思惟枠によって構成された世界，すなわち現象であるということである。そして人間は一方では現象世界に属する経験的自我として存在するが，もう一方ではそのような思惟枠によって規定できない無制約的存在，超越論的自我であるということである。この超越論的自我は現象世界の因果必然性を超えた自由な存在であり，私的傾向性を超えた普遍的心あるいは普遍的意志であり，まさにこの点で道徳的主体となる。

　東洋が初めから人間の本性を利の追求ではない義の追求，見聞之知ではない徳性之知，一言で言えば道徳性に求めたのは，人間をただ現象世界に限られた存在ではなく現象的制限性を超えて宇宙万物と一つに感応し一つに疎通する天地之心の存在として見なしたからである。東洋は長い間，人間の心を私的で利己的な心（人心）を超えた公的で普遍的な心（道心）として見なし，衆生の心のなかに宇宙的心，如来の心，真如心が内在していることを強調してきた。そして日常の心がそのような普遍的道心または一心の完全な発現になるように努力する修行論あるいは工夫論が学問の中心になってきた。そのような修行論は，現象世界の秩序を客観化して考察し研究する一般学問とは次元が異なるものである。このように東洋が人間を，現象を超えた自由な超越論的主体として理解してきた歴史は長く，東洋にはそのような内的で普遍的本性を自覚し完全に実現しようとする修行論がある。さらに，修行の過程で感じられる普遍的感情，すなわち宇宙万物を私と一つに感ずる仁または慈悲の感情に注目し，そのような人倫的感情に基づいた礼と道徳的実践をも重視してきた。

　これに対し，西洋は長い間，人間を含めた一体宇宙万物を神が無から創り出した被造物と見なしたのであり，よって人間を現象世界に属する存在と理解し，人間の心を表層的第六意識の活動としてのみ理解してきた。そのようななかで，人間が認識する世界は人間自身が構成した現象であり，人間自身はそのような現象を超えた存在であるということを主張したのが，カントのコペルニクス的転回の思想である。それは18世紀末に至って生じたことである。さらに現象

を超えた超越論的自我は，ただ理性的で概念的な次元で論証されるだけであり，修行を通した体得や見性は考えることもできず，感情的次元で捕捉されることもできなかった。要するに，カントは知的直観を否定し，道徳的感情を度外視したまま，人間の道徳性を人間の自然的感情と対立する義務の次元で論じたのである。

東西哲学を比較する場合には，何よりもこのような西洋哲学の限界を明らかにすることが必要であると思われる。そのためには東洋哲学的洞察の深みと歴史性を意識しつつ，その物差しで西洋哲学を理解し評価し比較すべきである。東洋哲学的概念枠によって西洋哲学を理解すると，それはもちろん「格義西洋哲学」になるだろう。格義西洋哲学は西洋哲学そのものではないので避けるべきであろうか。私はむしろ，私たちに格義西洋哲学の段階が抜けていることを残念に思う。哲学的思惟が歴史性を備えた主体的思惟であろうとするならば，外部から思惟が入って来るとき，格義の過程を経ることは必ず必要であると思う。そうすることによって，思惟の歴史性が生かされ，民族あるいは国家の精神の脈が発展的に繋がれることができるからである。インドの仏教が中国に入って来たとき，格義仏教を経たために禅仏教や華厳など東アジア的な仏教が可能になったのである。

今日哲学を研究する多くの人々は，格義ではない西洋哲学そのものを思惟しようと西洋哲学的概念枠を習得した後，その概念枠によって東洋哲学を読み解いているが，それはとかく主客が転倒された「格義東洋哲学」に進む恐れがある。そのことは精神的な隷属化を産み，結局私たちの思惟の歴史性および精神的な流れの断絶や歪曲を生み出してしまいかねない。したがって東洋の一心の哲学を西洋のカントの自律性の道徳と比較したり，東洋の修行を通した真我の証得をカントの信仰や要請論と比較するとき，われわれはどの思想の概念枠を解釈の枠にし，どの思想を解釈の対象にするかをまず考慮すべきであろう。

（李美淑 訳）

結　論

カント哲学の影響作用史の現状と課題

牧野　英二

1　本書の回顧と補足

　本書の結論では，本論の諸論考の回顧とともに補足を兼ねて，主要な論点の説明と新たに明らかになった事実をいくつか確認しておく。第一に，本論第二部で展開された中国語圏の 3 編の論考の考察を踏まえつつ，日本のカント研究者の立場からカント文献の訳業を紹介し，逐次筆者による注釈と批評を加える。第二に，筆者は，そのさい中国の政治的・社会的・文化的背景との関係を考慮して，ほぼ 100 年にわたる中国のカント哲学文献の翻訳・受容の歴史を 4 つの時期に区分して，複眼的視野の下で概括的に考察する。第三に，韓国のカント受容史にも考察の視野を拡大し，日本および中国語圏のカント受容史との共通点と相違点について立ち入ることにしたい。第四に，それによって筆者は，21 世紀の現段階におけるカント哲学文献の翻訳史・受容史・影響作用史の現状と課題を解明する。最後に，「翻訳者の使命」という観点から，日本語版『カント全集』と中国語版『カント著作全集』との間の編集の基本方針や翻訳の理念に論点を絞り，両者の比較考察を試みる。この考察によって，現在計画中の台湾の『カント著作集』や韓国で進行中の『カント全集』と『カント著作集』の刊行の進展にも，資することがあると考えるからである。

　緒言で述べたように本書の狙いは，日本，韓国，中国・香港・台湾など漢字文化圏のカント哲学の翻訳史・受容史・影響作用史を解明することにあった。また本研究の最終的狙いは，漢字文化圏の近代化の過程を翻訳史と不可分な学問論的な観点から再検討することによって，21 世紀の知のあり方，科学・技

術と文化の影響作用のあり方を把握するという課題にある。なぜなら，「すべての学問は翻訳からおのおのの子を授かった」[1]からであり，グローバル化時代の現代社会では，母語以外の言語，とりわけヨーロッパ系の言語で執筆された文献の「翻訳」や学問・諸学説の受容は，不可避の営みだからである。本書の考察主題であったカント哲学の研究についても，この見解はそのまま妥当する。この場合，「翻訳」は，たんに外国語の母語への翻訳を意味するだけでなく，異文化などの「異質な他者」の翻訳とその理解という意味を有していることを忘れてはならない。本書全体は，こうした観点の下でカント哲学の「翻訳史」と受容史，そして漢字文化圏における相互の影響作用史の研究に取り組んできたつもりである。

　本書所収の諸論考全体から明らかになった点は，少なくともカント哲学の受容・翻訳・研究の歴史を回顧する限り，中国大陸や朝鮮半島に生活してきた多くの知識人や政治家などは，日本の近代化における翻訳・研究の方向や内容を自国の近代化の手がかりにしたという事実である。21世紀のグローバル化の時代になり，東アジアの中国・香港・台湾，韓国，北朝鮮の間の文化的な差異の相互理解や政治的・経済的な差異の克服が今日の大きな課題になっているが，この課題の克服の一つのヒントが本書所収の諸論考に隠されている，と筆者は考えている。

---

(1)　アントワーヌ・ベルマン『他者という試練——ロマン主義ドイツの文化と翻訳』(みすず書房，藤田省一訳，2008年，382頁。原著1984年)。ベルマンも指摘するように「翻訳史を各言語・文化・文学の歴史と——もっというと宗教や国民の歴史とさえ——切り離すのは不可能である」(11頁)。それに加えて筆者は，本文で言及しているように翻訳史の理解には，政治的・社会的文脈との関係に特に留意すべきである，と主張したい。漢字文化圏におけるカント哲学文献の翻訳史・受容史においても，この点は顕著な論点である。ちなみに，ベルマンによる翻訳論および学問論的な文脈での「他者」や「抵抗」，さらには「言語諸科学のコペルニクス的転回」の見解には，筆者は基本的に賛同する。しかし，ベルマンが，「翻訳の領域においてフランスが今なお，ドイツやアングロ＝サクソン諸国，ソビエト連邦［ママ］，東側諸国といった国々にひときわ遅れをとっている」(392頁以下)という西洋的観点に制約されている点を筆者は指摘したい。今日では，こうした西洋文化圏の「うちなる他者」を超えたオリエントやアジア文化圏という他者，さらにその内部での他者の翻訳と危機の問題に，21世紀に生きる人間は直面しているからである。

また本書は，「緒言」および「序論」で立ち入ったように，従来の漢字文化圏における哲学の比較研究や影響作用研究史にみられる根本的欠陥を指摘した。そこでは最近公刊された朝倉友海『「東アジアに哲学はない」のか──京都学派と新儒家』[2]もまた，その例外ではないことを指摘した。本書は，この書物の斬新な問題提起に対する応答の試みでもあり，同時にその問題設定の前提と基本構成に対する批判的克服の営みでもあった。この点については，本書所収の諸論考の考察の成果を踏まえた結論として，次の諸点を明らかにすることができた，と考えている。

　第一に，「緒言」で指摘したように，デリダの発言の一部分を断片的に切り取って，「東アジアに哲学はない」のか，そうでなく日本には西田哲学および京都学派の哲学があり，中国語圏には新儒家の牟宗三による哲学がある，という回答の仕方が，事柄の本質とその重要性を覆い隠し不可視にさせているという点にあった。中国語圏におけるカント哲学の翻訳史・受容史上の牟宗三の位置づけについても，朝倉説は修正が求められた。この点については「緒言」でも立ち入ったので，もはや贅言を費やすまでもないように思われる。しかし，本書の結論では，この問題提起に対して補足的に次のような歴史的事実と筆者の見解を述べておく必要があると考えている。

　第二に，中国語圏には清末から中華民国建国時の混乱のなかで，章炳麟（1869-1935）や王国維（1877-1927）らが日本の哲学者・思想家の影響下で西洋哲学を学び，中国の伝統思想との対決および継承の営みを通して，中国人の哲学のあり方を模索していた。胡適（1891-1962）は，『先秦名学史』を執筆し，馮友蘭（1895-1990）が中国人として初めて本格的な『中国哲学史』（全2巻，1931, 34年）を執筆した。これらの試みは，上述の試行錯誤の成果の一例であった[3]。実際，19世紀末には中国の思想家は，多くが日本語文献を手がかりとして西洋の哲学思想を受容した。カント哲学についても事情は同様である。康有為（1858-1927）やその最も優れた弟子の梁啓超（1873-1929）は，カント関

---

(2)　朝倉友海『「東アジアに哲学はない」のか──京都学派と新儒家』（岩波書店，2014年6月）．

(3)　アンヌ・チャン『中国思想史』（知泉書館，2010年，631頁．原著1997年）．

連の哲学書に限らず人文・社会・自然科学の分野に及ぶ日本語文献を収集した。特に章炳麟については，蔡元培が「清末の国学大家のなかで，真摯に哲学を研究して，一つの基準を得，各哲学者を批判した」[4]，と評価した。この場合，章炳麟が批判した哲学者には，カントやショーペンハウアー，ヒューム，E. v. ハルトマンなどが含まれている。さらに章炳麟による自身の哲学構築の試みは，「井上円了のように西洋哲学を基準にして伝統思想を再評価するという安直な態度ではなかった」[5]，という積極的な評価もある。「序論」で言及したように，小林武説によれば，井上哲次郎を厳しく批判した中江兆民の翻訳書は，章炳麟の思想形成に大きな影響を与えた。小林武によれば，中江兆民が，ショーペンハウアーの『倫理学の二つの根本原理』（1841年）に収録された「道徳の基礎について」のフランス語訳からの重訳『倫理学参考書　道徳学大原論』（一二三館，前後編，1894年）によって，章炳麟に大きな影響を与えた。「兆民はショーペンハウアーの説く彼我の一体感を中国思想の万物一体説として翻訳した。〔…〕兆民は，ショーペンハウアーの思想内容を荘子や陽明学の万物一体説と重ねたのである。章炳麟に大きな知的刺激を与えたことは間違いない」[6]。こうした観点から，「惻隠の情」や「利己の心」などの漢語が「革命のために無償の犠牲的行為を唱えてきた章炳麟の問題意識に触れたことは，察して余りある。中江兆民訳『道徳大原論』〔ママ〕の果たした役割は大きい」[7]というのである。

　また小林説によれば，胡適は，中国独自の哲学の体系化を試みた章炳麟著『斉物論釈』（1910年）を「空前の著作」と絶賛した。この点から見ても，中国には西洋哲学およびその日本の受容史の影響を受けつつ，伝統思想の批判的継承とともに独自の哲学を構築する試みが，牟宗三以前に章炳麟にすでに存在していたのである。

　他方，ショーペンハウアー受容に比べて，章炳麟のカント受容と評価は，両義的であった。章炳麟による『純粋理性批判』の評価のなかでも，特に時間・

---

[4]　小林武『章炳麟と明治思潮――もう一つの近代』（研文出版，2006年，130頁）。
[5]　上掲書，131頁。
[6]　上掲書，150頁。
[7]　上掲書，114-119頁。

空間論や物自体に対する批判の論点が興味深い。彼を仏教思想に導いた一人とも言えるカントの「物自体」説とともに、その時間・空間論について、章炳麟は「物に物自体があるというのなら、空間と時間とに、なぜ「空如」〈空間自体〉と「時如」〈時間自体〉があることを承認しないのか」(『建立宗教論』)、とカントを批判した。明らかに章炳麟は、カントの時間・空間論を誤解しているが、筆者にとって興味深いのは、この事実を指摘した章炳麟の研究者である小林武が「カント哲学の「誤解」という以前に、本体についての基本認識の差異、あるいは中国と西洋という思考様式の溝が関わっている」、という解釈を示している点にある[8]。小林説は、章がカントの時間・空間論を仏教的概念の種子に結びつけた点に注意して、このカント説の「誤解」が「文化的なズレに大きくかかわる」とみなしている。筆者の立場から言えば、こうした異文化理解のズレによる誤解は、章炳麟のカント解釈に限ることではない。異文化の言語や哲学・思想の「翻訳」や受容には、これらの「誤解」や「ズレ」は不可避の事態であろう。真に検討すべき課題は、こうした「誤解」や異文化理解のズレがどのような問題を生じてきたか、またそこから何を産み出し、逆に何を覆い隠す結果となったかを正確に把握することにある。本書は、日本、韓国、中国語圏のカント受容に即して、これらの事態を明らかにしてきたはずである。

　朝鮮半島では、1855年以降、キリスト教の影響下で哲学、論理学、心理学、教育学などが教えられてきたと言われている。その後、李定稷が西洋哲学、カント哲学の受容と伝統思想の継承という、漢字文化圏で哲学的思索をする者にとって共通の普遍的課題に取り組んだ。さらに韓国最初の哲学入門書と言われる韓稚振『最新哲学概論』(復活社、1936年)が刊行された。著者の韓稚振はイギリス留学経験者であったが、この書物には、昭和時代の日本の哲学研究の影響が見られ、その頃に韓国で出版された哲学用語はほぼ当時の日本語の哲学用語が使用されている。正確に言えば、日本から中国に移植された用語が、中国を経由して朝鮮半島に移入されたのである。韓国には、京城帝国大学哲学科創設以前に、日本の西洋哲学研究および翻訳語の影響が一定程度すでに波及し

---

(8)　上掲書、151頁。

ていたのである[9]。そのためでもあろうか。韓国の哲学者の多くは，カント哲学が韓国の思想風土になじみやすく，受け入れやすいことを指摘している。当然のことながら，この場合でも，朝鮮半島に根付いていた儒教思想や仏教との親近性があり，また当時の政治的影響もあり，一方で西洋哲学の積極的な受容があり，他方で日本による宗教弾圧に対する儒教復興の運動があったことも無視することはできない。この文脈では，中国の康有為や梁啓超の影響もまた存在していた[10]。

韓国人はカント哲学に早い段階から親和性を見出し，カント哲学は「西洋哲学を学ぶための教科書」の役割を果たしたのである。韓国におけるカント哲学の受容の時期は，第三部第一章の記述によれば，20世紀前半（1905-44年）の「自然な受容の時期」，「能動的な受容の時期」（1945-84年），「深化研究の時期」（1985-99年），2000年以降は「反省的な再生産の時期」の四期に区分された。いずれの場合でも，日本や中国とは異なり韓国では，カント哲学は西洋哲学のうち最も有力な哲学であった。また，第二章の記述によれば，カント哲学の受容は，つねに韓国・朝鮮半島に根差した仏教・儒教，特に中国および朝鮮性理学との関連からも深く結びついていることが明らかにされた。いずれにしても，カント哲学は伝統思想と結びつくことによって現実の社会生活，特に実践的な側面にも影響を与えた点に，日本との相違が見られる。その後，韓国では，プラグマティズムや現象学，解釈学，さらにポストモダニズムの思想の影響を受けつつも，今日にいたるまで「韓国独自の哲学」の構築の営みが続いていた。この点については第三部の論述から，読者は，ある程度の事実を把握できたはずである。いずれにしても，これらの課題は，こうした歴史的事実に対する適切な考慮とともに，従来の発想に囚われない異分野の研究者による共同研究の必要性を求めている。

第三に，今日問われるべきは，「哲学」の概念が根本的に再検討されている点である。今日，21世紀の「哲学」とはなんであるか。それはどうあるべき

---

(9) 姜栄安『韓国近代哲学の成立と展開——近代，理性，主体概念を中心に』（世界書院，2005年，189頁以下。原著2002年）。
(10) 吾妻重二主編・黄俊傑副主編『国際シンポジウム　東アジア世界と儒教』（東方書店，2006年，375-385頁）。

かが問われている．チャンも指摘するように，新儒家の思想は，マルクス主義に席巻された中国大陸からイギリス領であった香港，そして国民党政権下の台湾を経て，アメリカへと伝えられてきた[11]．したがって上述の設問にかんして，西洋的な「哲学」概念に依拠して，それに対する対抗原理として西田哲学および京都学派と新儒家の牟宗三の哲学を提示することは適切ではない，と筆者は考える．日本支配からの解放後の韓国でも，伝統思想の継承とともに現代哲学，そしてポストモダニズムや新たな科学主義の影響下で，あらためて「韓国の哲学とはなにか」という問いが浮上しているのが実情である．この点にかんする限り，中国・香港・台湾，韓国でも，日本における哲学的課題とほぼ同様の困難に直面していると言えよう．

　第四に，「緒言」および「序論」でも述べたように，「哲学」は狭く西洋哲学に限定して理解すべきでなく，この概念は広義には〈哲学・思想〉の意味で理解すべきである．しかもその場合，デリダも示唆しているように，どのような哲学も特定の「ルーツを持つある特殊な時期と環境の中で生まれたもの」であるから，哲学・思想のテクストの適切な理解のためには，それが執筆された時代と社会的状況の把握，テクストが執筆された歴史的・社会的コンテクストと切り離すことができない，と筆者は考えている．この解釈の視点については，本書の随所で触れられてきた．このような見解は，中国哲学の専門家が早くから唱えていた主張でもあった．「緒言」で指摘したように，溝口雄三は，「エンゲルスが，意識と存在，思惟と物質とを「根本問題」としたような意味での狭義の哲学を中国に見出すことは困難であるが，人間の本質，宇宙の組成，自然と人間，人間と社会などを問題とする広義の哲学は，道家，仏家と並んで，儒家にも古代からあった」[12]，と主張している．これは異質な他者としての「文化」の翻訳とその理解の普遍性にかかわる困難な課題である．本書では，漢字文化圏における「哲学」の受容に取り組んできた日本，韓国，中国・香港・台湾のカント哲学研究やカント思想との対決を媒介として，独自の哲学・思想構

---

(11)　チャン，上掲書，632頁．
(12)　溝口雄三『中国思想のエッセンスⅡ』（岩波書店，2011年，7頁以下）．ただし，初出は『思想』（岩波書店，792号，1990年6月号）．

築の営みを追跡した。そのことによって，本書は上述の課題に対する解決の一端を提示しようと試みた。興味深いことに中国では，新生気論の代表的人物でもあったドイツの生物学者で生命哲学者のハンス・ドリーシュの訪中をきっかけにして，1923年に「カント・ブーム」が起こった。1980年代には，「カントに帰れ」というカント哲学を重視する気運が高まった。また張君勱による伝統思想を継承しようとする努力についても，第二部第一章・第二章で詳しく論じられたとおりである。

　周知のように，日本文化の特徴は翻訳文化にあるとも言われてきた。それほど，日本では翻訳書の出版が盛んであり，日本の近代化および学問の進歩・発展と西洋の文献の翻訳史とは不可分の関係にある。中国の翻訳文化もまた，古来，長い歴史と蓄積がある。とりわけ，清朝末期の激動の時代に母国の近代化実現のために尽力した厳復による精力的なヨーロッパ思想の中国語訳の業績を抜きにして，その後の中国の西洋文献の翻訳・紹介を語ることはできない[13]。カント哲学文献に限定しても，海外のカント研究文献の翻訳が盛んになり，ノーマン・ケンプ・スミス（Norman Kemp Smith, *A Commentary to Kant's "Critique of pure Reason"*, 1918）による中国語訳は改革開放後まもなく出版され，安倍能成『カントの実践哲学』は，1984年に翻訳されている。翻訳文化とカント文献の精力的翻訳や紹介は，日本文化の専売特許ではない。ちなみに，N.ケンプ・スミスのカント書の日本語訳は，約20年遅れて2001年に刊行されている（山本冬樹訳，上・下，行路社）。さらに明治以降，日本の近代化の過程で西洋語文献の翻訳作業を推進するうえで，中国の言語である漢字が果たした役割の重要性もまた，学者・専門家の間では常識に属する事柄である。実際，文学・芸術の分野や特定の政治家や思想家の研究領域では，日本と中国語圏の翻訳・受容の影響作用史の研究は，戦前から多数あった。

---

(13)　永田圭介『厳復——富国強兵に挑んだ清朝末期思想家』（東方書店，2011年，第8章，176–223頁）。厳復の次世代に属する思想家としては，梁漱溟の名を忘れてはならないであろう。1883年生まれの彼は，中国思想と外来思想との統合・比較などを試みた優れた哲学者・思想家である。主著『東西文化とその哲学』（アジア問題研究会編，長谷部茂訳，農文協，2000年，97頁。ただし，原著は1987年刊行）では，カントの紹介とともにその評価がきわめて簡潔に積極的に綴られている。

21世紀に入り，中華人民共和国は，アメリカ合衆国と並んで世界の政治・経済・金融・軍事などに強大な影響力を及ぼす大国に成長した。加えて中華人民共和国は，日本の貿易相手国としてアメリカ合衆国を超えている。にもかかわらず，この隣国の西洋哲学，特に現代思想の受容やその影響については長い間その全貌が明らかにされてこなかった。日本では，同じ漢字文化圏に属し，遣隋使や遣唐使の時代以来，多くの恩恵を受けてきた中国との間には，明治以降も密接な文化的・学問的な交流と影響作用の歴史が産み出されてきた。「緒言」で触れたように，清末以降の中国の人文・社会・自然科学の発展にとって日本語の学術用語の「借用」は不可欠であり，これらの積極的活用による西洋文化の受容史は，中国の近代化の歴史と不可分であった。しかし，ある時期から奇妙な文化的空白が生じた。そこで，その空白を埋めるために，本論集では，第二部の三つの章で中国・香港・台湾のカント哲学の翻訳・受容史について，詳細に立ち入った次第である。

結論では，その補足の意味で，特に明治期の日本人と中国人との交流史について，哲学研究およびカント哲学の受容と翻訳の歴史について，第二部・第三部では立ち入っていない論点に触れてみたい。そのさい，「中国におけるカント哲学文献」に焦点を当てて，その全貌の解明の手掛かりとしたい。特に第二部の中国語の翻訳書は，日本の読者にはやや分かりにくいと思われるので，日本語版編者でもある筆者の立場から，日本語表記に改めて補足説明を加えて紹介しておきたい。また，第三部では，朝鮮半島におけるカント哲学研究にかんして第二次世界大戦以前の状況がわずかしか言及されていない。そこで結論では，これらの論点について，さらに若干のさらなる考察と影響作用史の隠されてきた事実の解明を試みる。特に中国におけるカント哲学文献の翻訳史から見た西洋哲学の受容史と影響作用史の一端を解明する[14]。

---

(14) 最近の中華人民共和国における現代思想の受容史の紹介については，次の文献が参考になる。王前『中国が読んだ現代思想——サルトルからデリダ，シュミット，ロールズまで』（講談社，2011年）。もっとも，この書の性格上，カント哲学の影響にはまったく触れられていない，と言ってよい。本論考は，その欠を補うことも意図している。

2　カント哲学の影響作用史の隠された事実

　本書では第一に，これまで日本では知られていなかった中国・香港・台湾，韓国におけるカント哲学の翻訳・受容・研究の歴史や研究課題の実像が解明された。第一部第一章で指摘したように，日本では中江兆民が『一年有半』（1900年）のなかで，「わが日本古より今に至るまで哲学なし」，と看破した。他方，彼はカント哲学の存在をドイツ国の誇りである，とも表現した。この批判は，当時の日本の学問的・政治的状況等に対する厳しい現状分析に裏付けられており，その改善のために兆民は，原理・原則のない，言い換えれば哲学的思索力・判断力の欠けた国民に対する適切な教育改革の迅速な実施を訴えていた。この指摘は，今日でもそのまま妥当する見解である。他方，20世紀末の段階の中国語圏では，日本の哲学思想研究が盛んとなり，畢小輝『中江兆民』（台湾東大図書公司，1998年）による再評価も見られる。

　韓国では，「現代の韓国では哲学といえばすべて西洋哲学を意味し，韓国の伝統哲学は近代ですべて幕を下ろした」[15]のではないかという社会からの問いかけに応答しようとする試みが，哲学者のあいだにあった。明治期の日本では「今日まで哲学なし」という批判があり，また日本の支配から解放された1945年以降の韓国でも，「韓国に哲学はあるか」という同じ問いかけが続けられてきた。この問いの背景には，19世紀末以降の日本による植民地支配の負の影響がさらに存在したことを看取すべきである。それ以降の韓国では，カント生誕200年の1924年に創設された京城帝国大学の教育政策によって，そして哲学科の創立による安倍能成ら日本人学者による当時の最新のヨーロッパ哲学，つまりドイツの現象学やカント哲学および新カント学派の講義等によって，朝鮮の伝統的な哲学・思想の系譜はアカデミーの世界ではほぼ根絶やしにされた。しかし大学の内外でも，また朝鮮戦争中でも，韓国人の哲学的思索や西洋哲学の受容と伝統思想の継承の努力が完全に根絶やしにされたわけではなかった。

---

[15]　金教斌『人物で見る韓国哲学の系譜――新羅仏教から李朝実学まで』（日本評論社，2008年，5頁，原著2003年）。

このことは，今日では世界唯一の分断国家となった韓国と北朝鮮についても，同様の事情にある。

　厳密に見れば，朝鮮戦争後，金日成の指導の下で近代化の道を歩んだ北朝鮮では，「チュチェ思想」に依拠して『朝鮮哲学史』が執筆され，この書物は日本にただちに翻訳・紹介された。本書ではこの点に立ち入ることはできないが，カント哲学については，ヨーロッパのマルクス主義者や日本のマルクス主義者よりも厳しい批判が浴びせられた。例えば，「その〔日本帝国主義の思想政策の〕思想的な内容は，基本的に日本天皇の始祖神を崇拝する神道思想を中心として，儒教，仏教，およびヨーロッパ・ブルジョア哲学，とくにカント哲学を折衷したものであった」[16]。日本国内では，その数年後に岩崎允胤『日本マルクス主義哲学史序説』(未來社，1971年1月，618頁)が刊行されたが，この時期には，これらの文献によるカント哲学の見方は一律に観念論，ブルジョア的イデオロギーの代表という評価が定着していた[17]。例えば，著者の岩崎による戸坂潤(岩波版『カント著作集』11，1928年『自然哲学原理』の訳者)に対する唯物論者としての評価にかんする論述のなかで，カントについて「カントが模写説を排撃してもっぱら構成説を主張したのは，この〔主体の自発的能動性にかんする〕問題を観念論的な方向に限定した偏見によるものであった」[18]，と紹介している。このカント批判は，同時に岩崎允胤説の否定的なカント評価とも重なるが，筆者の見解では，このカント批判は，21世紀の学問研究の水準に照らせば，イデオロギーに偏向した説得力をもたない主張である。

　清朝末期から中華民国の成立以後，中華人民共和国の成立と文化大革命を経た改革開放以降の中国大陸の思想的状況は，政治的状況とも絡んできわめて複雑で深刻であった。この激動の時代を生き抜いた梁漱溟は，最後の儒家で最初

---

(16)　鄭鎮石・鄭聖哲・金昌元共著『朝鮮哲学史』(弘文堂，宗枝学訳，1962年，370頁。原著1960年)。本書には，今日から見れば，多くのイデオロギー的なバイアスがかかったヨーロッパ哲学の図式的な評価が見られ，特にカント哲学に対する一面的な批判が散見される。だが，当時の在日コリアンや進歩的な日本人には一定の好意的な評価を得たようである。

(17)　岩崎允胤『日本マルクス主義哲学史序説』(未來社，1971年1月)。

(18)　上掲書，152頁。

の新儒家とも称され，中国革命のただなかで一時は毛沢東と激しく対立した。それでも彼は，牟宗三とは異なって大陸にとどまり，西洋哲学・思想との関係から中国独自の哲学・思想・文化の構築に努めた。彼は，カント哲学の批判的検討に取り組み，特にカントの実践哲学の基礎にある定言命法の解釈に対しても，彼独自の批判的立場を貫いた。中国語圏のカント哲学の受容や継承，批判的な評価には，自覚的であれ無自覚的であれ，なんらかの意味で儒教思想との関係を抜きにして語ることはできない。このことが大陸では，清末および中華民国の建国から中華人民共和国成立後のある時期まで続き，香港や台湾では早い段階から継続的に今日まで続いてきたことはすでに詳しく論じたとおりである。

　第二に本書では，カント研究者のみならず，カント哲学の専門家以外の哲学・思想の研究者や多くの読者にも新たな知見を提供できたと思われる。近代化の過程における漢字文化圏の歴史と文化の進展と深くかかわる哲学・思想の関連諸学問の発展に新たな刺激となり，それらの活性化を促し，哲学・思想分野のさらなる研究分野の開拓や新たな研究方法の活性化にも資することができたはずである。日本に限らず，漢字文化圏のカント研究者の多くは，同時に他の哲学の専門家でもあり，独自の思想的地盤に根差しながら，それぞれの仕方でカント哲学文献の翻訳および研究活動を継続してきた。本論第二部および第三部で明らかにされたように，現在では，その多くが英語やドイツ語などによって著作活動を継続しているので，その一部は，外国語論文によって知ることができる。特に長い間，イギリスの植民地であった香港では，カント哲学の文献は英語の翻訳書で読まれてきた。中国生まれで，やがて香港そして台湾で活躍した新儒家の中国人哲学者・牟宗三の場合もまた，その例外ではなかった。しかし，彼らの独自な思想的基盤や生活に根差した哲学的営み，カント解釈の試みは，多くが母語によって執筆された論考として残されている。「緒言」でも紹介したように，牟宗三は，北京大学の出身者であり，やがて香港中文大学で教育研究の場を確保して，そののち台湾に拠点を移し，彼の死後も弟子たちにより，今日にいたるまで香港と台湾における新儒家の伝統を継承してきた。牟宗三のカント哲学文献の翻訳と研究は，香港と台湾から中国語で今日も多数刊行されている。

結論　カント哲学の影響作用史の現状と課題　235

　第三に，本論集に収録された諸論考では，特に日本，中国・香港・台湾，韓国における研究上の影響作用史をつうじて，他の学問研究や思想的・人間的な交流および接点も明らかにした。「緒言」「序論」や本論第二部でも触れたように，日本に亡命した経験のある中国人思想家・政治家の梁啓超が日本および韓国のカント研究に果たした役割や，牟宗三がカント哲学の研究を批判的媒介にして，日本の西田幾多郎のような独創的な哲学的思索を行ない，香港や台湾における新儒家の伝統を再構築するとともに，韓国のカント研究者にも影響を与えたことは確かである。だがそれ以外にも，狭義のカント研究者の枠に入らない哲学者・思想家による交流の事実が，これまで知られていなかった興味深い影響作用史の一側面を照らし出していることを，本書は教えている。

　第四に，中国大陸にかんしては，文化大革命の負の遺産だけでなく，その困難な時代にもほそぼそとカント研究が継続されていた事実が明らかにされた。同時に，その前後の知的伝統や改革開放以後の急激な西洋哲学受容の実情もまた，カント文献の翻訳・紹介，そして研究書の刊行等をつうじて明らかにされた。また韓国では，日本からの解放以前の段階で進行した西洋哲学の受容のプロセスや，それ以後の中国を媒介とした日本の哲学文献の影響，そして第二次世界大戦後の急速な哲学思想研究の進展や伝統的な儒教・仏教思想との「交流」や比較哲学的研究，そして西洋哲学と東洋哲学との「融合」の努力の歴史があったことが明らかになった。これらの影響作用史は，少なくとも従来の日本語文献では長い間解明されることがなかった。中国・香港・台湾，韓国のカント研究者によるこれらの試みは，150年に及ぶ日本のカント研究の歩みと重ね合わせることで，漢字文化圏のカント哲学の翻訳史・受容史・解釈史の全体像を照らし出すことを可能にしたのである。

　第五に，筆者は，「緒言」「序論」でも言及したように，カント哲学の研究者のみならず多くの人文・社会・自然科学の研究者が依然として「和魂洋才」「脱亜入欧」の旧弊に囚われ，東アジアの学問・政治経済・金融等の急激な進展を直視し受け止めることができず，特に漢字文化圏における当該分野の研究の現状や課題・成果に疎いことを憂いてきた。この点では，筆者の見解は，先に言及した朝倉友海説と認識を共有している。本書では，そうした学問的な偏見を正し，長い交流史のある中国語圏や朝鮮半島の文化や学問的蓄積および研

究業績を掘り起こし，その意義を正当に評価することを目指してきた。それによって筆者は，日本のカント哲学の翻訳史・受容史の客観的な評価や位置づけも初めて可能になる，と考えたのである。日本の近代化の過程で，日本の哲学史やカント研究史に登場する桑木厳翼と中国人の王国維との影響作用史だけでなく，田岡嶺雲の王国維や章炳麟（太炎）への影響関係にも目を向けることが重要である，と筆者は考えてきた。この点については，第一部以外の論考では第二部第一章の一部分を除けば言及されていないので，あらためて注意を促しておきたい。さらに朝鮮半島に対する岩波知識人とも呼ばれた哲学者，カント研究者たちの影響もまた見逃すことができない。岩波版『カント著作集』の訳者を務めた安倍能成，宮本和吉，船田亨二らは，京城帝国大学哲学科の教壇に立って，当地の学生たちに最新の「哲学」やカント哲学を講じ，朝鮮半島の文化運動の一翼を担っていた。本書第一部第一章で言及したように，台北帝国大学では，第二次世界大戦後にマルクス主義哲学に転じた西田門下の務台理作や，柳田謙十郎，またヴィンデルバントのカント論の訳者で，のちに東京大学教養学部教授を務めた淡野安太郎，戦後発足した日本カント協会の会長（当時は委員長）を務めた高峯一愚などが台北帝国大学哲学科の教授や助教授として赴任した。これらの事実は，当時の台湾の哲学教育の方向性を規定した。この点についても，台湾および韓国の研究者は触れていないので，ここであらためて言及しておきたい。

　中国大陸では，清末以降，中華民国の時代に活躍した厳復（1853-1921）が北京大学の初代の学長を務め，中国の近代化・啓蒙活動のために，イギリス留学の経験を活かし，主としてイギリスの哲学者・思想家の翻訳・紹介に尽力した。厳復がカント哲学の翻訳・紹介などにかかわったかどうかは明らかではない。しかし，アダム・スミスの『諸国民の富』やJ. S. ミル『自由論』をはじめ，18世紀，19世紀の哲学者・思想家の翻訳を多く手掛けた厳復が，カント哲学を知らなかったとは考えられない。これらの人物は，みな何らかの意味で，西洋哲学，カント哲学の受容とともに，自身の生きた時代の歴史的土壌と伝統の継承に無頓着ではありえなかったはずである。

　「緒言」や「序論」でも指摘したように，田岡嶺雲の友人で遺著『東西交渉史の研究』（1932-33年）の著者・藤田豊八は，上海に中国最初の日本語学校・

東文学社が設立された直後からこの学校にかかわり，日本と中国の文化の架け橋となった。王国維は，藤田や田岡のみならず，京都留学中には日本の歴史学者の内藤湖南らとの交流を通じて東洋史や文学，そして哲学を学んだ。王国維および羅振玉に影響を与えた藤田は，のちに台北帝国大学の文政学部長を務め，北京大学に招聘されたこともある，中国の教育研究に貢献した人物である。彼や田岡嶺雲の業績は，カント哲学の研究史の文脈ではまったく注目されてこなかった。だが，この史実は，カントの影響作用史研究上，無視することができない。さらに長い間イギリスの植民地であった香港にかんしては，孫文の母校であった香港大学だけでなく，香港中文大学の存在も忘れてはならない。ほぼ英語教育に限定されていた香港大学とは異なり，香港中文大学では，英語とともに中国語による教育に熱心であり，こうした教育研究の環境が，熊十力，馮友蘭，張君勱，唐君毅，さらに牟宗三など新儒家の伝統を継承する土壌を提供してきたのである。

　筆者の最終的な狙いは，上述のように漢字文化圏の近代化，特に近代以降西洋から移入された学問や科学技術の再検討と再評価にある。今日，あらゆる分野でグローバル化が進行するなかで，反グローバル化現象や，東アジア地域における覇権主義が台頭し，科学技術の進歩・発展が地政学的な観点からも不可視となってきた。こうした状況下で長い間漢字文化圏に属し，漢字文化に依拠してきた日本の近代化の真相をより的確に解明し，今後の学問の存在意義を明確にするためには，あらためて従来の学問のあり方が問い直されなければならない。こうした日本社会の混迷状態や国際社会の複雑化のなかで，明治以降の日本における学問の進歩・発展のあり方を問い直すことは，同時にヨーロッパ列強により植民地化されてきた中国や日本の植民地だった台湾，韓国の学問を問いなおす作業をも要求している。特に明治時代以降の日本のカント研究は，当時の漢字文化圏における哲学を含む諸学問の政治的・社会的文脈のなかで，すでに示唆したような国境を超えた濃密な相互の影響関係があった。これらのカント研究史およびカント研究の影響作用史の内実が，当時の歴史的・社会的な文脈のなかで形成され，それらの哲学研究およびカント哲学の研究や関連文献の翻訳作業もまた，そうした時代状況のなかで政治的・社会的な現実的意味を有していたことを忘れてはならない。哲学研究史は，たんなるテクスト解読

史ではありえない。この具体的な事実もまた，本書の諸論考によって明らかにされたはずである。

3　初期および文化大革命期の中国の翻訳史

ここでは，中国・香港・台湾，韓国，日本のカント文献（カント自身の著書・論文および二次文献）のうち，現在，日本以外に『カント著作全集』が公刊されている中国におけるカント哲学の翻訳史の現状と課題をあらためて考えてみたい[19]。台湾では『カント著作集』は企画段階であり，韓国では，『カント全集』は，2014年段階で完結していないからである。もちろん，個別のカント文献の翻訳・紹介，そして研究論文は，本論で詳しく紹介されているように多数存在する。ちなみに「中国哲学とヨーロッパの哲学者」との関係を扱った文献は，日本でもすでに存在する[20]。しかし，その実態は，ヨーロッパの哲学者による中国哲学の紹介および批評，孔子や老子などの中国古典の思想家のヨーロッパ語への翻訳・紹介と，ヨーロッパの哲学者と中国古典の思想家との比較研究にとどまり，本考察に直接参考になる先行研究は，管見のかぎり，現段階

---

[19]　本論考で筆者が扱う「中国におけるカント哲学文献」の範囲については，1912年の中華民国の成立前の清末から1949年に建国された中華人民共和国や香港・台湾なども含まれている。また，厳密に言えば，東アジアの漢字文化圏には，現在のベトナムも含まれるが，本論考では，近代化の過程で漢字文化から離脱した事情なども考慮して，ベトナムを考察対象から除外したことをお断りしておく。また，北朝鮮については，現段階では，残念ながら学問研究の対象にできるだけの諸条件が整っていないため，簡単に言及するだけにとどめた。ちなみに，ベトナムにおける漢字文化の特異性などについては，次の文献が参考になる。村田雄二郎，C・ラマール編『漢字文化圏の近代──ことばと国家』（東京大学出版会，2005年，131–148頁）。
[20]　例えば，堀池信夫『中国哲学とヨーロッパの哲学者』（明治書院，上：1996年，下：2002年）を参照。この書の著者が中国古典学の研究者として，ヨーロッパの哲学者との関連や影響関係や比較研究に取り組んだ努力に筆者は敬意を表し，その熱意を評価したいと思う。しかし，この書では，著者自身も述べているように，もっぱら実証的・文献学的に「ヨーロッパの哲学者の中国哲学観の変遷を，具体的に検討する作業に進む」（8頁）ことを目指しており，筆者自身の「日本語」で思索する研究者の立場への学問的・方法的自覚は窺うことができない。さらにこの書物は，翻訳史の意義についても立ち入っていない。本論考は，これらの問題点を補う意味も有している。

ではまだ存在しない。したがって本論考は，従来の研究史における空白の一部を埋める役割を担っている。

　第二部第二章で論じられたように，中国語版『カント著作全集』[21]の編者・訳者を務めた李秋零・中国人民大学哲学院教授によれば，カント哲学文献の最初の中国語訳書は，中国人の周暹（1891–1984）とドイツ人の Richard Wilhelm（1873–1930）との共訳書『人心能力論』（上海：商務印書館，1914 年）であった。もっともこの書物は，カントによる哲学専門書ではなく，カントが友人の医師フーフェラントに宛てて養生について執筆した書簡である。長年カント研究および翻訳に専心してきた李秋零教授もまた，自身がこの書物の現物を見たことがないので，その詳細は依然として不明だという[22]。

　筆者は，上記の李説にいくつかの疑問を感じた。そこで，李秋零教授に対して若干の質問をするとともに，筆者の次のような解釈を主張した。第一に，この翻訳書は，数編あるカントのフーフェラント宛書簡のうち，1798 年 2 月 6 日付のきわめて短い書簡の翻訳だけでなく，この書簡とともにフーフェラント宛に送ったカントの論文『心性の力について云々』である可能性が高い[23]。第二

---

(21) 『康徳著作全集』（中国人民大学出版社，2003–10 年，李秋零編集・翻訳）。なお，第二巻以降は，李教授によれば，同教授の個人訳である。詳しくは，本書第二部第二章の李秋零教授執筆の関連箇所を併せて参照されたい。

(22) 　以下の中国におけるカント哲学文献にかんする詳細は，2012 年 7 月 30 日および 31 日の両日に中国・北京市の中国人民大学哲学院にある李秋零教授の研究室を訪れた筆者と，李教授との 2 日間にわたる共同研究および資料調査の成果である。その際，李教授から翻訳文献資料「康徳哲学」の提供を受けた。本論考掲載の基礎資料の多くは，本資料に負っている。したがって結論のこの部分の論述は，本書所収の第二部第二章の李秋零教授執筆の論文とは独立にそれ以前に執筆された論考である。その後，李雪濤『誤解的対話』（新星出版社，2014 年）が刊行され，第三編の論考（283–308 頁）では，このカント文献について詳しく紹介されている。ここでこの論考を紹介することはできないが，当時のドイツによる青島支配に関連して，ドイツ人によるカント哲学の受容と翻訳の一側面が筆者の仮説を裏付けているとともに，関連する新たな歴史的事実を詳しく論じている。

(23) 　フーフェラント（Christoph Wilhelm Hufeland, 1762–1836）は，イェーナ大学およびゲッティンゲン大学で学び，ヴァイマールで医師として開業した。著名な医師として彼の患者には，ゲーテやシラーも含まれていた。イェーナ大学教授を務め，晩年のカントとの文通も数回行なわれている。ちなみに，カントのフーフェラント宛書簡は，アカデミー版『カント全集』には 3 通収録されており，本文で言及した書簡は，フーフェラン

240

に，この解釈が正しければ，この論文は，カント自身が執筆した最後の著作『諸学部の争い（*Der Streit der Fakultäten*）』の第三部「哲学部と医学部との争い」(Der Streit der philosophischen Fakultät mit der medizinischen) として，1798年晩秋に刊行された書物である。第三に，中国語訳の底本は，アカデミー版『カント全集』ではなく，『諸学部の争い』の廉価版（Kants Werke, Studienausgabe, 1902）ではないか。ちなみに，アカデミー版『カント全集』第7巻に収録された『諸学部の争い』は，1917年の刊行である。第四に，なぜ1914年にカントのこの文献が最初に中国語に翻訳されたのか。なぜ，カントの主著である『純粋理性批判』などの三批判書が最初に訳されなかったのだろうか。

中国では，1911年に辛亥革命が起こり，清帝国が滅亡し，1912年1月には孫文が中心となって中華民国が成立した。その2年後の激動の時期に，この訳書が刊行された理由としてはどのようなことが考えられるのだろうか。中国人とドイツ人の二人の訳者が，この時期に敢えてこの論考を翻訳し出版した意図は，どこにあったのであろうか。当時は，第一次世界大戦勃発直前であり，チンタオ（青島）はドイツの植民地であった。したがって当然のことながら，多くのドイツ人がこの地を訪れ，生活していたのである。筆者の推測では，ドイツ人の精神生活の要であるカント哲学が，「極東の地」で健康的に生活する上で手引きになる文献とみなされて，上記の文献が翻訳の対象に選ばれた可能性がある。翻訳活動もまた，歴史のなかで生きる人間の知的営みであるかぎり，この書物の翻訳当時の歴史的・社会的・文化的・地政学的な背景との関係も考慮して，テクストの読解について考えるべきだろう。

上記の筆者の問題提起に対する李秋零教授の回答およびコメントは，以下のとおりであった。まず，上記の第一から第三の論点にかんする牧野説には賛成

ト宛の最後の書簡にあたる。なお，『心性の力について云々』は，正確には，『病的な感情を支配しようとするたんなる意図による心性の力について』(Von der Macht des Gemüts durch den blossen Vorsatz seiner krankhaften Gefühle Meister zu sein, 1798) である。本論文は，フーフェラントが刊行にかかわっていた『実用医学雑誌』(*Journal der praktischen Arzneikunde*, V. Bd. 4 Stück) に掲載された。彼の主著 (*Encheiridon medicum oder Anleitung zur medicinischen Praxis*, 1836) は，そのオランダ語訳が緒方洪庵により邦訳書『扶氏医戒之略』(1857年) として刊行されており，この点でも日本との縁が見られる。

である。たしかに牧野説の推測は妥当である，と思われる。次に，上記の第四の質問については，当時の中国ではカント哲学がまだ知られていなかったことを考慮しなくてはならない。訳者たちは，医学に関心があったことが推測される。それでこの書物を訳したのであろう。李教授によれば，カントの医学的な養生の見解には，中国の儒教の教えと同様の見解が見られるからである。最後に補足すれば，1914年から中国語の現代文化活動が活発化した。それまでの中国語は，漢語と現代文とが混在しており，中国語としての訳語の正確さも不明確である。いずれにしても，本書の現物は，目下のところ見ることができない状態なので，これ以上の説明は困難である。

以上が筆者と李秋零教授との議論の結果，明らかになった論点である。特に肝要なことは，今回の共同研究によって，従来の中国での通説とは異なり，中国におけるカントの哲学書の翻訳が，1914年から開始されたことが確認された点にある。さらに補足すれば，訳者の一人のドイツ人・ヴィルヘルムは，1899年にドイツ占領下の青島に派遣されたプロテスタント宣教師で，布教活動とともに中国古典文献のドイツ語訳の事業で活躍した人物であった。当時青島は，ドイツに限らずヨーロッパとの交流の場でもあり，彼は蔡元培や胡適から知遇を得て北京大学の教壇に立ち，ドイツ文学も講じた。注目すべきは，共訳者の周は，彼からドイツ語とカント哲学を学び，彼らはともにカント哲学を儒教思想と深い親近性があり，特に儒教の養生法とカントの養生法が相通じると理解していたという点である。要するに，孔子と同様にカントもまた，精神ないし心を治めることによって病気を治める道を知っていた，と彼らは考えたのである。ヴィルヘルムは，カントの主著の翻訳も計画したようであるが，第一次世界大戦の勃発により急遽祖国に帰国せざるを得なくなり，彼の計画は結局頓挫した[24]。筆者の推測では，第一次世界大戦が勃発しなければ，日本に先立って中国でカントの三批判書や主要な哲学書が順次刊行されたはずである。ここでもまた，東アジアにおけるカント哲学は歴史に翻弄される結果となった。加えて，この時期にカント哲学文献の中国語訳が開始され，その出版社が首都・北京の出版社ではなく，他の多くの西洋の哲学・思想の書物の刊行に寄与

---

(24) 李雪濤『誤解的対話』第三篇参照。

した上海の商務印書館であったことは，中国の近代化における象徴的な事実であった。ここでもまた，厳復が重要な役割を果たしていた。厳復は，商務印書館から翻訳書を出版しただけでなく，そこに資金投資も行なっていたのである[25]。

20世紀の20年代と30年代になり，中国では，ようやくカントの主著の翻訳書の刊行が開始された。ただし，最初の刊行は，講義録の翻訳であった。瞿菊農訳『カント教育学』（上海：商務印書館，1926年）である。続いて，同じ出版社から胡仁源訳『純粋理性批判』（同，1933年）が，『万有文庫』に収録されて刊行されている。また張銘鼎訳『実践理性批判』（同，1936年）が刊行され，唐鉞訳『人倫の形而上学の定礎』（同，1937年）もまた，すべて上海の同じ出版社から出版されている。他に前批判期の著作としては，關文運訳『美と崇高の感情に関する観察』（同，1941年）が出版されている[26]。

第一次世界大戦終結後まもない頃から，1937年7月〜45年8月まで続く日中戦争をへて，国民の疲弊と国土の荒廃のなかにあった中国で，こうした翻訳書の刊行が断続的とはいえ続いたことは驚くべきことである。特にカントの著作が，三批判書に先立って教育学の講義録から翻訳されたことは，当時の知識人のカント哲学へのある種の期待を想起させる意味で示唆的である。特に，20年代以降の上海は，北京をも凌ぐ出版文化の中心地となった。20年代後半には，国民党による中国統一が成功し，蔣介石は一党独裁体制下で経済基盤の構築を進め，上海が新中国の中心となって繁栄の絶頂に至る。文学研究者も指摘するように，新聞雑誌の発行量も急増し，文芸を愛好する知識層・市民層が増大し，職業作家，職業批評家が陸続と登場した[27]。上海は日本と中国との「文化の掛橋」としての役割を果たし，日本の文学者のみならず，哲学者の井上哲次郎や田中王堂らが『上海公論』（1921年2月）に寄稿したのも，こうした当時の「国際都市」上海の一側面の現れであった。カント哲学書の翻訳紹介の刊行拠点が

---

(25) 永田圭介『厳復――富国強兵に挑んだ清末思想家』（東方書店，2011年，314頁）。
(26) 本書の結論におけるカントの主要著作の邦訳名は，原則として岩波版『カント全集』（坂部恵・有福孝岳・牧野英二編，全22巻＋別巻，1999-2006年）に従っている。したがって中国語訳および韓国語訳の書名表記と必ずしも一致しないことをお断りしておく。
(27) 藤井省三『中国語圏文学史』（東京大学出版会，2012年，5頁）の論述を参照。

上海に集中し，同じ商務印書館という出版社から順次刊行された事実もまた，こうした時代状況や文芸活動の流れと深く結びついている。ちなみに，この出版社は，1897年にキリスト教会の影響下に中国人の手で設立され，西洋の文献の翻訳・紹介に精力的に取り組んだ出版社であり，1954年には，活動拠点を上海から北京に移している。中国の西洋思想の翻訳史および受容史は，上述のように，この出版社の出版活動を抜きに語ることができない。

ところで中国は，第二次世界大戦の終結に続く国民党と共産党との内戦，そして1949年10月1日の中華人民共和国の成立後，1966年に開始され77年に終結した文化大革命の過程では，政治・経済・文化・教育の諸分野が大打撃を受けた。その負の影響のために，この時期，カント研究の成果や翻訳書出版もほとんど見られない。この事実は，第二部第二章で李秋零教授が立ち入って論じたとおりである。文化大革命開始までの10年間には，藍公武訳『純粋理性批判』（北京：三聯書店，1957年。商務印書館，1960年），關文運訳『実践理性批判』（北京：商務印書館，1960年），韋卓民訳『カント哲学原著選集』（John Watson 選・編，北京：商務印書館，1963年），宗白華訳『判断力批判』（上），韋卓民訳『判断力批判』下（上下巻ともに北京：商務印書館，1964年）が出版されている。文化大革命までの5年ほどの短い時期に，初めての中国語訳『判断力批判』が刊行され，ここにようやく三批判書の翻訳書が揃ったのである。ちなみに，日本における三批判書の翻訳は，『カント著作集』（岩波書店，1921-39年）に収録されるかたちで，『純粋理性批判』（天野貞祐訳，上巻，1921年，下巻，1931年），『実践理性批判』（波多野精一・宮本和吉訳，1918年），『判断力批判』（大西克礼訳，1932年）の全訳が順次刊行されている。

なお，文化大革命の時期に刊行されたほぼ唯一のカント書は，上海外国自然科学哲学著作編訳班訳『天界の一般自然史と理論』（上海：上海人民出版社，1972年）だけのようである。この時期に，カント・ラプラス星雲説で名高いこの書物の翻訳だけが刊行された狙いは，どこにあったのであろうか。この疑問に対しては，第二部第二章で，それがエンゲルスの影響によるという回答が与えられた。また，この書物の翻訳が個人訳ではなく，カントの翻訳では例外的にグループでの共同訳であったことも，この翻訳のある種の意図を窺わせている。この点の政治的・社会的な事情は，同章で論じられていた。

244

いずれにしても中国と日本とでは，カント哲学に対するマルクス主義哲学の影響は時期的にも思想内容の面からみても，大きな相違があった点に留意すべきである。

4　文化大革命以後の状況

　カントの著作の翻訳活動は，文化大革命の終結とともにただちに再開された。まず，龐景仁訳『学として現れるであろうあらゆる将来の形而上学のためのプロレゴーメナ』（北京：商務印書館，1978 年）が刊行された。この翻訳は，カントのこの書物の初の中国語訳である。1980 年代に入ると，カント文献の翻訳活動は活発化し，1990 年代になるとヘーゲル哲学以上にカント哲学への関心が高まり，翻訳書の刊行もいっそう盛んになったようである。その経緯についても，第二部第二章の論述が一定の説明を提示している。

　まず，苗力田訳『人倫の形而上学の定礎』（上海：上海人民出版社，1986 年），鄧暁芒訳『実用的観点における人間学』（重慶：重慶出版社，1987 年），鄧暁芒訳『自然科学の形而上学的原理』（上海：上海人民出版社，1988 年），曹俊峰・韓明安訳『美と崇高の感情に関する観察』（ハルビン，黒竜江人民出版社，1989 年）が出版されている。また韋卓民訳による『自然科学の形而上学的原理』（武漢：華中師範大学出版社，1991 年）も刊行されている。さらに許景行訳『論理学』（北京：商務印書館，1991 年）や何兆武編訳『歴史理性批判論文集』（北京：商務印書館，1990 年）は，中国語訳の初訳であり，沈叔平訳『人倫の形而上学』（北京：商務印書館，1991 年）は，カントのこの書物の前半部分，すなわち法論だけの翻訳であり，徳論は訳出されていない。李秋零訳編『カントの書簡 100 通』（上海：上海人民出版社，1992 年），鄭保華編『カント論文集』（北京：改革出版社，1997 年），李秋零訳『単なる理性の限界内の宗教』（香港：漢語基督教文化研究所，1997 年。北京：中国人民大学出版社，2003 年），さらに韓水法訳『実践理性批判』（北京：商務印書館，1999 年）など，この時期の翻訳活動の成果は，文化大革命期の学問研究の空白を埋めようとする意欲に溢れ，まことに目覚ましいものがある。

　上掲の李秋零訳編によるカント書簡集および宗教論の刊行は，カント哲学へ

の関心とカント研究の進展を物語っている，と言ってよい。特に共産主義を国是とし，宗教をアヘンとして厳しく批判してきた中国は，改革開放路線の影響により，政治と切り離した学問としての宗教論研究が，宗教の自由とともに公然と認められるようになり，その結果，カントの宗教論の翻訳刊行もまた公認されるようになったのである。

21世紀に入り，現代思想の受容に精力的な中国の哲学・思想界のなかでも，古典に属するカントの翻訳書の刊行熱は，依然として収まることがなかった。楊祖陶・鄧暁芒編訳『カント三批判書の本質』（北京：人民出版社，2001年），瑜青主編『カント主要論文集』（上海：上海大学出版社，2002年），鄧暁芒訳，楊祖陶校正『判断力批判』（北京：人民出版社，2002年），同じく鄧暁芒訳，楊祖陶校正『実践理性批判』（北京：人民出版社，2003年），曹俊峰訳『カント美学論集』（北京：北京師範大学出版社，2003年）など，ほぼ毎年数冊のペースで翻訳書が刊行されている。

ところで，この時期の台湾におけるカント哲学文献の翻訳活動にも，目を向けることが肝要である。詳しくは第二部第三章の李明輝教授の論考をご確認いただきたい。ここでは，その概要と肝要点のみを整理しておくことにする。まず，謝扶雅訳『カントの道徳哲学』（台北，基督教文芸出版社，1960年）がいち早く訳され，この訳書の第三版（1986年）は，『基督教歴代名著集成』に収録されている。新儒家の代表者である牟宗三による翻訳・注解『カントの道徳哲学』（台北，学生書局，1982年）と，同じく牟宗三翻訳・注解『カントの純粋理性批判』（上下，台北，学生書局，1983年）は，たんなる翻訳ではなく，注釈書と見た方がよい。実際，牟宗三のカント文献の翻訳や注釈，そしてカント批判については，中国語圏の大陸だけでなく，台湾や香港のカント研究者のあいだでも必ずしも評判が良くない。この点についていわば「形而上学の戦場」の状態は，まだしばらく続きそうである。また李明輝訳『視霊者の夢』（台北，聯経出版社，1989年），そして李明輝訳『人倫の形而上学の基礎付け』（台北，聯経出版社，1990年），さらに李明輝訳『カント歴史哲学論集』（台北，聯経出版社，2002年）などの堅実な訳業は，見逃すことができない。かつて，カントの道徳神学・宗教論が母国では無神論の疑いをかけられ，オーストリアのウィーンなどでは焚書にされた事実を思い起こすとき，特に台湾では，カントの道徳哲学

がキリスト教関係者により翻訳され，刊行された事実は興味深いことである。台湾では，共産党との内戦に敗北した国民党政権が1949年に中国本土を離れ，政権基盤を台湾に移し，1960年以降，急速な経済成長を遂げた。上記の翻訳は，その早い段階での翻訳刊行であるだけに，その意図は読者の関心を引くところである。

5　カント没後200年と中国語版『カント著作全集』の問題点

　2004年には，カント没後200年を記念して，グローバルな規模でカント哲学の歴史的・今日的意義を問い直す行事が多数実施された[28]。この時期に中国で行なわれた行事の意義や課題については，すでに第二部第二章で言及されているので，ここでは立ち入ることはできないが，中国でも，欧米から第一級の哲学者やカント研究者を多数招き，さまざまな行事が行なわれ，中国国内でも関連の書物が刊行された事実を指摘しておきたい。もっとも，『純粋理性批判』刊行200年記念を兼ねて2001年，中国に招待されたドイツ人哲学者ゲルハルト・フンケ（Gerhard Funke）が，その後来日して，中国と日本との研究成果の媒介役を果たしたような痕跡はない。いずれにしても，上記の記念行事の実施に伴い，中国では，カント哲学文献の翻訳についても，特筆すべき事柄をいくつか指摘することができる。

　まず，鄧暁芒訳・楊祖陶校正『純粋理性批判』（北京：人民出版社，2004年），李秋零訳『純粋理性批判』（北京：中国人民大学出版社，2004年）によるカントの主著の翻訳に続いて，第二部第二章で紹介されているように，李秋零編集・訳による中国語版『カント著作全集』（全9巻，北京：中国人民大学出版社）の刊行が2003年に開始され，2010年に完結した。この企画は，中国・台湾，そして韓国などの漢字文化圏では，上記の岩波版『カント著作集』に続く快挙である，と言ってよい。李秋零教授によれば，この『カント著作全集』の編集方

---

(28)　牧野英二編『別冊情況　カント没後200年記念号』（情況出版，2004年）編者による序論で，グローバルな規模での国際会議の開催や，世界各地のカント学会，特にドイツ各地の記念行事を紹介しているので，その箇所を参照いただきたい。

針は，もっぱらアカデミー版『カント全集』に依拠して，本全集の収録順にカントの既刊の諸論考を正確に翻訳することにある。したがって，日本語版『カント著作集』や『カント全集』のように訳注や訳者解説の類は一切加えておらず，カッシーラー版『カント全集』などの他の諸版との比較やテクスト・クリティークも行なっていない。さらに中国語版では，底本にしたアカデミー版各巻の編者の序文も訳出している。このような編集方針には，日本語版『カント全集』の企画・編集・翻訳を担当した筆者が見る限り，問題がないわけではない。この問題については，後述することにする(29)。

次に，中国のカント文献の翻訳史上画期的な業績である中国語版『カント著作全集』の内容をあらためて確認したい。第1巻は『前批判期著作I』(2003年)，第2巻は『前批判期著作II』(2004年)，第3巻は『純粋理性批判』第二版(2004年)，第4巻は『純粋理性批判』第一版(2005年)，『人倫の形而上学の基礎付け』，『自然科学の形而上学的原理』である。第5巻は『実践理性批判』，『判断力批判』(2005年)，第6巻は『単なる理性の限界内の宗教』，『人倫の形而上学 法論・徳論』(2006年)，第7巻は『諸学部の争い』，『実用的観点からの人間学』(2007年)，第8巻は『1781年以降の諸論考』(2008年)，第9巻は『論理学』，『自然地理学』，『教育学』(2010年)の講義であり，全9巻をもって完結した。中国語版『カント著作全集』は，第1巻を除き，第2巻以降は，実質上，李秋零教授個人による編集・翻訳作業による偉業というべき業績であった。

上記のように，中国語版『カント著作全集』の刊行が完結したことによって，カント哲学文献の中国語訳は出揃ったことになる。また2013年段階で，カントの主要著作では『純粋理性批判』の訳書は5点あり，『実践理性批判』および『人倫の形而上学の定礎』の訳書は，各7点が刊行されている。

こうした状況で問題となるのは，第一に，各訳書の翻訳の正確性である。李教授の見解によれば，胡仁源訳，藍公武訳，牟宗三訳，葦卓民訳らによる早い

---

(29) 筆者は，岩波版『カント全集』の企画・編集および翻訳作業に携わった人間として，西洋哲学・思想の翻訳のあり方について，詳しく論じたことがある。この点については，以下の本文を参照されたい。ちなみに，「6 翻訳者の使命について」は，次の拙論の論述と一部重複することをお断りしておく。牧野英二「カント研究と翻訳者の使命」(日本カント協会編『日本カント研究』9号，理想社，2008年，91-106頁)。

時期の『純粋理性批判』の翻訳は，彼らの語学力の不足から，原典のドイツ語が十分読めないために，英訳書からの重訳であった。その結果，原文の論述内容に反するような誤訳や英訳書の誤りの反復もしばしばみられる。また，第二に，訳文の文体についても，藍公武訳や牟宗三訳では，半ば文語体，半ば口語体で訳されており，現代の中国語との隔たりが多いという問題点があった。第三に，宗白華訳『判断力批判』（上）および韋卓民訳『判断力批判』（下）に対しても，事情は同様であり，何兆武による宗白華訳および韋卓民訳に対する批判は，「最後まで読むに堪えない」誤りの多い訳書であるという厳しいものであった。

　次の問題は，カント哲学の主要な概念・術語の訳語選択にかんする課題である。李秋零教授によれば，カントの術語に完全に対応する訳語が見当たらないものもある。また，訳者ごとにカント哲学に対する理解の相違もあり，ドイツ語の一つの術語に対して中国語訳の複数の訳語が併存しているのが実情である。例えば，「アプリオリ（a priori）」という語に対しては，「先天」，「先験」，「験前」などと訳されている。またカント自身が明確に区別して使用した「現象（Erscheinung）」と「フェノメノン（Phaenomenon）」は，藍公武訳ではいずれも「現象」と訳され，韋卓民訳では「出現」と「現象」，鄧暁芒訳では「現象」と「現相」，李秋零訳では「現像」と「現象」というように，多様な訳語が使われている。関文運訳『実践理性批判』では，「傾向性（Neigung）」が「好悪」，「好み」，「嗜好」，「情欲」など，さまざまに訳されており，訳者は総じて訳語の統一に無頓着である。他のカント哲学文献の訳語についても，同様の事情にある。加えて，李秋零説によれば，牟宗三訳では，「最高善（das höchste Gut）」が「至善」と訳されているが，この訳語は完全に誤訳である。その理由として李教授は，新儒家の訳者が儒教・仏教の用語を無反省に混同し訳語として採用した点を指摘している。筆者のみるところ，こうした訳文や訳語にかんする問題は，必ずしもすべてが中国語訳に固有の問題とは言えず，多くは日本語訳などとも共通の課題である。ちなみに，創文社版『ハイデッガー全集』におけるハイデガーの論考で見られる不可解な訳語の選択と全集版における訳語の統一方針が不在であるように思われる事態は，上記の事態とアナロガスであるように感じるのは筆者だけであろうか。

さらに西洋語の漢字表記の制約という中国語訳特有の問題がある。日本語には，中国語にはないカタカナ表記がある。西洋の人名や事項・地名の表記には，しばしばこの表記方法が威力を発揮する。他方，中国語訳には，漢字以外のカタカナ表記に相当するものがないので，西洋の人名や事項・地名の表記は，すべて漢字で表記しなければならない。その点は中国語訳の弱点ともいえる（台湾の翻訳方法については，やや異なる事情にある）。李秋零教授によれば，『カント著作全集』のなかで最も翻訳に苦労した著作は，『自然地理学』であった。この書物には，膨大な数の人名や地名が収録されている。18世紀のカントの時代に使われた地名の表記が今日では「消滅」したり，別の地名に「名称変更」した例もあり，加えて，事実関係も確認困難なラテン語表記の地名などについては，そのままで表記せざるをえなかった，という。

　他方，近年の日本語訳書にみられるカタカナ表記の多用は，達意の日本語訳とは程遠い訳文が少なくなく，正確な日本語に訳出できない訳者の非力をごまかすための方便に使用される場合も多いように思われる。その傾向は，近年マスコミによって作り出されたブームの「超訳」ものに顕著である。その点では，中国語訳は，カタカナ表記がないがゆえに，却って正確な内容理解に基づく漢字による翻訳とその表記が求められるわけである。

　最後に，中国語版『カント著作全集』の制限および今後の課題というべき事柄について，若干言及しておきたい。この『カント著作全集』は，上述のようにアカデミー版『カント全集』の忠実な訳出作業に即するという方針によっているため，少数の人名索引を除き事項索引や訳注・校訂注などが付せられていない。その理由により結果的に，一般の読者には，日本語版『カント全集』にあるような読者の便宜などはいっさい考慮しない翻訳書の体裁になっている。また，『カント・フォルシュンゲン』（*Kant-Forschungen*）に掲載された最新のテクスト・クリティークや新資料の調査結果などはまったく活用されていない。これらの点は，今後改善すべき課題であろう。それにしても，膨大な『カント著作全集』を実質的にほぼ個人訳で完結させ，加えて，書簡集もまた全訳を個人訳で完結させようという李秋零教授の試みに対しては，訳者の意気込みに筆者は大いに共鳴する。だが，学問的に見て，筆者には，この試みにいささか無謀な印象を禁じることができない。中華人民共和国では，全国規模学会を構築

できない社会的・学問的・大学組織上の事情があるにしても，これらの課題を克服することは，中国における学問の進歩や共同研究および学問的継承の実現のために，不可避の課題であろう。台湾のカント研究者も筆者と同様の見解を有している。現在，台湾で中国語訳カント著作集の企画が浮上している事実は，これらの問題点と無縁ではないであろう。また，韓国でも，韓国語版のカント全集の刊行企画が進行しているが，この機会に日本語版や中国語版の『カント全集』の刊行の成果を踏まえて，より優れた編集方針の下で優れた『カント全集』が刊行されることが望まれる。その意味では，韓国語版の『カント全集』（全24巻），『カント著作集』（全9巻）がほぼ同じ時期に二種類企画され，刊行開始されている点は，必ずしも歓迎すべきことであるとは言えない。仄聞するところによれば，刊行の財源や出版社の意向，基本的な編集方針や訳語の選択などをめぐって，韓国国内のカント研究者の間では意見の相違が顕著であった。それだけに優れた研究者が一致協力して優れた『カント全集』を刊行することが強く望まれる。

6　翻訳者の使命について

　本論文集の結論として筆者は，日本語版『カント全集』（岩波書店版）の企画立案の作業から編集・校閲・訳者まで務めた経験から，カント哲学文献の日本語訳にかんする「翻訳者の使命」ないし翻訳の役割および意義について，この機会に筆者の見解を示しておきたい。それによって日本語版『カント全集』とすでに完結した中国語版『カント著作全集』との相違および後者の今後の課題が，いっそう鮮明になるはずである。そこで，まず，筆者の理解する望ましい翻訳のあり方に触れ，次に翻訳者の使命を明らかにし，最後に，それらとカント哲学の理解と研究との関連に立ち入ることにする。

　第一に，筆者の考える望ましい「翻訳」とは，たんに原作ないし原文の忠実な逐語的再現ではないという点にある。この点では，筆者は「直訳主義」を批判する立場に立つ，と言ってよい。第二に，だからといって「翻訳」は訳者の自由な創作であってもならない，と筆者は考える。翻訳文化の顕著な日本では，「反直訳主義」を標榜して「わかりやすい訳」という「大義名分」のもとに

「超訳」とも言うべき恣意的な翻訳が稀ではない(30)。いわゆる「超訳」ブームは，古典の翻訳の本来のあり方とは対極に位置する。第三に，「翻訳者の使命」は，「原典のこだま（das Echo des Originals）を呼びさまそうとする志向と，その言語への志向とを重ねる」(31)ところにあり，ヴァルター・ベンヤミンは，この点に創作と翻訳との本質的な差異を見いだしていた。言い換えれば，翻訳者は，「原文の新たな生（das Leben）」を包括的に展開できなければならない。原作は，通常の解釈とは異なり，翻訳を通じて新たな生を包括的に展開することが可能となる。翻訳は，それ独自の力によって，原作に新たな生の息吹を与えるのである。このことは，翻訳作業での原典の文章および術語との関係理解にとって重要な示唆を与えている。

　筆者は，上記のベンヤミンの見解を踏まえて，さらに次のように主張したい。第一に，「翻訳」とは，訳者が原典とともに「真理」または「真理の力」を求

---

(30) 筆者の近年の翻訳経験では，共同の訳業のなかで，ある訳者が既訳書との差異化や独創性を出そうとして，「観察［観測］誤差」（Beobachtungsfehler）を「観察の誤り」とするような「文学的な砕き方の優位性」を主張する事態に遭遇したことがある。「観察誤差」は，科学的術語として，ある量の測定値と真の値との差を表す言葉である。したがって，「観察の際の誤り」では決してない。この種の翻訳の「砕き方」が分かりやすい訳であるとか，「観察誤差」と訳すのは「直訳主義」であるとかいった誤解は，論外である。ちなみに，「わかりやすさ」とは何かをめぐって，当然のことながら解釈の相違が生じるが，本論考ではこの問題に立ち入ることはできない。

(31) Walter Benjamin, *Sprache und Geschichte. Philosophische Essays*, Stuttgart 2005 S. 50-65. なお，邦訳は，ヴァルター・ベンヤミン『暴力批判論他十篇』（野村修編訳，岩波文庫）を参照した。ただし，論文タイトルおよび本文の訳語は一部変更を加えたことをお断わりしておく。引用に際しては，原則として本文中に上掲のドイツ語テクストと訳書の頁数を記した。また本論考では，ベンヤミンの思想の「解釈」や紹介は主題ではないので，本考察の範囲から除外する。したがって彼の「言語の形而上学と翻訳概念」との連関や，「純粋言語論」の意味には一切立ち入らず，もっぱら本論考の主題を考察するための手がかりとして，彼の「翻訳」および「翻訳者の使命」に言及するだけにとどめる。

　ちなみに，グローバル化した現代社会では「翻訳」の意義や役割，課題や問題点などがかつての想像を超えて生じている。ベンヤミンの本論考のAufgabeの英語訳は，Taskであり，ここにドイツ語，英語，日本語間の微妙な意味のズレが生じている。なお，ベンヤミンの時代には顕在化しなかった「翻訳の倫理」などの諸課題については，以下の文献が参考になる。Cf. S. Bermann & M. Wood (eds.): *Nation, Language, and the Ethics of Translation*, Princeton University Press p. 65, pp. 89-174 (2005).

める探究でなければならない。第二に、翻訳者は、直訳主義か、それとも意訳主義ないし通俗性の立場を採るかという二者択一の選択を迫られているわけではない。そもそもこうした対立は、「翻訳」にとって本質的に重要な対立ではない。訳文・訳語の厳密性と平明さや通俗性とは必ずしも矛盾するわけではなく、実は両者はともに必要なのである。筆者が『カント全集』および『ディルタイ全集』の企画・編集・翻訳の過程で、「哲学書の翻訳は、達意の日本語でなければならない」と一貫して主張してきた理由は、この点にある。第三に、「翻訳者の使命」は、したがって原作ないし原典の思想内容の「忠実に逐語的再現」を意図することではない。むしろ、それは、ベンヤミンの表現に即して言えば、原作の生の新たな展開、最終的で最も包括的な展開を実現すべきである。

あるべき「翻訳の基準」の要件として個々の訳語や術語にこだわるのは、それが「翻訳」されるべき哲学者・思想家の著作の的確な理解にとって不可欠であり、原典や原作の文脈全体の理解と個々の訳語の理解とが解釈学的循環構造を形成していることを適切に把握することが必要だからである。要するに、望ましい「翻訳」とその理解は、「要素主義」とは異なり、歴史的な「生」をモデルにした作品ないし原典を全体的に理解する解釈学的性格をもっているのである。

この見解は、『純粋理性批判』をはじめとするカントの主要著作の「翻訳」にもそのまま妥当する。この営みは、これらの書物の翻訳に携わる「翻訳者の使命」とも言うべきである。筆者のこの解釈は、決して恣意的な独断的見解ではない。そこで最後に、アカデミー版『カント全集』の最大の功労者とも言うべき編集委員長を務めたディルタイによる『カント全集』の編集方針を手がかりにして、カント研究とその発展にとって全集の果たす役割について考察する[32]。

ヴィルヘルム・ディルタイは、アカデミー版『カント全集』第一巻の「序文」で「偉大な思想家の発展史は、彼らの体系を照らし出し、人間精神の理解にとって不可欠の基礎である」(I, VIII), と本全集の編集方針を自身の精神科

---

[32] ちなみに、日本の哲学者では三木清だけでなく、和辻哲郎、西田幾多郎もまた、ディルタイの解釈学に深い理解を示し、その重要性を認識していた。三木清は、「個性の理解」、「解釈学的現象学の基礎」、「ディルタイの解釈学」などの論考を発表している。また、和辻哲郎は、『人間の学としての倫理学』などでも、ハイデガーの解釈学よりもディルタイの解釈学の方法を重視している。

学の基礎づけと関連づけて論じている。ここには，カントをはじめとする優れた個性の理解が人間精神の歴史の理解でもあり，精神史の理解のために不可欠であるという洞察がみられる。また，ディルタイのこの見解の基礎には，個人，共同体，人類を歴史的存在として普遍史的な立場から理解することが可能であるという認識があった。ハンス゠ゲオルク・ガーダマーが編集・加筆したディルタイの『一般哲学史要綱』の序文では，いわゆる「一般哲学史」での「一般」（allgemein）は，厳密には「普遍史的」（universalgeschichtlich）を意味しており，したがってこれは「文献学的－伝記的」（literarisch-biographisch）な性格を有する，と主張されている[33]。また，この書物によれば，「普遍史的考察方法」によって哲学史を叙述するためには，その哲学者が生きた時代の歴史的・社会的現実に迫り，その人間全体を包括的に捉えることが求められる。それには，哲学者の刊行した書物だけでなく，彼の生き方を窺わせる日記，思索の記録である書簡，遺稿類，講義ノートなどの「解釈」が不可欠である。

　上記の理由から，ディルタイが中心になって編集し刊行したアカデミー版『カント全集』は，第一部「既刊の著作類」，第二部「往復書簡集」，第三部「未刊の遺稿類」，第四部「講義録」の四部で構成されたのであった。ちなみに，日本語版『カント全集』（岩波書店版）の編集方針もまた，ディルタイの編集方針を維持しながら，最新の資料やテクスト・クリティークの成果を組み込んでいる。他方，中国語版『カント著作全集』の編集は，その名の通り，アカデミー版『カント全集』の第一部だけの翻訳出版である。もっとも，李秋零教授によれば，目下，アカデミー版『カント全集』の第二部「書簡集」の全巻を個人訳で取り組んでいる，とのことであった。

　ところで上記のディルタイの見解は，結論の議論と関係づけるとき，きわめて重要な示唆を提供する。第一に，他の言語圏・文化圏で思索する哲学者の研究を進めるためには，とりわけその思想や体系の包括的な理解のためには，全集の翻訳・刊行が必要不可欠である。第二に，日本や中国，韓国などでカント

---

(33) Vgl. Wilhelm Dilthey, *Grundriss der allgemeinen Geschichte der Philosophie*, Wiesbaden 1949, S. 12. 牧野英二編集・校閲『精神科学序説Ⅰ』（『ディルタイ全集』第1巻，法政大学出版局，2006年），筆者による長文の「解説」（831頁以下）を参照。

の哲学思想や特定の見解を適切に理解する場合には，これらの資料全体のなかで，カントの哲学的思索の生成と構造，発展と変化の過程を的確に表現しうる上記のような「翻訳」の仕方が必要であり，それは「翻訳者の使命」に属する。第三に，これらの「翻訳者の使命」は，汲めども尽きぬカントの思想に「新たな生」を与えることを可能にする「翻訳」をつねに継続しなければならない。第四に，こうした営みは，カント研究の成果を踏まえた「翻訳」の営みでなければならず，訳語の選択についても，その例外ではない。カントの文献は，その後の歴史的・社会的・文化的な変化にもかかわらず，時代を超えて翻訳者と読者の生きる歴史的・社会的現実のなかで，くり返し翻訳され直され，読み直されることによって，「新たな生」を獲得する。ベンヤミンもまた，「そこから哲学者には，歴史のより包括的な生からすべての自然的な生を理解することが課題となる」(S. 52：73頁)，と述べている。ベンヤミンの主張には，筆者の生きる地平や生活環境，歴史的・社会的現実と大きな違いや異質さが見られるが，そうした文化的な差異や歴史的・社会的な相違などを考慮してもなお，筆者は，ベンヤミンのこの見解に賛同する。

　筆者の見解によれば，『カント全集』の翻訳上の意義は，これらの点に見いだすことができる。「翻訳」と「翻訳者の使命」は，グローバル化の時代に顕著となってきた普遍主義的言説と相対主義的言説の間で思索することを要求し，非自文化中心主義的な翻訳理論の必要性や，翻訳の可能性および不可能性の課題や翻訳者の倫理の問題にも直面している。こうした状況のなかで，カント哲学を研究する者は，漢字文化圏のカント哲学文献の翻訳の際にも，ベンヤミンが提起した「翻訳者の使命」を見失うことなく，「真理の力」を発揮するよう努めることが肝要である。これらの要請は，カント哲学の研究に限らず，「すべての学問は翻訳からおのおのの子を授かった」のであれば，現代の諸学問の不可避の課題に属するのである。

7　本書の意義と今後の課題

　中国・香港・台湾では，戦後のある時期から現象学やハイデガー研究など現代哲学の特定領域については，日本との継続的な研究交流が定着してきた。

「緒言」でも触れたように，本論集の訳者の一人でもある張政遠氏によれば，中国語圏における日本の哲学の研究は，「(1) マルクス主義の影響下の研究，(2) 日本の宗教哲学の研究，(3) 日本哲学と現象学の研究」の三つの思潮を挙げている[34]。日中関係では，マルクス主義の立場に立つ人々の間で定期的な研究交流が続いてきた。台湾や香港では，主として宗教哲学および比較宗教学の研究交流が盛んになった。韓国でも，ほぼ同様の事情にある。だが，カント哲学研究については，これまでこうした観点からの比較研究や研究交流，影響作用史研究がまったくない状態であった。中国や韓国の現代思想にかんする紹介は，日本語文献でも読むことができるが，カント哲学については，事情はまったく異なる。日本および中国，韓国の近代化に一定の役割を果たし，学問的影響力を発揮してきたはずのカント哲学の受容史の研究は，これまで顧みられることなく蔑ろにされてきた。したがって「緒言」でも指摘したように，筆者たちによる共同研究の成果がなければ，中国・香港・台湾，韓国，日本のカント研究者相互間の交流さえ，いまだに実現しなかったであろう。それどころか，明治時代には知的交流やカントを含む哲学研究の交流もあったが，その後途絶えがちになり，漢字文化圏におけるカント哲学研究および翻訳の歴史や課題，相互の影響作用史は，歴史の記憶から忘却された状態が続いていたであろう。

本書は，これまで日本国内のみならず，グローバルにも忘却され，注目されることのなかった漢字文化圏におけるカント哲学文献の翻訳や研究の歴史と課題，相互の埋もれた翻訳・受容の影響作用史に初めて取り組んだ。本論文集の刊行によって明らかになったのは，次のような学問研究上の意義である。

第一に，本論文集の刊行により，国際的な共同研究の成果であるカント哲学の漢字文化圏における認識の共有が可能になった。これまで日本では知られていなかった中国・香港・台湾，韓国におけるカント哲学研究の実像が解明された。漢字文化圏のなかで哲学的思索に取り組んだ哲学者は，国境を越えてこの共通の課題に直面していた。彼らは，そのさいの手がかりとしてカント哲学を学んだのである。本論文集では，これらの論点に留意して，各国独自のカント

---

(34) J. W. ハイジック編『日本哲学の国際性［海外における受容と展望］』（世界思想社，2006年，242頁）。

哲学や儒教・仏教との関係にも言及している。

　第二に，こうした国際的共同研究のなかで，これまでもっぱら欧米のカント研究に目を向け，その受容・紹介に力を注いできた日本のカント研究の「真に国際的な水準」を正確に測定することができた。中国語圏や韓国のカント研究の特徴や固有性と比較し，同時に両者との関連のなかで，日本のカント研究の特徴と意義をいっそう明確にできたはずである。しかも，これらのカント研究のいずれもが，明治以降の日本の歴史的・社会的現実や政治的文脈とも不可分の関係にあったことも明らかになった。実際，学問のグローバル化と多文化主義的傾向は，従来のカント哲学研究のみならず，哲学・思想全般の研究が，これらの新たな研究上の視座と方法論をより積極的に導入すべき段階に到達しているのである。

　第三に，日本におけるカント哲学の翻訳史は，同時に中国語圏や韓国の翻訳史の「運命」とも深く関連していた。韓国や台湾等他の漢字文化圏で精力的に翻訳・紹介が進んでいる日本の近現代文学の領域とは異なり，哲学思想，特にカント哲学の翻訳・紹介の作業は依然として今後の課題である。すでに述べたように，中国では『カント著作全集』が完結し，韓国では二種類の『カント全集』の企画や刊行が進み，台湾でも大規模な翻訳が進んでいるが，この点から言えば，日本のカント研究の歴史は，大変恵まれた事情にある。過去に三つの『カント著作集』『カント全集』を刊行してきた実績は，たんに日本の翻訳文化の一翼を担ってきたという意味以上に，西洋の哲学・思想や学問全般の受容や進歩・発展にも資するところが少なくない。

　本書は，カント哲学のたんに学説上の課題の探究にとどまらず，いま・ここで「哲学」はなにを語りうるか，いま，日本で「哲学する」ことがどのような意味や役割を果たしうるかという焦眉の課題に対する手がかりを提供している。本論文集は，日本，韓国，中国・香港・台湾という同じ漢字文化圏の異なる生活の場でカント哲学を媒介として哲学的に思索し，上記の諸課題をいっそう深く問い直そうとする試みであった。いま，哲学的思索や精神史，思想史に取り組もうとするかたがたには，是非とも本書を繙読いただきたい，と強く念じている。

あとがき

　本書の狙いは，漢字文化圏におけるカント哲学の翻訳・受容の影響作用史にかんする共同研究の成果をまとめ，日本国内のみならず韓国，中国・香港・台湾でも広く公表することであった。特に長い間日本の哲学研究の要であったカント哲学の影響作用史研究については未開拓の領域であったので，筆者としては本書刊行の意図やその意義について，「緒言」「序論」「結論」の随所で論じてきた。また筆者は，この共同研究が当初の予想以上の成果を挙げることができたと考えている。主要な論点のみを整理すれば，次のようにまとめることができよう。

　第一に本書は，カント哲学に代表される西洋哲学による東アジアのたんなる影響作用史にとどまらず，西洋哲学と儒教・仏教・道教に代表される東洋・漢字文化圏の哲学思想との「出会い」，「合流」，そして両者の「融合」の経緯を明らかにした。もっとも筆者は，本書所収の諸論考が東西の哲学思想の「融合」の試みを意図したと単純にみなすべきではない，と考えている。これらの試みの意図や成果は，はるかに錯綜しているからである。

　第二に，日本，韓国，中国・香港・台湾で生活し思索した人々の優れた創造的営みは，「東西の哲学を融合した」という従来の図式的な枠組みでは把握できず，むしろさまざまな「知の境界」を超えようと企てた試行錯誤の歴史であった。彼らの知的営みから，東西の哲学のあいだの拮抗関係の克服や西洋哲学に対する対抗原理の構築の営みを見出すことも可能であろう。ただし，筆者は，こうした営みを既存の解釈図式に押し込めて理解することには賛成できない。実際の思想的営みは，はるかに複雑で多岐にわたっているからである。

　第三に，これらの多様な知的な営為と相互の影響作用の歴史は，カント哲学という西洋近代哲学を代表する哲学の翻訳・受容・研究によって，その担い手

が自覚的であれ，無自覚的であれ，さまざまな変容を被ってきた。本書で詳しく述べたように，同じ時代であれ，同じ母語を共有する人間であれ，その受容と影響のあり方は実に多様であった。それは，多文化主義の時代とも言われる現代社会を映し出す〈反省の鏡〉のような役割を果たしてきた。この〈鏡〉は，カント哲学の文献が翻訳されカント哲学が受容され研究されてきた過程で，カント哲学と格闘し新たな哲学の創造の営みに着手した個人の思索のみならず，彼らが生きた時代や社会のあり方をも映し出してきた。

　本書では，カント哲学に限定されない多くの哲学的・思想的な課題も明らかにした。それらについても，日本，韓国，中国・香港・台湾の固有の文脈だけでなく，これら諸国・地域の歴史的・社会的な文脈のなかで哲学・思想相互の影響作用史の観点から立ち入って論じてきたので，ここでは繰り返さないことにする。筆者としては，中国語圏や朝鮮半島の文化や学問的蓄積および研究の交流史と，それらの意義を日本国内に紹介し，正当に評価することによって，日本のカント哲学の翻訳史・受容史の客観的な評価が可能になれば幸いである。

＊　　　　＊　　　　＊

　ところでこの機会に，読者のかたがた，特にカント研究者のかたがたには，お詫びとお断りを申し上げなければならない。「緒言」や「序論」でも述べたように，第一部に収録された日本におけるカント研究文献の紹介は，共同研究の共通了解に従って2013年度までに刊行された単行書や『研究誌』に限定されている。

　実際，韓国語版の論集は2014年7月に刊行済みであり，中国語版も編者が病気入院のアクシデントにより2014年の刊行が不可能になったとはいえ，日本語版を含め三か国語版の本論集は2014年内に刊行されるはずであった。

　したがって，その後刊行された優れたカント研究書や，『思想』などに収録されたカント関連の研究論文などは本書に収録することができなかった。また本共同研究の主旨は，相互の翻訳および受容，影響作用の歴史の共有に主眼があったので，本書では，日本のカント研究の長い歴史と豊かな蓄積を網羅的に扱うことは困難であった。これらの事情により，本来なら収録すべき優れた研究成果が本書では言及することができなかった点をお詫びするとともに，上記

の事情をご了解いただきたい。

　このように本書は，多くの研究者の協力と努力の賜物である。本論文集に寄稿された李明輝教授（台湾・中央研究院中国文哲研究所），白琮鉉教授（韓国・国立ソウル大学哲学科），韓慈卿教授（韓国・梨花女子大学哲学科），李秋零教授（中国・中国人民大学哲学院），また筆者との共同研究やインタビューの折の通訳や翻訳については，李美淑教授（韓国・国立ソウル大学人文学学院），廖欽彬教授（中国・広州中山大学哲学系），張政遠教授（香港中文大学文学部）の諸氏に，大変お世話になった。諸氏には，重ねてお礼申し上げる。

　ちなみに，論文の原著者（日本語，中国語および韓国語論文の筆者）の著作権および訳者の翻訳上の権利に関しては，相互に権利を委譲することが確認されている。したがって本論文集の刊行にかんする著作権や翻訳権は日本語版編者に属する。また，中国語および韓国語論文の日本語訳の校閲は，日本語版編者の牧野英二が担当した。なお，本書の結論は，2014年3月刊行の『法政大学文学部紀要』に収録された拙論に大幅な加筆・修正を施したものである。

　　　　　　　　　＊　　　　＊　　　　＊

　最後に，出版状況の厳しいなかで本書のような類例のない書物の刊行を快諾してくださった法政大学出版局には，深く感謝申し上げたい。筆者は，日本語版編者として日本でのこの種の地味な研究書刊行の難しさを李明輝教授や白琮鉉教授にも説明してきた。他方，日本と中国語圏や韓国の書物刊行の慣例や方法の相違＝異文化理解の難しさが伴うなかで，漢字文化圏における国際的共同研究の信頼関係の維持・発展のために，とりわけ日中韓の政治的な緊張関係が高まっている状況だからこそ，2015年春までには本書を刊行させたいと願い，本書刊行の主旨について，法政大学出版局編集部長の郷間雅俊氏にご相談申し上げた次第である。

　郷間氏には，本書刊行の主旨にご賛同いただき，編集および構成にさいしても，書名や各章のタイトルのみならず，細部にわたり有益なアドヴァイスと懇切丁寧な校正作業にご尽力いただいた。筆者が年末から年度末の多忙な時期に複数の校務・公務およびその他の業務に追われ，筆者自身の原稿だけでなく訳稿の推敲も十分ではない諸論文に，氏は夥しい量の赤字を入れてくださり，本

書の完成まで辛抱強くお付き合いくださった。郷間氏の献身的なご尽力がなければ，本書は日の目を見ることがなかったであろう。書物の刊行は筆者と編集者との共同作業であるという言葉を改めて痛感している。氏には満腔の謝意を表する。

　附記　本書は，科学研究費（基盤研究C：2012-2014年度。研究代表者牧野英二。研究分担者無）の研究課題「漢字文化圏におけるカント哲学の翻訳・受容の影響作用史の研究」に多くを負っており，さらなる研究の進展をつうじて拡大・深化したその成果である。ただし，本書刊行に要する経費は日本語版編者の筆者が個人的に負担した。最後に，上記の研究課題の遂行にさいしては，PSPS科研費24520029の助成を受けたことを明記して，関係各位には，感謝申し上げたい。

2015年2月9日

牧野　英二

■ 編者

牧野英二（マキノ・エイジ）　　日本語版編者／担当：緒言・序論・第一部第一章・第二章・結論
1948年生。現職：法政大学文学部哲学科教授（文学博士）。
主要著作：『カント純粋理性批判の研究』（法政大学出版局，1989），『遠近法主義の哲学』（弘文堂，1996），『カントを読む——ポストモダニズム以降の批判哲学』（岩波書店，2003．岩波人文書セレクション，2014），『崇高の哲学』（法政大学出版局，2007），『増補・和辻哲郎の書き込みを見よ！　和辻倫理学の今日的意義』（同，2010），『「持続可能性の哲学」への道』（同，2013），Weltbürgertum und die Kritik an der postkolonialen Vernunft（共著：*Kant und die Philosophie in Weltbürgerlicher Absicht*. Bd.1. De Gruyter, Berlin/Boston 2013），『カント事典』（共編著，弘文堂，1997／縮刷版2014）。
主要訳書：E. カッシーラー『カントの生涯と学説』（共訳：みすず書房，1986），I. マウス『啓蒙の民主制理論』（監訳：法政大学出版局，1999），『判断力批判』（岩波書店，上1999，下2000），W. ディルタイ『精神科学序説Ⅰ』（法政大学出版局，2006），T. ロックモア『カントの航跡のなかで——20世紀の哲学』（監訳：同，2008）。
日本語版『カント全集』（全22巻＋別巻，1999-2006，岩波書店）編集委員。日本語版『ディルタイ全集』（全11巻＋別巻，2003～，法政大学出版局）編集代表。

■ 執筆者

李明輝（リ・メイキ）　　中国語版編者／担当：第二部第一章・第三章
1953年生。現職：台湾・中央研究院中国文哲研究所研究員・国立台湾大学発展研究所合聘教授・国立中央大学哲学研究所合聘教授（哲学博士）。
主要著作：『儒家とカント』（聯経出版社，1990），『儒学と現代意識』（文津出版社，1990），『カントの倫理学と孟子の道徳的思考の再建』（台湾中央研究院中国文哲研究所，1994），『孟子の再考察』（聯経出版社，2001），『儒家の視野における政治思想』（国立台湾大学出版社，2005），『四端と七情——道徳の感情に関する比較哲学の探究』（華東師範大学出版社，2008）．*Das Problem des moralischen Gefühls in der Entwicklung der Kantischen Ethik*（台湾中央研究院中国文哲研究所，1994）．*Konfuzianischer Humanismus. Transkulturelle Kontexte*（Bielefelt 2013）．
主要訳著：H. M. バウムガルトナー『カント『純粋理性批判』入門』（聯経出版社，1988），カント『視霊者の夢』（同，1989），『人倫の形而上学の基礎づけ』（同，1990），『カントの歴史哲学論文集』（同，2013，増訂版），『プロレゴーメナ』（同，2008），『人倫の形而上学』（同，2015）。

李秋零（リ・シュウレイ）　　担当：第二部第二章
1957年生。現職：中国・中国人民大学哲学院教授（哲学博士）。
主要著作：『神・宇宙・人』（中国人民大学出版社，1992），『ドイツ哲学者の視野における歴史』（中国人民大学出版社，1994），『神の光を浴びる文化の再生』（共著，華夏出版社，2000）他。
主要訳著：『カント書簡百通』（上海人民出版社，1992），『カント著作全集』（全9巻：中国人民大学出版社，2003-2010），『キリスト教哲学——その起源からニコラウス・クザーヌスへ』（香港道風書社，2011）。
中国語版『カント著作全集』（全9巻，中国人民大学出版社）編集委員。

白琮鉉（ペク・ジョンヒョン）　　　　　　　　　　　　韓国語版編者／担当：第三部第一章

　1950年生。現職：韓国・国立ソウル大学哲学科教授（哲学博士）。

　主要著作：『実践理性批判論考』（星泉文化財団，1995），『ドイツ哲学と20世紀韓国の哲学』（哲学と現実社，1998/2000［増補版］），『存在と真理——カント〈純粋理性批判〉の根本問題』（同，2000/2008［全訂版］），『現代韓国社会の哲学的問題』（同，2003），『時代との対話——カントとヘーゲルの哲学』（アカネット，2010），『カント　理性哲学9書5題』（同，2012）．*Phänomenologische Untersuchung zum Gegenstandsbegriff in Kants Kritik der reinen Vernunft*, Freiburg/Berlin 1985.

　主要訳書：『実践理性批判』（アカネット，2002/9），『純粋理性批判1／2』（同，2006），『判断力批判』（同，2006），『理性の限界内の宗教』（同，2011），『人倫の形而上学』（同，2012），『永遠平和のために』（同，2013）．

　韓国語版『カント全集』（全24巻，アカネット，2014〜）編集委員．

韓慈卿（ハン・ザギョン）　　　　　　　　　　　　　　　　　　　担当：第三部第二章

　現職：韓国・梨花女子大学人文学院哲学科教授（哲学博士）．

　主要著作：『カントと超越論哲学——人間とは何か』（曙光社，1992），『仏教の無我論』（梨花女子大学校出版部，2006），『カント哲学への招待』（曙光社，2006），『仏教哲学と現代倫理の遭遇』（禮文書院，2008），『ヘーゲル精神現象学の理解』（曙光社，2009），『大乗起信論講解』（仏光出版社，2013）．

■ 訳者

廖欽彬（リョウ・キンヒン）　　　　　　　　　　　　　　　担当：第二部第一章・第三章

　1975年生。現職：中国・広州中山大学哲学系准教授（文学博士）．

　主要著作：「宗教的実践と「偶然」——後期田辺哲学を中心に」（『比較思想研究』第37号，2011），「京都学派の宗教哲学の一考察——西田哲学と田辺哲学の「逆対応」をめぐって」（藤田正勝編『『善の研究』の百年——世界から世界へ』（京都大学学術出版会，2011），「東アジアの偶然論の諸相——九鬼周造から，田辺元，そして張文環へ」（林永強・張政遠編『東アジアの視野における日本哲学——伝統，現代，転化』（台湾大学出版局，2013）．

張政遠（チョウ・セイエン）　　　　　　　　　　　　　　　　　　担当：第二部第二章

　1976年生。現職：香港中文大学文学部専任講師（文学博士）．

　主要著作：『日本哲学の国際性』（共著，世界思想社，2006），『日本哲学の多様性』（共編著，世界思想社，2012），「西田幾多郎の哲学——トランスカルチュラル哲学運動とその可能性」『日本哲学史研究紀要』（2013），『東アジアの視野における日本哲学——伝統，現代，転化』（編著，台湾大学出版局，2013）．

李美淑（イ・ミスク）　　　　　　　　　　　　　　　　　　担当：第三部第一章・第二章

　現職：韓国・国立ソウル大学人文学研究院HK研究教授（文学博士）．

　主要著作：『王朝文学と東アジアの宮廷文学』（共著，竹林舎，2008），『源氏物語研究——女物語の方法と主題』（新典社，2009），『女性百年——教育・結婚・職業』（共著，東北大学出版会，2009），『源氏物語と白氏文集』（共著，新典社，2012），『東アジアの文学・言語・文化と女性』（武蔵野書院，2014）．

　主要訳書：『カゲロウ日記』（ハンギル社，2011）：『蜻蛉日記』の韓国語訳，『ゲンジモノガタリ1』（ソウル大学校出版文化院，2014）：『源氏物語』の韓国語訳の第一巻．

東アジアのカント哲学
日韓中台における影響作用史

2015 年 3 月 20 日　初版第 1 刷発行

編　者　牧野英二
発行所　一般財団法人 法政大学出版局
〒102-0071 東京都千代田区富士見 2-17-1
電話 03 (5214) 5540　振替 00160-6-95814
組版：HUP　印刷：平文社　製本：積信堂
© 2015　Eiji Makino

Printed in Japan
ISBN978-4-588-15072-2

「持続可能性の哲学」への道
牧野英二 著 ……………………………………………… 3800 円

崇高の哲学　情感豊かな理性の構築に向けて
牧野英二 著 ……………………………………………… 2600 円

増補・和辻哲郎の書き込みを見よ！
牧野英二 著 ……………………………………………… 2800 円

カント純粋理性批判の研究
牧野英二 著 ……………………………………………… 4300 円

カントの航跡のなかで　二十世紀の哲学
T. ロックモア／牧野英二 監訳, 齋藤元紀ほか訳 ………… 4800 円

＊

＊ディルタイ全集 既刊　全11巻・別巻1　［編集代表］西村晧・牧野英二

1 精神科学序説 I
牧野英二 編集/校閲 ……………………………………… 19000 円

2 精神科学序説 II
塚本正明 編集/校閲 ……………………………………… 13000 円

3 論理学・心理学論集
大野篤一郎・丸山高司 編集/校閲 ……………………… 19000 円

4 世界観と歴史理論
長井和雄・竹田純郎・西谷敬 編集/校閲 ……………… 25000 円

6 倫理学・教育学論集
小笠原道雄・大野篤一郎・山本幾生 編集/校閲 ……… 21000 円

7 精神科学成立史研究
宮下啓三・白崎嘉昭 編集/校閲 ………………………… 24000 円

8 近代ドイツ精神史研究
久野昭・水野建雄 編集/校閲 …………………………… 21000 円

9 シュライアーマッハーの生涯 上
森田孝・麻生建・薗田坦・竹田純郎・齋藤智志 編集/校閲 ……… 27000 円

ディルタイと現代　歴史的理性批判の射程
西村晧・牧野英二・舟山俊明 編 ………………………… 4000 円

表示価格は税別です